失控的藩镇

不朽如梦 著

唐末群雄崛起与
唐王朝的灭亡

台海出版社

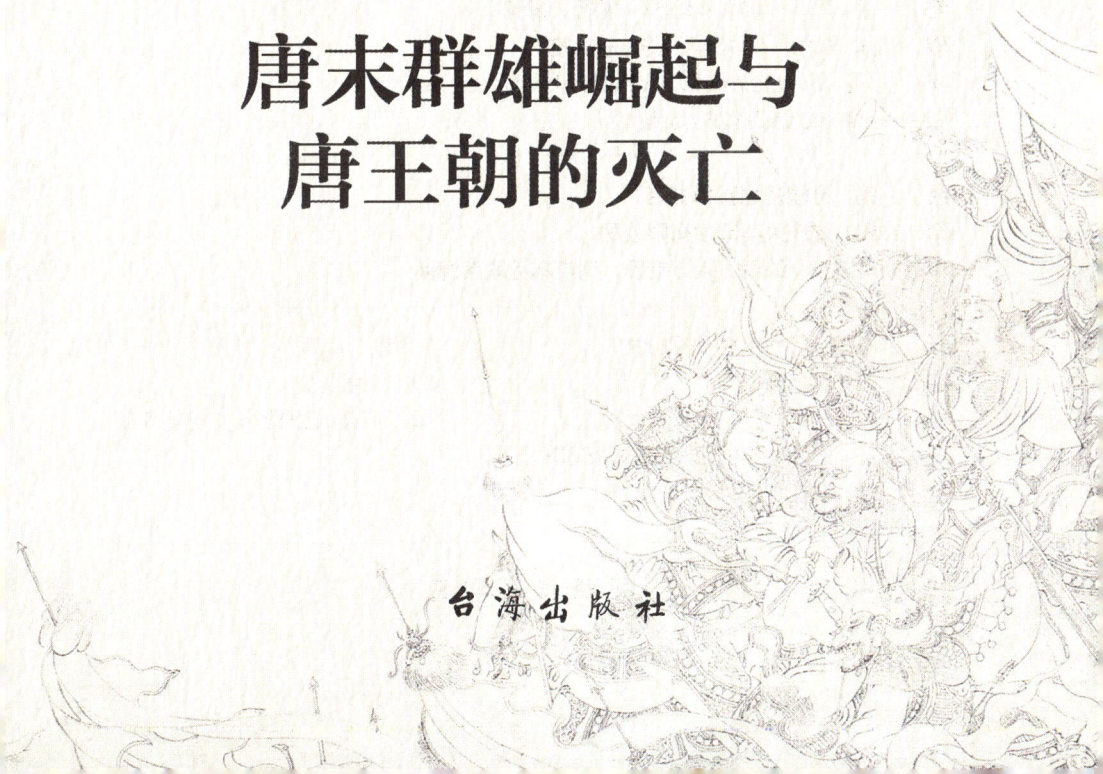

图书在版编目（CIP）数据

失控的藩镇：唐末群雄崛起与唐王朝的灭亡 / 不朽
如梦著 . —— 北京：台海出版社，2017.12
ISBN 978-7-5168-1660-8

Ⅰ . ①失… Ⅱ . ①不… Ⅲ . ①中国历史－唐代－通俗
读物 Ⅳ . ① K242.09

中国版本图书馆 CIP 数据核字 (2017) 第 292882 号

失控的藩镇：唐末群雄崛起与唐王朝的灭亡

著　　者：不朽如梦

责任编辑：阴　鹏　　　　　　　　策划制作：指文文化
视觉设计：胡小琴　　　　　　　　责任印制：蔡　旭

出版发行：台海出版社
地　　址：北京市东城区景山东街 20 号　　　邮政编码：100009
电　　话：010 － 64041652（发行，邮购）
传　　真：010 － 84045799（总编室）
网　　址：www.taimeng.org.cn/thcbs/default.htm
E － mail：thcbs@126.com

经　　销：全国各地新华书店
印　　刷：重庆大美印刷有限公司
本书如有破损、缺页、装订错误，请与本社联系调换

开　　本：787mm×1092mm　　　　　　1/16
字　　数：242 千　　　　　　　　　　印　　张：14
版　　次：2018 年 1 月第 1 版　　　　印　　次：2018 年 1 月第 1 版
书　　号：ISBN 978-7-5168-1660-8
定　　价：59.80 元

目录

自序

  人多爱盛唐之辉煌气象，对残唐五代却少有瞩目，但在中国历史上，残唐五代却是一个天翻地覆的变革时代。旧的贵族政治在血雨腥风中渐渐解体，取代贵族地位的则往往是那些曾经被忽视的小人物。用欧阳修在《新五代史·十国世家》中的话来说就是："自唐失其政，天下乘时，黥髡盗贩，衮冕峨巍。"

  自安史之乱以来，唐王朝便陷入了漫长的衰落期，但朝廷仍可凭借道义优势、地缘优势和财赋优势压制藩镇，继续维持统治秩序，直至武宗时代，朝廷仍可动员天下藩镇讨平意图世袭挑战朝廷权威的昭义镇。如果没有黄巢之乱的话，唐王朝或许仍可凭借巨大的惯性继续维持很长一段时间。

  但历史没有假设，黄巢之乱本身就是朝廷渐渐丧失人心后各种矛盾的总爆发，这在庞勋之乱中便初露端倪，庞勋刚刚占据徐州，就出现了"愿效力献策者远近辐凑"的情况，兵变与民变开始结合。到最后，连士子也抛弃了唐王朝。朝廷虽开科举，但铨选之权却被权贵把持，众多寒门士子仕进的希望日趋破灭，他们从不满到绝望，最后发展至对朝廷的敌视，以至于许多人不惜投身于"盗贼"行列，也要改变这样的社会，"巢之起也，人士争而附之"，黄巢也是一名落第举子。更多的士子则投身藩镇，为节度使出谋划策，不断摇动着唐王朝的根基。

  黄巢的致命一击打碎了朝廷纸老虎的幻相，窥出朝廷虚弱的地方势力趁势而起，不断接管中央政府退出后的权力，而朝廷则屡次三番处置失当，"天子救死不遑，大臣立身不固"，更加剧了分崩离析的局面。最后朝廷日渐孤立，并走向穷途末路。

  如何叙述这段风云变幻的乱世，我曾经考虑过许多叙事结构，但最后还是决定从新兴藩镇的不断崛起写起，正如赵翼在论及"唐节度使之祸"时曾做出的评断："迨至末年，天下尽分裂于方镇，而朱全忠遂以梁兵移唐祚矣。"安史之乱后，唐王朝正是以关中为基业、河东为屏障、江淮为财赋之渊、剑南为后路，才保障了百余年的稳定局面，而当这四个区域失去控制的时候，其灭亡便不可避免。

  写作此书是个漫长的过程，本人才疏学浅，不免有许多疏漏谬误之处，希望有识之士能够批评指正。在写作过程中，参考了许多学界前辈的研究论述，在此对他们表示由衷的敬意和感谢。最后，还要感谢指文图书的诸位编辑对该书能够出版做出的贡献。

  是为序。

岐山雪——李茂贞的崛起与关中秩序的失控

晚唐以降，国是日非，朝廷日渐衰弱，天子受制于家奴，强藩跋扈于阙外，虽然会昌、大中两朝天子力图振作，武宗任李德裕为相，破回鹘于塞外，平刘稹于泽、潞；宣宗号小太宗，收三州七关，复河西之地，国势一度有所起色。但懿宗即位以来，与宦寺亲昵，享乐无度，其佞佛更是玩出了新花样，史称其"削军赋而饰伽蓝，困民财而修净业"，朝政遭遇了"断崖式"塌方。懿宗死后不久，便爆发了横扫大半个中国的黄巢之乱，很快，长安失陷，天子幸蜀，大唐王朝名义上的权威和形式上的统一不复存在，"国命所能制者，河西、山南、剑南、岭南西道数十州。大约郡将自擅，常赋殆绝，藩侯废置，不自朝廷，王业于是荡然"，覆亡已不可避免。在这纷乱动荡之际，大大小小的野心家趁势崛起，称王称霸，掀开了五代十国的序幕。李茂贞，正是这些群雄中的一员，他起于行伍，兴于战乱，在变乱的时局中从一个无名的小军校一跃成为藩镇节度使，动辄称兵于畿辅、劫驾于宫阙，逼杀朝廷宰相，击破天子亲军，封王拜相，权倾一时。其最强盛时势力影响四十余州，直接控制或依附于他的有凤翔、山南西道、保胜、彰义、静难、保大、保塞、镇国、匡国、义胜、天雄、武定、感义、东川等十余镇，成为天下举足轻重的一方势力。

一 凤啼初声——从宋文通到李茂贞

唐宣宗大中十年（公元856年）的一天，京兆府奉天县境内一户宋姓人家中，一个男婴呱呱坠地，给这个家庭带来了莫大的喜悦。出身行伍的父亲宋端对这个儿子寄予了极大希望，为其取名文通，寓意通达文学。

博野宋氏乃是军人世家，他们的先祖来自成德节度使下属的深州博野县，穆宗长庆年间，成德节度使王廷凑反叛朝廷，一部分成德将士不愿意附从叛逆，宣布反正，投向了朝廷，朝廷下令将这些将士收编于神策行营，其中宋氏先祖所在的原博野驻军被朝廷以地为名，赐予了博野军的军号。不过，此次讨叛战争最终失败，博野军迫于叛军压力，在兵马使李寰的率领下一路突围至忻州，后又入卫京师，驻扎于奉天城下，宋家也随军在奉天扎下根来。之后的几十年，宋家男儿一直栖身军中，为朝廷奔走效劳。宋文通的祖父宋镡曾在朝廷讨伐昭义节度使刘稹的战事中立下功勋，父亲宋端也在神策军中担任过右神策军先锋使的职务，因此这个家庭虽不富裕，但也算得上衣食无忧。在这样的环境中，宋文通耳濡目染，学到不少军旅知识，为他以后的戎马一生打下了基础。

当时的神策军作为朝廷震慑天下藩镇的武装力量，由宦官出身的神策左、右两

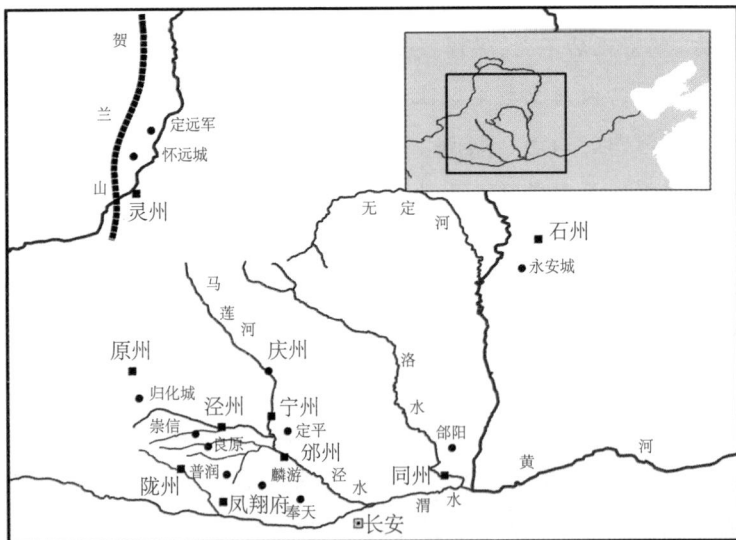

▶ 左右神策军镇屯驻地（来自《危机与重构——唐帝国及其地方诸侯》一书）

中尉为最高指挥官，除一部分驻扎在政治中枢大明宫附近戍卫京师外，其余分布在长安附近的各个军镇。这些军镇分为左右两部分，其中左神策军以长武城为中心，驻扎在长安以北各军镇；右神策军以麟游镇为中心，重点屯兵于凤翔，分布在长安以西各军镇中，左右两军总兵力最多时接近二十万。这些布置在京西北的神策军镇驻扎在各州交界处的重要地点，呈犬牙交错之态，与泾原、静难等关中藩镇掎角相应，共同抵挡吐蕃入侵，同时又可监视这些藩镇及临时抽调来的防秋兵，防止变生肘腋，确保京畿安全。

宋文通长大成人后，沿着父祖辈的人生轨迹投入军中效力，最初担任市巡这样的小吏。由于他职位卑微，且其貌不扬，史书上描写他为"鼠形"，也就是长得贼眉鼠眼，没有多少英雄气质，因此多次被当地的镇将欺辱。但他为人宽厚，得人心，脑子也很灵活，很快凭借自己的能力升为裨校，成为一位基层军官。如果未逢乱世，宋文通应该也像他祖父和父亲那般，依靠自己努力当个小官，然后娶妻生子，其子孙继续为军队效力，代代相传，但是扰乱大半个中国的黄巢之乱打乱了他的人生轨迹。在汹涌奔腾的时代大潮中，有人遭遇灭顶之灾，有人则趁势站上潮头成为弄潮儿，宋文通无疑是后者。

懿宗年间，唐朝政治愈加黑暗，懿宗耽于行乐："每行幸无虑用钱十万，金帛五车，十部乐工五百，犊车、红网朱网画香车百乘，诸卫士三千。凡曲江、温汤若畋猎曰大行从，宫中、苑中曰小行从。"翰林学士刘允章见国是日非，上书直谏，称"天下食禄之家，凡有八入"，"国有九破"，百姓则有"八苦、五去"。八苦指的是：官吏苛刻、私债征夺、赋税繁多、所由乞敛、替逃人差课，以及"冤不得理，屈不得升""冻无衣，饥无食""病不得衣，死不得葬"。五去分别是：势力侵夺、奸吏隐欺、破丁作兵、降之为客、避役出家。他总结道：当今是"人有五去而无一归，人有八苦而无一乐，国有九破而无一成，官有八入而无一出"。与此同时，大贵族、大官僚们却依旧过着骄奢淫逸的生活，当时有首诗这样讽刺道：

雉扇合蓬莱，朝车回紫陌。

重门集嘶马，言宴金张宅。

燕娥奉卮酒，低鬟若无力。

十户手胼胝，凤凰钗一只。

高楼齐下视，日照罗衣色。

笑指负薪人，不信生中国。

"不信生中国"，这是何其沉重的斥责，但是当时的统治者却无半点悔悟。唐僖宗乾符元年（公元874年），河南发生水旱大灾，庄稼绝收，饥民遍地，而朝廷却只顾聚敛，百姓控诉无门，陷入"号哭于道路，逃窜于山泽，夫妻不相活，父子不相救"的悲惨境地。在此情况下，王仙芝、黄巢等人先后举起反旗，斥责唐王朝吏治腐败、赋役繁重、赏罚不均，各地饥民为求活路，纷纷响应加入，一时间中原大地狼烟四起，动荡的乱世就此开启。

乾符五年（公元878年），王仙芝败死，黄巢被众将推举为主，自号"冲天大将军"。黄巢瞄准唐王朝统治的薄弱环节，率军渡江南下，经江西入浙东，又开山路七百里，进入福建，攻克福州。乾符六年（公元879年）正月，黄巢率军进入广南，于九月攻占广州，自称义军都统。由于疫病肆虐，黄巢于十月放弃广州，一路北上，在攻克潭州、江陵后，再次挥师东指，转战江西、浙东等地。广明元年（公元880年）七月，黄巢大败淮南节度使高骈所部，从采石渡江入淮，又长驱直入回到河南，称"天补平均大将军"。当时，黄巢大军兵锋所向，官兵无不望风崩溃，各藩镇也闭门自守，十一月，黄巢便攻克了东都洛阳。当年直言进谏的刘允章时任东都留守，基于对朝廷的失望，他率百官迎谒。

在洛阳短暂停留后，黄巢即向关中挺进，潼关天险被一鼓而破，义军乘胜向长安挺进。广明元年（公元880年）十二月，黄巢率军进入长安，当时其大军军容极盛，"甲骑如流，辎重塞涂，千里络绎不绝"。十二月十二日，黄巢在含元殿即位称帝，建国号曰大齐，改年号为金统，从而实现了其"冲天香阵透长安，满城尽带黄金甲"的夙愿。而僖宗皇帝在黄巢入城前便已丢下宗庙、百官，在被他称作"阿父"的大宦官田令孜的保护下，匆忙出奔蜀地。唐末诗人罗隐写了一首《帝幸蜀》揶揄讽刺他："马嵬烟柳正依依，又见銮舆幸蜀归。泉下阿蛮应有语，这回休更怨杨妃。"

当黄巢大军向长安挺进时，僖宗下令田令孜率神策军把守潼关，但此时的神策军早已腐朽，不堪一战，史称："神策军士皆长安富家子，赂宦官窜名军籍，厚得廪赐，但华衣怒马，凭势使气，未尝更战阵。闻当出征，父子聚泣，多以金帛雇病坊贫人代行，往往不能操兵。"结果，黄巢军仅用一天时间便攻克了潼关天险。此时，宋文通所在的博野军尚在半途，他们听说潼关失守，便退兵至渭桥，此时他们见朝廷所募的新军穿着温暖的新衣，大怒道："此辈何功而然，我曹反冻馁！"便大掠西市，随后一路溃退至凤翔，并在那里驻扎下来。

黄巢进入长安后，对唐王朝的贵族、官僚进行了大规模清算，有文人这样哀叹：

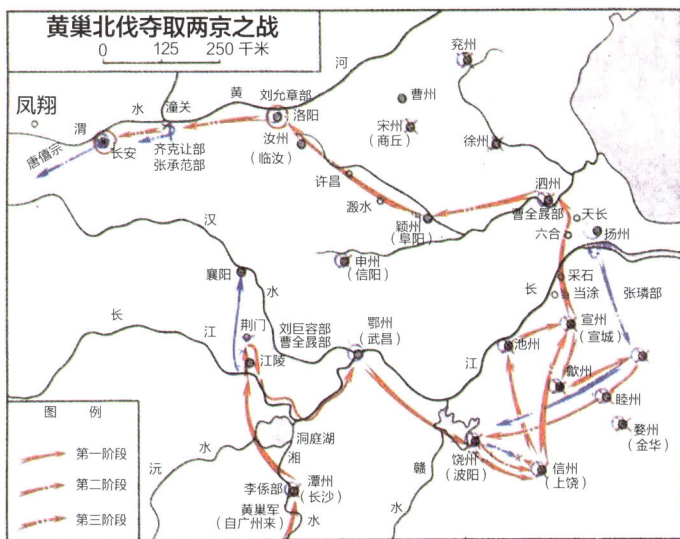

图：黄巢北伐夺取两京之战

自从大驾去奔西，贵落深坑贱出泥。

邑号尽封元谅母，郡君变作士和妻。

扶犁黑手翻持笏，食肉朱唇却吃斋。

唯有一般平不得，南山依旧与天齐。

中和元年（公元881年）二月，流亡蜀中的僖宗下诏任命凤翔节度使郑畋为京城四面诸军行营都统，命他统率长安周边诸军发起反攻。同时，还允许他使用墨敕自行任免官职。当时，黄巢大军虽然占领了长安及周边地区，但唐王朝在关中地区仍有相当实力，禁军镇守关中各地的人马还有几万人，听说僖宗逃往西川后都无所适从。郑畋派人前去联络，禁军纷纷前往归附。郑畋对前来归附的禁军十分优待，拿出大量财物笼络人心。很快，凤翔镇军士气大振。

郑畋虽然是文人出身，但并没有空谈的习气，在出任凤翔节度使后不久便招募了五百精锐负责侦缉盗贼，号称"疾雷将"，辖境内盗贼都不敢闹事，因为只要闹事就会被抓住。当他得知黄巢犯阙的消息后积极修缮甲仗、加强城防，昼夜都如临大敌，并尽出家财供养士卒。在整军备战期间，郑畋经常巡视军营，考察诸将。在一次巡视过程中，宋文通的身影吸引了求贤若渴的他。这个年轻的裨校勤于军旅，表现出了极高的军事素质，郑畋非常惊讶，便与他面谈，谈了后觉得宋文通是不可多得的军事人才，立刻委以游逻重任，也就是命他侦察前线。

中和元年（公元881年）三月，黄巢大将尚让、王播两人率五万大军进军凤翔，企图一举攻克这座"府居四山之中，五水之会，陇关西阻，益门南扼，当关中之心膂，为长安之右辅"的军事重镇。尚让等人以为自己军势强大，而郑畋只是白面书生，不懂军事，唐军又是丧家之犬，攻克凤翔城必定能如攻克洛阳、长安一般一战而定，因此十分轻敌，行军途中连斥候也没派出，队伍更是散乱无序。唐军方面，郑畋以前朔方节度使唐弘夫为主将，命其率数千名精兵前去迎战，宋文通所部也在阵中。当尚让、王播行至岐山东侧龙尾坡附近时，唐军伏兵突然出现在山岗上，唐军虽然人少，但携带了许多旗帜，队伍也分散得比较开，因此望去满山遍野都是唐军旗帜，让人感觉有很多人马埋伏在那里。尚让等人惊惧不已，连忙下令整队迎战，但是队伍还没收拢，唐军就已经杀下山来。

在战斗中，唐军无不奋勇当先，死战不退，尚让所部则乱成一团。战至日暮时分，尚让所部彻底崩溃，战死两万余人，积尸数十里，辎重兵器尽被丢弃，连王播的儿子也死在阵中，唐军一路追亡逐北直至奉天城下，此战极大打击了黄巢军的锐气。当僖宗奔蜀后，各地藩镇都以为唐王室已经无法复兴，因此纷纷拥兵观望，等到龙尾坡大捷的消息传来后，留在关中的各路勤王兵马纷纷前来与郑畋会合。一时间，唐军势力大增，黄巢军则从此战开始由盛转衰。

宋文通也在此战中一战成名，郑畋在奏捷文书中将他作为功勋第一来上报，因此，《新唐书》中才留下了这样的记载："黄巢遣林言、尚让寇凤翔，为郑畋将宋文通所破，不得前。"可以说，郑畋是宋文通生命中的第一个贵人。等到唐军收复长安后，朝廷追录前功，便任命宋文通为神策军指挥使，加检校太保。不久之后，宋文通又升任右神策军统军，一跃成为神策军中仅次于大将军的高级将领。但这次升迁遭到同僚的嫉恨，无数攻讦随之而来，被编排的各种罪名都言之凿凿，以至于控制禁军的大宦官田令孜信以为真，想要处死他以除后患。一天，田令孜命宋文通觐见，同时命令刀斧手在左右埋伏，只待宋文通进来便将其拖出去斩首。宋文通虽然其貌不扬，但言行举止都有过人之处，很容易赢得他人好感。他进殿后与田令孜一番话谈下来，田令孜起了爱才之心，不但没有杀死他，还将他收为假子，让他改名为田彦斌。田令孜成为宋文通的第二个贵人。

平定黄巢之乱后，僖宗于公元885年三月回到长安，为表示新气象，朝廷下诏改元光启。经过几年残酷的拉锯战，此时的长安城已残破不堪，昔日繁华的大都市一副"荆棘满城，狐兔纵横"的局面。望着残破的宗庙、宫殿，僖宗难掩悲痛，自

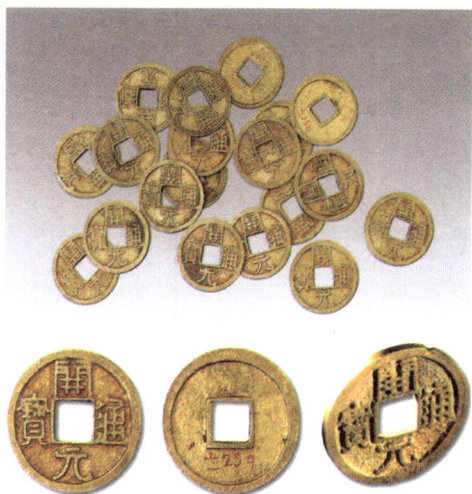
▲金质开元通宝

此开始疏远田令孜，但由于田令孜控制着禁军，他无力反抗，只能眼睁睁看着田令孜继续控制朝政。

修葺长安城时，朝廷缺乏资金，便动员各路富豪出钱出力。镇州王家有一个外号"王酒胡"的人家中十分有钱，一次性就拿出了三十万贯帮助修朱雀门。随后，僖宗又下诏重修安国寺，亲自来到当地设立大斋，并上钟楼连撞了十二下钟，舍钱一万贯，并道："舍钱一千贯，能打一槌。"但见王酒胡半醉上楼，连打一百槌，随后便从西市运钱十万贯入寺。

"茫茫禹迹，空悲文命之艰难；赫赫宗周，竟坠文王之基业。"城池破了可以重新修缮，但是人心失去了却难以挽回，天子车驾虽然回到了京师长安，朝廷的威严却不复存在，过去只有河朔藩镇较为跋扈，其他藩镇对朝廷最多是阳奉阴违，但是总体上对朝廷还是比较恭顺，各种供奉进献也从没有停止过。黄巢之乱发生后，朝廷与地方藩镇之间脆弱的平衡关系被打破了，"猛虎所以百兽畏者，为爪牙也。若去其爪牙，则犬彘马牛悉能为敌"。朝廷失去了各道的财力供奉后，再也无力供养一支强大的禁军，即使神策军已经重组为神策五十四都，缺粮少饷的神策军也根本无法提高战斗力。在藩镇眼里，朝廷彻彻底底成了一只纸老虎，其权威不断下降，天下由此进入了割据混战的局面。史书上如此记载当时的混乱局面：

时李昌符据凤翔，王重荣据蒲、陕，诸葛爽据河阳、洛阳，孟方立据邢、洺，李克用据太原、上党，朱全忠据汴、滑，秦宗权据许、蔡，时溥据徐、泗，朱瑄据郓、齐、曹、濮，王敬武据淄、青，高骈据淮南八州，秦彦据宣、歙，刘汉宏据浙东，皆自擅兵赋，迭相吞噬，朝廷不能制。江淮转运路绝，两河、江淮赋不上供，但岁时献奉而已。国命所能制者，河西、山南、剑南、岭南四道数十州。大约郡将自擅，常赋殆绝，藩侯废置，不自朝廷，王业于是荡然。

此时此刻，朝廷根本所在的关中地区和藩镇尽被跋扈的武将占据。安史之乱发

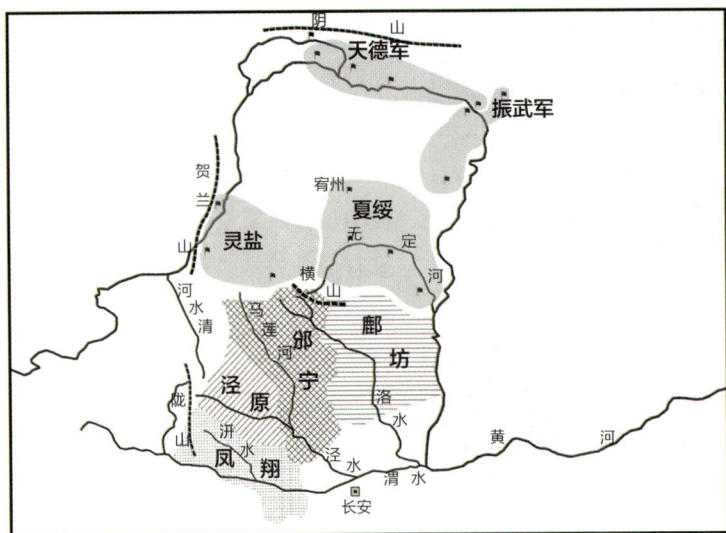

生后，原本备御西北的河西、陇右、安西、朔方等镇精兵先后奉调入援，随着唐军主力撤出，吐蕃、回鹘趁机大举进逼。代宗广德元年（公元763年），吐蕃攻入大震关（陇关），尽取河西、陇右之地，兰、廓、河、鄯、洮、岷、秦、成、渭等州沦陷，"数年间，西北数十州相继沦没，自凤翔以西，邠州以北，皆为左衽矣"。唐王朝不得不重组防线，在德宗统治期间最终形成了由凤翔、泾原、邠宁（静难）、鄜坊（保大）、灵盐、夏绥、振武及天德八个军镇组成的京西北防线，其中振武、天德负责防御北线的回鹘，凤翔、泾原、邠宁、灵盐四镇负责防御吐蕃，鄜坊、夏绥两镇则作为后方及第二道防线存在。为加强西北边境防御力度，唐王朝还下令关东藩镇每年抽调兵力到边境备边，是为"防秋"。

　　不过，朝廷并不完全信任这些拱卫长安的藩镇，比如朔方军虽在平定安史之乱的战争中立下大功，但最终在朝廷不断分化打击下解体，灵盐一镇虽继承了朔方的名号，但已蜕变为普通藩镇，不复昔日地位。战乱后，原有的禁军散亡殆尽，朝廷于是以原属陇右边军的神策军为基础，将其他地区的精兵良将收纳其中，重建了新的禁军，随后这支神策军不断扩张，其军镇也遍布关中各地，一方面协助藩镇抵御外寇入侵，一方面则起到了监视藩镇的作用。由于神策军待遇优渥，因此许多边军都自请纳入神策军系统，至德宗贞元末年，神策军总兵力已达十五万之多。基于对动辄叛乱的武将的不信任，大唐天子将这支军队交由宦官管理，并分设神策左右军

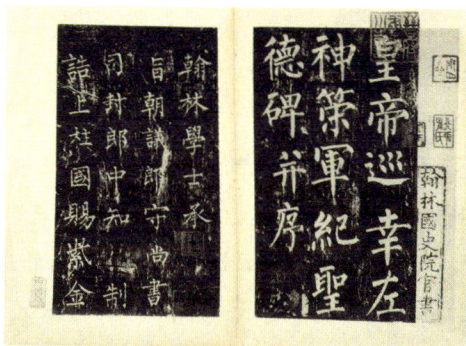
▲ 柳公权《神策军碑》拓片

护军中尉。神策左右军护军中尉权势极大，号称"藩镇节将，多出禁军，台省清要，时出其门"，他们与同为宦官的两枢密使合称"四贵"，并凭借掌握的武力长期影响中晚唐政局，最后甚至能够废立天子，杀害宰相。但同时，宦官掌握的神策军有效遏制了地方藩镇的野心，在历次讨伐战争中立下功勋，成为朝廷控制四方的中流砥柱。

不过，到了唐末，同其他曾经战力强大的封建军队一样，神策军腐化堕落了，并在黄巢之乱的战事中分崩离析。作为天下形势稳压阀的神策军既已衰落，原本拱卫朝廷的关中藩镇节度使的野心便不断滋长，朝廷能控制的区域也越来越少。

当时，长安周边的凤翔镇为李昌符所占据，他是李昌言的弟弟，当年凤翔兵在与黄巢作战期间，凤翔府内仓库虚竭，导致犒赏稍薄、粮馈不继，时任凤翔行军司马①的李昌言趁机煽动军士发动兵变，驱逐了立有大功的郑畋，朝廷只得承认他为节度使，他死后，其弟李昌符继任。

邠宁节度使此时由朱玫担任，他原本是邠州通塞镇的镇将，在起兵杀死黄巢派来的邠宁节度使王玫后，却将节度使一职让给了李重古，自己率军进讨黄巢，在开远门一战中咽喉中枪，幸好救治及时捡回一条命，其后以功擢升晋州刺史，复又担任邠宁节度使一职。中和四年（公元884年），邠宁镇受赐军号曰静难。邠宁镇位于唐蕃对峙的前线，吐蕃衰落后，又面临渐渐崛起的党项族的侵扰，因此是唐代防秋兵的主要驻地之一，兵力始终保持在三万至五万人。

河中节度使则为王重荣，他原是河中行军司马，黄巢之乱时，他先是驱逐了降于黄巢的节度使李都，又赶走了朝廷派来接任节度使的前京兆尹窦潏，自立为河中留后。在随后的战事中，他迫降了黄巢军中大将朱温，并上表为其求得同华节度使一职。

除此之外，泾原（彰义）节度使张钧也在谋求节度使的世袭化，党项族的拓跋

---

① 唐制，行军司马位节度副使之上，天宝以后节镇以为储帅。

家族占据了夏绥、保大两镇，韩氏家族控制了灵盐镇，这些藩镇名义上依旧服从朝廷，实际上却是自行其是。

不久，天子再次仓皇出奔，残存的一点威严荡然无存。当时丧乱后，国藏虚竭，各地藩镇都停止了上供，朝廷的三司转运连调发物资的地方都没有了，而度支使能收来的也只有京畿、同、华、凤翔等数州租税。由于得不到足够的军饷，禁军中充满了怨言。田令孜心急如焚，于是上奏天子，要求河中节度使王重荣将其所占据的安邑、解县两地的盐池还给朝廷，用盐池收入来供养禁军。王重荣自然不高兴将这一块肥肉出让，便以自己曾在平定黄巢之乱中立下大功为由，拒绝了朝廷的命令。打了一段时间笔墨官司后，光启元年（公元885年）五月，田令孜干脆一不做二不休，以朝廷名义下诏将王重荣改任为泰宁节度使，任命泰宁节度使齐克让为义武节度使，义武节度使王处存为河中节度使，又命令河东节度使李克用率军援助王处存赴河中接任。

王重荣拒不奉诏，并上表称田令孜离间君臣，指责其犯有十大罪状。田令孜见王重荣不就范，便联合静难节度使朱玫、凤翔节度使李昌符两人，希望依靠这两镇的军力解决王重荣，王重荣则向河东节度使李克用求救，引河东军进入关中。僖宗皇帝多次派遣使者要求双方和解罢兵，但此时的天子诏书早已失去作用。光启元年（公元885年）十一月，田令孜下令神策军出兵，在会合朱玫、李昌符两军后屯兵位于洛河和渭河之间的战略要地沙苑，开始了对河中镇的征伐。王重荣也立刻发兵迎战，两军对峙一个多月后，李克用率军赶至，沙陀军骁勇善战，远胜静难、凤翔两镇兵马，胜利的天平立刻倒向王重荣一方。一仗打下来，讨伐军大败，朱玫、李昌符率残部逃归本镇，李克用则乘胜率军直逼京城。

田令孜惊惧不已，再次裹胁着僖宗逃出了长安城，出幸凤翔。此时，离僖宗回到长安城还不到一年，在黄巢之乱中残存的府寺民居也被乱军焚掠殆尽。不久，田令孜又劫持僖宗出幸宝鸡。得到消息的部分朝臣追赶着天子乘舆一路前行，结果碰到乱兵，衣物尽被劫走，带着太庙神主逃亡的宗正也在路上遇到强盗，神主在混乱中全部丢失。此时，朱玫、李昌符两人见李克用势强，连忙与其讲和，宣布讨伐田令孜，并发兵追赶天子一行人。田令孜见宝鸡无法再待下去，又带着僖宗经散关逃亡兴元，并在凤州、兴州设置感义军，以神策军指挥使杨晟为节度使，防守散关。当时形势十分危急，山南西道节度使石君涉已经投向了朱玫、李昌符一方，并派兵在险要关隘设置了障碍，烧毁了路上全部驿站。僖宗君臣一行只得走小路逃亡，道

▲ 沙苑景色

路崎岖狭窄，充满艰险。有一次，前方栈道被李昌符所部纵火焚烧，幸好神策军使王建扶着僖宗冒着火焰一跃而过，赶在栈道倒塌前通过此地，皇帝才幸免于难。朱玫的追兵在击破据守石鼻关的禁军后尾随着皇帝一行人死死不放，僖宗好几次差点被追上。在逃亡路上，宋文通作为扈跸都将一直随从左右，冒着锋镝矢石保护僖宗顺利到达兴元，他的表现无疑被僖宗铭记心中。

光启二年（公元886年）四月，朱玫、李昌符在凤翔拥立嗣襄王李煴权监军国事，其后又带着他回到长安，另立了小朝廷，天下藩镇"受其命者什六七"。朱玫又派遣大将王行瑜率兵五万进攻兴州，感义节度使杨晟数战不利，只得放弃散关，之后又逃往文州，王行瑜所部进屯凤州。在此危急之际，宋文通受命与保銮都将李鋋、扈跸都将陈佩等人屯兵大唐峰，抵御王行瑜所部进犯。大唐峰上，宋文通率部死战不退，使王行瑜寸步不得前进，不久后，官军又收复了兴州，稳定了战局。此时，李昌符因为朱玫把持大权，十分不满，最终反戈一击，倒向了朝廷，河东节度使、河中节度使王重荣也因不愿接受朱玫的命令，转而宣布将奉朝廷之命讨伐乱臣。朝廷终于渡过了危局。

面对急转直下的战局，朱玫病急乱投医，于当年十月拥立襄王即皇帝位，改元建贞，并遥尊僖宗为太上元皇帝，但此时即使有真皇帝也不管用了，更何况是个伪皇帝。十二月，王行瑜因为屡次战败，害怕获罪于朱玫，于是先发制人，自凤州前线倒戈，回军诛杀了朱玫及其党羽数百人，朝廷顺水推舟，任命他为新任节度使。朱玫拥立的伪帝襄王亦被河中节度使王重荣诱杀。

光启三年（公元887年）正月，朱玫之乱被平定后，朝廷论功行赏：宋文通扈跸山南，论功第一，迁检校太保、同平章事，晋爵陇西郡公，并授以旄节任命其为武定军节度使；同时，朝廷还赐予他国姓，将他改名为李茂贞，并附入宗室郑王一房；此外，僖宗还为他起了一个字：正臣。至此，时年三十二岁的宋文通完成了人生最重要的转变，他成了位列皇室宗谱的藩镇大帅李茂贞。

二　凤翼初展——李茂贞的强藩之路

　　虽然成了一镇节度使，但在唐末的大小军头目中，李茂贞依然十分不起眼。他所在的武定军位于陕西、甘肃、四川交界之地，下辖洋、果、阶、扶四州，兵力薄弱，乃一个小藩镇，随时都可能被其他强藩吞并，很难作为安身立命之所，更不用说用来开创基业。

　　不过，李茂贞在武定军节度使任上并未待多久，光启三年（公元887年）三月，他就受命承担宿卫重任，护送僖宗返回京师。此时，大宦官田令孜因为导致天子播迁，自知不为天下所容，自请去职，投奔假子西川节度使陈敬瑄去了。这时掌握禁军的是另一位大宦官杨复恭，田令孜的党羽如王建等人也全被赶了出去担任外州刺史。这年二月，朝廷又下诏削除田令孜一切官职，流放端州，可田令孜躲在陈敬瑄府中，朝廷一时也不能将他怎样。

▲ 李茂贞墓端楼

不过，李茂贞并未因此受到影响，不管是僖宗还是杨复恭，都表示足够信任他。

光启三年（公元887年）三月壬辰，天子车驾经过凤翔，凤翔节度使李昌符以长安宫室毁于战火、尚未修葺为理由，请求僖宗驻跸位于凤翔府中的行宫。李昌符认为自己当年追随朱玫作乱，威逼天子，后来虽然及时反正，天子心中肯定怨恨，说不定哪天就会派来讨伐大军，因此竭力将僖宗留在凤翔——只有控制住皇帝，才能保障自己的安全。

在李昌符的"盛情挽留"下，天子在凤翔一住便是三个月，虽然各种供奉都很丰盛，但只要提起上路，李昌符便以种种借口挽留，因此天子一行与凤翔镇之间摩擦不断。很快，便发生了一起激化双方矛盾的事件。六月戊申，凤翔节度使李昌符与神策军将领天威都头杨守立在路上相遇，一方是称雄边陲的藩镇节帅，以跋扈不臣闻名，一方是把持朝政的大宦官杨复恭的假子，以勇冠三军著称，双方为争道各不相让，最后麾下将士打作一团。僖宗听说后，连忙派使者去劝解，但是无人听从。形势一下子剑拔弩张起来，当天晚上，宿卫禁军严阵以待，做好了战斗准备。

一个小小的禁军都头居然敢在自己的地盘上动武，李昌符实在咽不下这口气，行宫中传来的消息更让他感到与朝廷的决裂已不可避免。次日，李昌符便发兵火烧行宫，再次公然挑战天子的权威。第三天，他率兵攻打行宫的大安门，与杨守立率领的禁军激战于行宫前的大路上。禁军将士众志成城，誓诛反贼；而李昌符的部下对再次侵逼天子之事都觉得不妥，除少数亲信外，多持观望态度。一番交战下来，李昌符大败而归，凤翔城待不下去了，只得带着少数亲信退守凤翔镇的支郡陇州。

僖宗见李昌符败走，立刻下诏命诸军讨伐，李茂贞作为禁军中少有的将才，受命担任陇州招讨使，率所部向陇州袭去。李茂贞自然知道这是个难得的表现机会，于是率将士日夜兼程，很快将陇州城团团围住，表现如此卖力，一方面是为给天下留下好印象，另一方面也是为报其恩公郑畋之仇。当年郑畋率军进攻长安，结果被部下行军司马李昌言发动兵变驱逐，被夺走了凤翔节度使的位置，虽然郑畋在短暂赋闲后又被朝廷任命为宰相主持朝政，但李昌言见郑畋秉政当国，心中不安，便与田令孜等人勾结多次上表攻击郑畋，迫使僖宗不得不将郑畋罢相。郑畋受此打击，不久后便郁郁而终。

在李茂贞军强大的攻势下，仅仅一个多月后，陇州刺史薛知筹便迫于压力倒戈献城，向李茂贞投降。李茂贞入城后立刻逮捕了李昌符，将他处死，并将他首级传送至天子行在。至此，凤翔镇再次回到朝廷手中。随后，李茂贞在郑畋归葬荥阳故乡时上表为其请谥平反，朝廷顺水推舟，恢复了郑畋名誉，并定谥号为文昭。

对朝廷来说，这是黄巢之乱以来首次平定的藩镇，意义非凡，僖宗龙颜大悦，立刻任命李茂贞为检校司空、同平章事、凤翔节度使，后又封他为陇西郡王。就这样，李茂贞不但成了使相，还成了王爷。

凤翔古称雍，位于关中西部地区，乃周朝及秦朝发祥之地，后因"凤鸣于岐，翔于雍"而得名凤翔。这一地区水草肥美，是唐朝重要的牧马场所；凤翔镇的岐州、陇州也是丝绸之路沿线重要的交通城市，连河西、通西域；而且此地还有井盐之利，地理条件优厚。对唐王朝来说，凤翔镇的地理位置十分重要，它背靠秦岭，西辖陇山、六盘山，北有北山，渭水横贯其中，号称"三山环绕，一水中分"，控制着陇山和岍山之间的汧水河谷，扼守着长安城的西大门；同时，凤翔镇还控制着进入巴蜀的道路，从关中越过秦岭大山通往山南的"关中六道"中的陈仓道、褒斜道都位于凤翔镇辖区内，唐朝皇帝多次出逃时均经过凤翔镇辖区。

作为拱卫京师和防御吐蕃、党项入侵的重要藩镇，凤翔节度使始设于唐肃宗乾元三年（公元 760 年），最初领有岐、秦、陇三州，称秦陇节度使；代宗广德元年（公元 763 年），罢领秦州，改称凤翔陇右节度使；宣宗大中年间，正式得名凤翔节度使。凤翔镇与静难、泾原两镇互成掎角，共同组成了"品"字形的防御体系，扼守着长安城的西大门。由于其地理位置重要，朝廷历来在此驻有重兵，神策军镇中的普润、麟游两镇便位于此地。除此之外，凤翔镇的驻军中还有陇右道撤退至此的"河湟义卒"，以及关东藩镇派来每年备边的防秋兵，总兵力不下四五万人。因凤翔镇与吐蕃长期交战，其军队经历了血与火的锤炼，士兵们都是历经百战后的幸存者，战斗力在各藩镇中首屈一指，时人称凤翔兵"劲锐堪用"。

凤翔镇既拥有一支能征善战的军队，又兼有战马、井盐、对外贸易之利，可以说具备了争雄天下的条件。因此，当胡三省读到《资治通鉴》中李茂贞出镇凤翔的记载时，在旁边批注道："为李茂贞以岐兵跋扈张本。"可以说是一语中的。

历史资料并没有怎么记载李茂贞在凤翔镇最初几年的情况，李茂贞应该是将精力用在了整合凤翔镇内部军政和加强与附近藩镇的联系上，一方面整军备战，一方面等待展翅飞翔的时机。

不久后，朝廷再次发生动乱，残存的一点元气也随之消耗殆尽，这给李茂贞带来了掌控关中的机会。文德元年（公元 888 年）三月，唐僖宗崩于灵符殿，其同母弟弟李晔被掌握禁军的大宦官杨复恭拥立为帝，是为唐昭宗。唐昭宗"体貌明粹，有英气，喜文学，以僖宗威令不振，朝廷日卑，有恢复前烈之志，尊礼大臣，梦想贤豪，践阼之始，中外忻忻焉"。当时，杨复恭权势煊赫，不但自领六军十二卫观军容使、左神策军中尉，军权在手，还常常干涉朝政。但是，昭宗其人不像僖宗那般庸碌无能，而是有志于兴复，史称其"神气雄俊，有会昌之遗风"，宰相韦昭度、张濬、杜让能也鼓励他学习宣宗大中故事，裁抑宦官。一个是锐意进取的青年天子，力图恢复大唐王朝昔日的荣光，一个是掌握兵权的宦官，仍想延续前辈权阉控制朝廷的故事，双方围绕朝政控制权展开了一系列斗争。

当时，杨复恭广收武人为假子，用来扩展自己的势力，这些假子在朝廷则典禁军，在外则掌方镇，布列中外，盘根错节，形成了一张庞大的势力网。这些假子中，杨守立为天威军使、杨守信为玉山军使、杨守贞为龙剑节度使，在外当刺史的为数众多，担任各藩镇监军等职的则有六百人。杨复恭的兄长杨复光虽然此时已经病死，但他留下的势力也不小，假子中担任藩镇节度使的有山南西道节度使杨守亮、忠武节度使杨守宗、武定军节度使杨守忠、商州防御使杨守信等人，这些假子权势煊赫，势夺诸侯，当时有人用诗讥讽他们：

> 草头灰面恶形仪，尽是军容表里儿。
>
> 昔日水牛攀角上，而今细马劈腰骑。
>
> 钱多内藏犹嫌少，位等三公尚厌卑。
>
> 更有一般堪笑处，镀金牙齿咬银匙。

一日，昭宗在太极殿与宰相商谈国事，谈论如何平息四方乱事时，杨复恭如平日里一样，乘坐肩舆大摇大摆进入殿中。宰相孔纬以骨鲠闻名，见此情形叹道："陛下左右都有将要造反的人，何况四方！"昭宗急忙问是谁要造反，孔纬指着杨复恭说道："杨复恭此人乃是陛下的家奴，现在竟然乘坐肩舆大摇大摆进入前殿，又养了那么多壮士当假子，这些假子不是禁军大将便是藩镇节度使，这不是反贼还是什么！"这番话刚好被杨复恭听见，他连忙辩解道："这些壮士我都是养来保卫朝廷的，怎么可能造反呢？"但昭宗并不糊涂，他指着杨复恭道："卿既然说是用来保卫国家的，那为什么不让他们姓李，而是姓杨呢？"杨复恭无言以对。

不过，昭宗虽然不甘心成为家奴手中的傀儡，但手中没有武力，只能从分化杨复恭的势力着手，通过一段时间的观察，天威军使杨守立成为他的首要拉拢目标。杨守立原名胡弘立，勇武过人，人皆畏之，是杨复恭假子中能力最突出的一个，昭宗于是百般招揽，先是赐以国姓，将他改名为李顺节，使掌六军管钥；不多久，又擢升他为天武都头，领镇海节度使，加同平章事，可以说是荣宠无比。在昭宗的拉拢下，李顺节从此倒向天子，成为天子控制禁军最重要的干将。得到天子的支持后，李顺节便开始与杨复恭争权，并将自己掌握的杨复恭的隐私都告知了天子。

见天子想要夺权，杨复恭也针锋相对，给天子来了个下马威。当时，昭宗的舅舅王瑰想讨个节度使的官职，昭宗便与杨复恭商量，看能不能给王瑰安排个位置，但杨复恭丝毫不买天子的面子，一口拒绝。王瑰听说后颇为怨恨，常在昭宗面前痛骂杨复恭专权。杨复恭知道后起了杀心，他定下一计，先是假意妥协，上奏请求任命王瑰为黔南节度使，昭宗自然准奏。于是，王瑰便带着宗族门客上任去了。没想到王瑰一行乘船行至山南西道境内的吉柏津时，被山南西道节度使杨守亮及其部下

▲ 唐汉白玉彩绘散乐浮雕

拦截，随后，王瑰一家老小包括门客在内全被丢在江中淹死，回头杨守亮以翻船事故上奏此事。消息传来，天子按捺不住心头怒火，于大顺二年（公元891年）九月下诏解除杨复恭担任的六军十二卫观军容使、左神策军中尉职务，出为凤翔监军。杨复恭自然不愿就此放弃权柄，而是反将一军，称自己生了病不能出外，请求致仕，同时躲进假子杨守信担任军使的玉山军大营附近的宅邸，看昭宗如何应付。昭宗并未理会其中蕴含的威胁之意，再次发出一道诏书，命令杨复恭以上将军的散官职衔致仕。杨复恭见到诏书后勃然大怒，派遣心腹张绾在半路上刺杀了宣读完诏书回去复命的使者。

见杨复恭愈加悖逆，十月乙酉，昭宗终于下令讨伐乱臣，他来到安喜门上陈兵自卫，亲自督战，宣布杨复恭与杨守信等人谋反，命天威都将李顺节、神策军使李守节两人率兵攻打杨复恭宅邸。当时，许多禁军守在含光门两侧，准备开门后劫掠两市，门下侍郎、判度支刘崇望驻马慰谕："圣上在街东亲总戎事。公等禁军，何不楼前杀贼，立取功名。切不可剽掠街市，图小利以成恶名也。"将士们受其感召，向长乐门行去。面对天子的讨伐军，玉山军纷纷倒戈，杨复恭只得与杨守信等人带着家小仓皇逃往山南西道。到达兴元城后，杨复恭又联合山南西道节度使杨守亮、武定军节度使杨守忠、龙剑节度使杨守贞及绵州刺史杨守厚等人以讨李顺节为名举兵反叛。

结果还没等杨复恭等人出兵，李顺节就因为恃恩骄横被昭宗下令处死，昭宗以为权阉已被驱逐，跋扈的大将也被处死，朝廷就该太平无事了，却不料朝廷的虚弱尽在强藩眼中。此时的朝廷既无财力又缺兵马，已经难以控制各藩镇自行其是，反而成为他们觊觎的对象。李顺节死后，继任的天威军使贾德晟颇有怨言，神策右军中尉西门君遂将其处死，贾德晟麾下骑兵一千余人害怕被株连逃去了凤翔，又壮大了李茂贞的实力。

见朝廷动荡，蛰伏多年的李茂贞终于开始行动。景福元年（公元892年）正月，李茂贞联合静难节度使王行瑜、镇国节度使韩建、同州节度使王行约、秦州节度使李茂庄等人上奏朝廷：称杨守亮容匿叛臣杨复恭，大逆不道，要求朝廷任命李茂贞为山南西道招讨使，出兵讨伐，并称这次出兵自备军需粮饷，不需要朝廷度支供给。

当时，杨守亮割据的山南西道辖有兴元府以及集、璧、通、巴、开、渠、蓬、金等州，控制着关中通往西川的交通路线，这一地区"汉水上游，梁山东险，控巴岷之道路，作咸镐之藩屏"，号称"会险形束，襟带皇都，南开蜀国，西控戎落"。

一旦夺取山南西道，不但能巩固凤翔镇南部防线，还能直接进入蜀中。李茂贞的打算是以讨伐之名，行兼并之实，这一打算自然未能瞒过朝廷。昭宗认为一旦李茂贞取得山南西道，将再也无法控制，于是发出诏书，要求双方和解。李茂贞置若罔闻，继续联合王行瑜发兵山南，并不断上表朝廷求招讨使之职，表现出对山南西道势在必得的决心。

李茂贞上奏的表文多有陵蔑朝廷之语，跋扈强藩之面目显露无遗。昭宗意不能平，召集大臣商议如何应对。李茂贞在宦官中早布有眼线，宰相们也都知道这一情况，于是面面相觑，无一人敢发言。昭宗无奈之下只得听从给事中牛徽的建议，正式任命李茂贞为山南西道招讨使，以维持"礼乐征伐自天子出"的表面文章。

有了奉旨讨逆的名分后，李茂贞加紧了对山南西道的进攻，此时西川节度使王建、东川节度使顾彦晖也在南线发动了对诸杨势力的进攻。面对两线夹攻，杨复恭集团迅速土崩瓦解。七月己巳，李茂贞攻克凤州，感义军节度使满存逃亡兴元，不久李茂贞又连下兴、洋二州，武定军节度使杨守忠败逃，两镇守将均被李茂贞换成了自家子弟。八月辛丑，李茂贞攻克山南西道治所兴元，杨复恭、杨守亮、杨守信、杨守贞、杨守忠、满存等人出奔阆州，李茂贞表其假子李继密权知兴元府事。

这次出兵，李茂贞收获颇丰，一举夺取了感义军、武定军、山南西道、龙剑四镇之地，地盘大大扩张，而且在与朝廷在招讨使职位的任命和战后山南西道的归属的多次角力中尽占上风，朝廷的虚弱显露无遗。自此之后，李茂贞"恃勋恣横，擅兵窥伺，颇干朝政，始萌问鼎之志矣"。

三　火凤燎原——从耀武阙下到火烧长安

朝廷本打算倚靠李茂贞为拱卫朝廷的长城，不料李茂贞控制凤翔等镇后，甲兵既强，又地近京师，竟成了朝廷当时最大的威胁。鲸吞山南西道等地后，李茂贞尽窥朝廷虚实，跋扈之迹愈加明显，他开始凭借军事实力不断干涉朝政，短短数年间便完成了从保卫朝廷的禁军大将到挟天子以令诸侯的藩侯的转变，这也是他在乱世中的必然选择。当李茂贞刚为小校，受宰相拔擢，被天子赐名时，他应该的确是想当朝廷的"正臣"，现在他位居雄藩，爵列郡王，野心自然增长了。

当时的朝廷不愿意李茂贞坐大，于是迟迟不下诏令承认他占领山南西道的事实。景福二年（公元893年）正月，李茂贞上表自请出镇兴元后，朝廷下诏以李茂贞为山南西道节度使兼武定节度使，又割果、阆二州隶武定军，同时任命宰相徐彦若为凤翔节度使，企图以山南西道的统治权换取李茂贞放弃凤翔镇。但是山南西道已在李茂贞掌中，他又怎会理会朝廷的一纸诏书而放弃经营多年的凤翔老巢，李茂贞再次拒不奉诏，朝廷也无可奈何。

曾经的正臣成了不正之臣，昭宗认为武将实在难以信任，考虑再三，他决定起用宗室诸王来统率禁军，尽解禁军大将兵权，分别任命扈跸都头曹诚为黔中节度使、耀德都头李铤为镇海节度使、宣威都头孙惟晟为荆南节度使、捧日都头陈珮为岭南东道节度使，命这些大将即日赴镇。

统兵的大将都被赶走，而那些王爷又懂得什么戎机？李茂贞在讥笑之余愈发轻视朝廷，随时准备与朝廷摊牌。

景福二年（公元893年）七月，李茂贞上表朝廷，表文中极尽讥刺，他这样写道："陛下贵为万乘，不能庇元舅之一身；尊极九州，不能戮复恭之一竖。"说昭宗皇帝连自己的亲舅舅都无法保护，一个宦官也无法处死。"今朝廷但观强弱，不计是非"，"约衰残而行法，随盛壮以加恩；体物锱铢，看人衡纩"，称朝廷完全是看人下菜，随波逐流。"军情易变，戎马难羁，唯虑甸服生灵，因兹受祸，未审乘舆播越，自此何之"，行文中满含威胁之意。

昭宗看到这份表文后怒不可遏，决心讨伐李茂贞，宰相杜让能连忙上谏，称李茂贞近在国门，"时有所未可，势有所不能"，万一讨伐不成，将反受其祸，悔之不及。又说，"日后，臣即使受到像西汉晁错那样的屈杀，也不足以消弭如'七国之乱'那样的大祸"。但昭宗执意不听，他对杜让能说道："《春秋》之义，叛而必诛，安有甸服之间显违朝旨而悖慢如此？我若不讨，四方其谓我何？"随后便让杜让能留宿中书省，专门负责此次征伐计划制订、后勤调度等事务。但另一位宰相崔昭纬暗地里与李茂贞交好，早已成为李茂贞监视朝廷的耳目，以至于杜让能早上说什么话，李茂贞晚上就知道了。

李茂贞得知朝廷的机密筹划后心生一计，他派遣党羽潜入长安城大造声势，这些间谍纠集数千市人，先是拦在观军容使西门君遂的马前，后又拦住宰相崔昭纬、郑延昌两人的肩舆，抗议朝廷讨伐李茂贞。不多时间，朝廷还在筹划中的机密大事就在长安城中传得沸沸扬扬。长安百姓害怕被战火波及，成群结队逃出城去，藏匿在周边的山谷中，朝廷即使采取严刑峻法也不能禁止。

《孙子兵法》曰："夫未战而庙算胜者，得算多也；未战而庙算不胜者，得算少也。多算胜，少算不胜，而况于无算乎！"朝廷既无强兵又无良将，且军机早泄，人心动荡，可以说是"无算"，但昭宗仍执意用兵，他任命嗣覃王李嗣周为京西招讨使、神策大将军李鐬为副招讨使，命两人率领神策军约三万人，以护送徐彦若赴镇上任为名出兵，企图以武力压服李茂贞，若李茂贞拒不受代，立即发兵讨之。

李茂贞听说朝廷发兵前来，立即修书一封给盟友静难节度使王行瑜，邀请他一道起兵，王行瑜很快点齐兵马前来会合，两镇合兵近六万，行军至离长安一百余里的盩厔县一带安营扎寨，以抗拒朝廷讨伐。九月壬午，两镇大军又前进至兴平县，与讨伐军相遇。朝廷派出的禁军都是从市井中新招募来的少年，与李茂贞、王行瑜率领的参加过无数战斗的边军对抗，自然毫无取胜可能，刚一交战，禁军便望风逃溃。李茂贞乘胜进屯长安西大门的三桥地区——禁苑西门延秋门所在地，京城宫阙已近在咫尺。长安城中大乱，百姓听说禁军战败的消息后，纷纷举家逃亡。被李茂贞的奸细煽动的百姓则守在宫阙外，要求天子下诏诛杀首议用兵者。

九月乙亥，李茂贞陈兵于临皋驿一带，他上书朝廷，历数宰相杜让能的罪行，胁迫天子诛杀杜让能。此次用兵完全是昭宗的一意孤行，杜让能曾多次劝谏，为何李茂贞会将矛头指向杜让能呢？原来这一切来自崔昭纬的忌恨，崔昭纬此人性格奸邪卑鄙，忌恨有地位、有声望的前辈，一向与杜让能不和，他见李茂贞大军逼近，便写了一封信给李茂贞，称此次用兵全是杜让能的主意。杜让能得知李茂贞上书后，便向昭宗求救，昭宗回想起杜让能当时的谏言，百感交集，却无力相救，只得哭着说："与卿诀矣！"当天，昭宗下诏贬杜让能为梧州刺史，又流放观军容使西门君遂到儋州，内枢密使李周潼到崖州、段诩到欢州。不久，昭宗又下令斩西门君遂、李周潼、段诩三人，称谋划用兵的是这三人，与杜让能无关，又贬杜让能为雷州司户，希望能用这些措施挽救杜让能一命。

但李茂贞仍然勒兵不解，称只有杀了杜让能自己才会率兵还镇，昭宗只得饮下自己酿成的苦酒，下令赐杜让能及其弟弟户部侍郎杜弘徽两人自尽。杜让能的先祖是唐开国名相杜如晦，他勇于任事，乃当时朝廷少有的股肱之臣，当年李克用兵犯京师，僖宗仓皇出奔，正在禁中值班的杜让能闻讯毅然步出从驾，无丝毫犹豫之心；之后僖宗为避朱玫之兵，再次急幸宝鸡，近臣中最初也只有杜让能一人追随，即使在崎岖险阻之间，他也始终不离天子左右；僖宗在凤翔的时候，李昌符企图劫持天子，又是杜让能单步入侍，矢志不渝。因此昭宗即位后，便对杜让能大加封赏，赐号"扶危启运保乂功臣"，册拜他为太尉，封晋国公，除宰相一职外，还让他兼任诸道盐铁转运等使，对他信任有加。此时遇害，天下皆冤之。

其后，朝廷又被迫正式任命李茂贞为凤翔节度使兼山南西道节度使、守中书令，承认他对山南西道的控制。但李茂贞的目标并不仅限于此，他依仗军事力量，对朝廷进行了大清洗：在他的授意下，左右神策军中尉分别改由骆全瓘、刘景宣两人担任；东都留守韦昭度和御史中丞崔胤两人进为同平章事，跻身宰相之列；徐彦若则被解除凤翔节度使职务，转任御史大夫。在与朝廷的这次交锋中，李茂贞取得完胜，不但成功攫取了凤翔、兴元、洋、陇、秦等十五州之地，还成了朝廷的太上皇。史书称："自是朝廷动息皆禀于邠、岐，南、北司往往依附二镇以邀恩泽。"

乾宁元年（公元894年）正月，李茂贞再次率兵入朝，他大陈兵卫，向朝廷炫耀武力，颇有问鼎之志，昭宗只得好生款待。李茂贞见朝廷屈从，十分满意，在长安城待了几天后得意扬扬地离去。昭宗见强藩凌迫，人才凋零，便想选拔才智之士以辅佐王室，对百官考察一番后，他看中了右散骑常侍郑綮，任命其为礼部侍郎、同平章事。郑綮为人诙谐，喜欢写歇后诗来讥讽时事，天子读了他的诗后认为他能匡正时弊，竟拜其为相。消息传来，众人均大惊失色，郑綮本人也认为是有人在开他的玩笑，笑道："诸君大误，使天下更无人，未至郑綮！"但当消息确认无误时，他搔头道："歇后郑五做宰相，时事可知矣！"拜相半年多后，郑綮自以不合众望，累表避位，后以太子少保致仕。

对于昭宗的用人，史家曾这样评价："自乾宁之后，贼臣内侮，王室浸微。昭宗不堪凌弱，欲简拔奇才以为相。然采于群小之论，未尝获一名人。登用之徒，无不为时嗤诮。"郑綮还是有自知之明的，但如张濬等志大才疏之辈，则将朝廷最后的一点元气也消耗殆尽了。

这年七月，李茂贞所部攻占阆州，从此占有山南西道全境。杨复恭等人则在逃往河东路上被镇国节度使韩建部下俘获，韩建下令将杨复恭"以短褐蒙之，毙于枯木"；杨守亮则被槛送至京，斩于独柳树，煊赫一时的宦官杨氏家族就此烟消云散。

诸杨势力虽然灭亡，但是朝廷的形势却更加危急。乾宁二年（公元 895 年）正月，河中节度使王重盈病死，其假子王珂与亲生儿子王珙两人争夺帅位，大打出手，周边藩镇分为两派，分别支持一方。其中，李克用支持自己的女婿王珂，而以李茂贞为首的关中诸节度使则支持王珙。昭宗衡量再三，不愿看到李茂贞势力更加强大，于是拒绝了李茂贞等人的要求，下诏任命王珂为新任河中节度使。李茂贞深以为耻，决定联合王行瑜、韩建两人发动"兵谏"。王行瑜、韩建两人也蠢蠢欲动，准备借此机会吞并朝廷残存的神策行营兵力。

此时，李茂贞、王行瑜在朝廷中的代理人崔昭纬也派人来到邠州，称宰相韦昭度、李谿两人要对王行瑜不利，"恐复有杜太尉之事"。当年，王行瑜希望朝廷任命他为尚书令，但这件事情后来被韦昭度阻止，朝廷只给了他一个尚父的头衔，因此他早就对韦昭度怀恨在心，此时听了崔昭纬的构陷后更是勃然大怒，随后便与李茂贞两人上书，要求昭宗罢免韦昭度、李谿两人职务。昭宗自是不肯，好生劝解道："军旅之事，朕则与藩镇图之。至于命相，当出朕怀。"但两人上表论列不已。昭宗只得妥协，下令贬韦昭度为太傅、李谿为太子少师，但李茂贞、王行瑜为达到挟制天子的目的仍不罢休。五月，两人联合韩建率兵进入长安，三镇盛陈甲兵，称"韦昭度讨西川失策，李谿作相，不合众心，请诛之"。还没等昭宗下令，李茂贞就派兵在朱雀门外的都亭驿将韦昭度、李谿两人杀害；不久后，又胁迫昭宗下诏任命王珙为河中节度使，又以王行瑜之弟、匡国节度使王行约为陕州刺史扼守潼关。这一事件表明朝廷已彻底被李茂贞为首的关中藩镇控制，就连昭宗本人的地位也岌岌可危。此时的李茂贞正在密谋废立之事，他决定拥立吉王李保取代昭宗。

▲ 李茂贞石像

李茂贞等人的肆意妄为很快便引发了李克用的强力干涉。李克用听说三镇称兵犯阙的消息后，素以忠臣自诩的他立即点齐沙陀铁骑，准备渡河入关，与李茂贞在战场上一决高下。

乾宁二年（公元895年）六月，李克用举兵南下，不久后即攻克绛州，斩刺史王瑶，紧接着又击败王行约所部，迫使其放弃同州。王行约败退长安后，与其弟左军指挥使王行实大掠西市，又请昭宗幸邠州，而枢密使骆全瓘则奏请天子车驾幸凤翔。昭宗寄希望于李克用，不愿离开长安。时任右军指挥使的李茂贞假子李继鹏生怕天子落到李克用手中，于是准备强行将昭宗劫持至凤翔，王行约也不愿相让，左右两军为争夺天子，乱斗于宫阙前。李继鹏为逼迫昭宗出宫，甚至纵火焚烧宫门，昭宗登上承天楼避乱，两军混战间，甚至"矢拂御衣，著于楼楩"。幸好此时有一支盐州六都兵正在京师，昭宗尚能支使得动。昭宗得到这支兵马的护卫后，左右两军不敢强攻，只得退还本镇。此时，京师内外盛传李茂贞、王行瑜两人要亲自前来劫驾，人心惶惶，正所谓"君若客旅，臣若豹虎"。昭宗也认为长安城不能再待下去了，便在捧日都头李筠等人的护卫下离开了长安城，一路逃到石门镇，驻跸于当地佛寺，其间绝粮数日。沙门怀宝将好不容易搞到的几个荞麦烧饼进献给昭宗，饥肠辘辘的昭宗狼吞虎咽，吃得干干净净。作为答谢，他下令赐给怀宝高级僧侣才能穿的紫袍。当时，"士民追从车驾者数十万人，比至谷口，暍（yē，中暑）死者三之一，夜，复为盗所掠，哭声震山谷"。

驻跸石门的昭宗稍稍安顿下来后，又下诏给李克用，要求他立即发兵平乱。李克用在得到天子诏书后，见韩建已被打服，便放弃了对华州的围攻，移兵至渭桥，又派遣大将史俨率领三千铁骑来到石门镇护驾。李茂贞见沙陀铁骑连战皆捷，自忖凤翔兵难以与之抗衡，于是放下身段服软，砍了李继鹏的人头传送行在，随后一边上表请罪，一边向李克用求和。昭宗见李茂贞臣服，也转了念头，让李克用先与李茂贞暂时休兵，希望他先解决王行瑜。为了笼络李克用，昭宗还忍痛割爱，将才色冠绝后宫的魏国夫人陈氏赐予了他。

不久后，昭宗便在李克用兵马的护卫下回到了长安，朝廷也正式下诏削除王行瑜官爵，失去靠山的崔昭纬先被罢相，贬为梧州司马，后于半途中被赐死。消息传来，大家皆拍手称快。战场上，李克用大军连战皆捷，于十月攻克了静难军坚守的梨园三寨，斩杀乱军万余人，俘获王行瑜之子王知进及大将李元福等人。

当时，李茂贞在前线有四万人，其中三万人屯于咸阳附近、一万人驻扎于龙泉镇观望形势。他耐不住王行瑜多次求救，派遣了一支五千人的部队前去救援，结果遇上了李克用的副将李罕之。李罕之少年时出家为僧，却没有半点出家人慈悲为怀的气质，而是以无赖闻名乡里，因此到处都受排挤，他只得四处云游以乞讨为生。一天，他来到滑州酸枣县，乞食于市中，但一天下来，没有讨到一点食物，他一怒之下掷钵于地，扯毁僧衣，当了一名强盗，随后又投入黄巢军中。由于李罕之骁勇，力大无穷，好几个人加起来都比不过他，因此很快便拉起了一支属于自己的人马，其后便率部下转投淮南节度使高骈麾下，被高骈任命为光州刺史。在光州待了一年多后，秦宗权派兵攻打光州，他抵挡不住，只得丢下地盘，带领残部依附于河阳节度使诸葛爽，由于他"每遣讨贼，无不擒之"，很快便做到了河阳节度副使。诸葛爽死后，大将刘经拥立其子诸葛仲方嗣位，刘经认为李罕之凶勇难制，乃是祸患，于是率兵攻打李罕之，李罕之战败，退保怀州。诸葛仲方后来被孙儒打败，丢弃河阳，依附于汴梁朱全忠，孙儒随后为汴军所败，李罕之趁机占据河阳后，也投向朱全忠一方。不久后，李罕之与盟友张言闹翻，张言趁其出兵晋、绛时，夜袭河阳得手，李罕之只得投靠李克用，被李克用任命为泽州刺史，史称"晋方徇地山东，颇倚罕之为捍蔽"。

李罕之为人残暴，在泽州刺史任上几乎每天都派兵劫掠怀、孟等州，还将百姓抓来当军粮吃，以至于怀、孟、晋、绛等州的数百里地，州城里看不到刺史，县城里没有县令，田地没有庄稼，村落里看不到炊烟，这种情况持续了将近十年。当时河中、绛州之间有座摩云山，许多百姓为躲避战火屯聚其中，被称作摩云寨。由于山势绝高，"寇盗莫能近"，本是乱世间的一片乐土，但李罕之一夜之间便将其荡平，并诬陷这些百姓为盗贼，杀光了寨中人，因此得了个"李摩云"的绰号。李茂贞不愿与这位凶神对撼，因此派出的人马与李罕之所部稍一接触，便立刻退了回去，从此再也不顾昔日盟友的死活。

见凤翔大军离去，李克用开始全力进攻王行瑜，很快便将邠州城外据点一一扫清，王行瑜困守孤城，想要出城请降，但被李克用拒绝，他无奈之下，只得弃城而走，行至庆州时为部将所杀。

平定王行瑜后，昭宗为酬赏李克用，封其为晋王，又拜其为"忠正平难功臣"。李克用在派掌书记李袭吉入朝谢恩时，向昭宗密言，希望朝廷能够下诏继续讨伐李茂贞，一鼓作气直取凤翔。但朝廷大臣认为"茂贞复灭，则沙陀大盛，朝廷危矣"，因此拒绝了。当时，李克用大军屯兵于渭北一带，兵力强盛，昭宗心中志忐不安，

▲ 唐代铠甲复原图

害怕李克用像其他强藩那样借机挟制朝廷，于是召集大臣商议让李克用退兵的办法。大臣们议论纷纷，各种意见层出不穷，但郑綮入对时，却只是上奏请于文宣王（孔子）谥号中加一"哲"字，消息传出，大家都讥笑郑綮，认为他不明白当前朝政弊病。郑綮听说后，在中书壁上题诗一首："侧坡蛆蜹蜦，蚁子竞来拖。一朝白雨中，无钝无喽啰。"意为现在时运将衰，即使才智出众又如何，又不能挽回朝廷日薄西山的形势，还有玉石俱焚的可能，不如装傻充愣，明哲保身。又有人曾问郑綮："相国近日来做了些什么新诗？"郑綮只是摇头，徐徐道："诗思在灞桥风雪中驴子上，此处何以得之。"

这时，大雨连绵数月，李克用驻军停留不进，有人劝说他入朝，他犹豫不定时，亲信大将盖寓对他说："天子还自石门，寝未安席，若晋兵渡渭，人情岂复能安？勤王而已，何必朝哉？"李克用听后："盖寓犹不信我，况天下乎！"于是收军离去。

这一番征战，李茂贞未实现控制天下的目标，但其实力也未受到多大打击，反而在李克用离去后不久又占据了静难、保大等镇，控制了关中的北大门，他不但骄横如故，而且势力更强大。

昭宗认为前后多次受强藩侮辱，原因在于朝廷缺乏武力，为图自强，他下令在长安市井少年中大量招募兵士，建立了由宗室诸王统领的"殿后四军"，总兵力约万余人。他幻想依靠这支力量抗衡强藩，但这一举措反而给了李茂贞再次犯阙的理由。乾宁三年（公元 896 年）六月，李茂贞声称要带兵诣阙讼冤。消息传来，京师百姓纷纷藏匿到附近山谷。昭宗急令统兵诸王守卫京畿，但这些新募军士哪里敌得过藩镇强兵，很快便在娄馆之战中一败涂地。昭宗再次向李克用求救，但此时李克用正与朱全忠争夺河北，无暇西顾。昭宗无奈之下只得再次逃离长安，在逃亡太原的路上被镇国节度使韩建"截胡"，被迫留在了华州城中。李茂贞军攻入长安后，大掠市坊，一把火将残存的宫室、市肆燔烧俱尽，长安大内尽为废墟，李茂贞因此得了个"火龙子"的外号。伴随着这把熊熊燃烧的大火，昭宗苦心经营的局面扫地无余，再无恢复可能。

四　凤翔龙潜——从控制朝政到劫持天子

镇国节度使韩建为许州长社县人，少习农事，后投入当地的忠武军，以军功升迁为蔡州牙将。当年黄巢攻克长安时，忠武监军杨复光率军入援，与蔡州刺史秦宗权部下的大将王淑约定共击邓州，韩建当时便在王淑麾下。两军会合时，杨复光以逗留不进为由，诛杀王淑，吞并了这支军队，以此为基础建立了一支名叫忠武八都的新军，韩建成为其中一都的都头，八名都头中日后以王建最为著名，最后竟成为前蜀政权的开创者。

攻克邓州后，韩建率军跟随杨复光进入关中，随后数年间，在讨伐黄巢的战事中多立战功。但刚收复长安不久，杨复光便病死于河中，田令孜趁机排挤诸杨势力。失去主心骨的忠武八都无所归属，便在鹿晏弘的率领下哗变，他们以到西川迎接僖宗回銮的名义离开河中，成为流寇，一路上烧杀抢掠，所过无不屠灭。中和三年（公元883年）十二月，忠武八都攻入兴元，驱逐了山南西道节度使牛勖，鹿晏弘自称留后，并任命韩建等人为巡内刺史。鹿晏弘占据一镇地盘后，对昔日同僚颇为猜忌，尤其是韩建、王建两人，因为他俩能力最强。韩建、王建心中不安，认为祸将至矣。此时，恰逢田令孜派人前来拉拢，韩建、王建干脆与晋晖、张造、李师泰等人率军逃到了成都行在，拜在田令孜膝下，成为这位大宦官的义子。他们五人所部被称作"随驾五都"，韩建被拜为金吾卫将军。

僖宗回到长安后，韩建因护驾有功，被任命为潼关防御使兼华州刺史，不久后又升为镇国节度使，成为一路藩侯。在任上，他招抚流散，劝课农桑，数年之间，民富军赡，华州元气渐复，他的野心也因此滋生。当昭宗被李茂贞逼迫再次逃离长安时，他视之为天赐良机，将昭宗留在了华州，准备挟天子以令诸侯。

华州西距长安一百五十里，为京师四辅州之一，乃是畿辅要地，也是长安的东面门户，"州前据华岳，后临泾、渭，左控桃林之塞，右阻蓝田之关，自昔为关中喉舌、用兵制胜者必出之地也"。同时，关中漕米的集中地永丰仓也在其境内。唐高祖李渊太原起兵后，在向关中进兵途中，便有人劝说："据永丰仓，传檄远近，虽未得长安，关中可坐取也。"正因如此，代宗大历年间的同华节度使周智光才会肆无忌惮地大言道："此去长安百八十里，智光夜眠不敢舒足，恐踏破长安城。至于挟天子令诸侯，惟周智光能之。"

当时的大唐皇帝虽然已经名不副实，但毕竟为"十八叶天子"①，仍拥有一定号召力，各地诸侯都视其为奇货可居，杨行密、王建等人分别上书，请求天子巡幸，没想到反被韩建捷足先得。在控制天子后，韩建移檄诸道，命令天下藩镇将贡赋都运送至华州。作为二流藩镇，韩建的实力无疑难以支撑起他的野心，消息传至太原，李克用叹道："韩建天下痴物，为贼臣弱帝室，是不为李茂贞所擒，则为朱全忠所虏耳！"

昭宗在华州安顿下来后，开始四处调集藩镇兵马，准备讨伐李茂贞。他先是任命西川节度使王建为凤翔西面行营招讨使；九月，又任命宰相孙偓为凤翔四面行营都统，前定难节度使李思谏为静难节度使兼副都统，保大留后李思敬转正为节度使，命他们出兵讨伐。但除西川节度使王建因与李茂贞争夺山南、东川两地而出兵外，其余几路人马中，静难镇实际上已被李茂贞控制，李思谏不可能赴任发兵，保大镇早已依附于李茂贞，也没有半点动作，这场讨伐注定是只听雷声，不见雨点。

果然，折腾了半天后，讨伐军"竟不出师"，但李茂贞惧怕李克用趁机再次出兵干涉，当时东川的战事也在激烈进行中，他要派兵援助盟友顾彦晖，面临两线作战的危局，于是他在韩建的斡旋下上表请罪，在捐献了一笔助修宫室钱后，得到了朝廷的赦免。

此次讨伐半途夭折，天子心情非常低落。当时，扈从昭宗左右的天子亲军只有千余人，但这样一支微小的力量也不为韩建所容。韩建认为，这支亲军是他彻底控制天子的障碍，于是累次上表要求昭宗罢诸王典兵，遣散殿后诸军，但均被昭宗拒绝。一日，心情郁闷的昭宗登上华州的齐云楼，置酒设宴，酒至酣时远眺京师方向，悲不自胜，做下《菩萨蛮》词二首，其中一首这样写道：

登楼遥望秦宫殿，

茫茫只见双飞燕。

渭水一条流，千山与万丘。

远烟笼碧树，陌上行人去，

安得有英雄，迎驾归故宫？

写完后，昭宗借着酒意，与从臣悲歌泣下。韩建也在席上，见此情形，心中十分不悦。乾宁四年（公元897年）正月，韩建突然发难，称宗室诸王企图谋杀他，

---

① 唐僖宗是唐朝第十八位天子，意为唐朝国祚绵长，上至文武百官，下至黎庶百姓，都对唐朝怀有深厚感情。

▲ 唐壁画仕女图

然后劫持昭宗巡幸河中。昭宗想要辩解，韩建却称疾不出。昭宗又令绑了韩王李克良等人送至韩建府上，韩建却"以棘刺围于大厅，经宿不与相见"，直至下面人劝谏，这才请诸王回宫，但他始终没有出来相见。没过几天，韩建便发兵将行宫团团围住，逼迫昭宗做出决断。昭宗迫于挟制，无奈之下只得下令诛杀捧日都头李筠，遣散殿后亲军，"自是天子之卫士尽矣"；同时，宗室诸王均被幽禁于十六宅，宰相孙偓、朱朴两人也被罢相。

此时的李茂贞正忙于与西川节度使王建交战。他夺取山南西道后，便将东川之地作为下步扩张的目标，他以援助东川节度使顾彦晖为由，派假子李继密率军入蜀，占据遂州、合州等地作为根据地，因此与想要一统剑南的王建发生冲突。随后，王建便乘李茂贞与李克用相持于关中之际，发兵夺取利、阆、蓬、渠、通、龙、果等州，企图切断李茂贞与顾彦晖之间的联系，但李茂贞在梓州仍驻有大军，威胁着西川安全。双方虽在朝廷的调停下暂时休战，但矛盾并未解决，都在等待时机决出胜负。

乾宁四年（公元 897 年）二月，王建收到昭宗讨伐李茂贞的诏书后，向东川及李茂贞控制的州县发起了进攻，先是在梓州以西的玄武镇大败凤翔大将李继徽所部，接着又先后攻拔东川的渝州、泸州等地。为解梓州之围，李茂贞麾下大将巴州刺史李继远出奇兵直扑成都，一直打到广汉一带，王建吓出一身冷汗，连忙回军相救。一番鏖战下来，双方虽各有得失，但王建无疑占了上风，不久后，王建麾下大将王宗播便趁李继远率主力救梓州之际，出奇兵袭取剑门。剑门以"峰峦似剑，两壁对峙如门"得名，为进出蜀地之门户，剑门一失，李茂贞在东川战场可以说是败局已定。

李茂贞既然力不能制王建，便病急乱投医，企图以朝廷的名义，以一纸诏书阻止王建继续进兵。但朝廷既然无法制约李茂贞耀武阙下，又怎能迫使王建放弃即将得到的胜利果实？王建击退李继远后，亲率五万大军赶赴前线，准备一战定东川归属。见王建不受诏令，李茂贞又逼迫朝廷下诏贬王建为南州刺史。昭宗认为这是一个打击李茂贞的好机会，在贬斥王建的诏书下发的同时，朝廷又连发两道诏书，一道诏书是任命李茂贞为西川节度使，促其即日上任；另一道诏书则任命嗣覃王李嗣周为凤翔节度使，命其赴凤翔接替李茂贞。

用一纸诏书让李茂贞离开他经营已久的老巢，无疑是异想天开。果然，李茂贞拒不受命，反而将嗣覃王一行围困在奉天城中，直到韩建写信求情，他才解了奉天之围。

不过，嗣覃王李嗣周只是暂时逃出生天，昭宗当时又派延王李戒丕出使晋阳，准备借助李克用的力量恢复朝廷权威，这一谋划被韩建侦知，等到延王回到华州，韩建便突然发难，发兵围住十六宅，将覃王、延王等十一位宗室诸王拖出宅邸，带至石堤谷全部处死。杀害诸王后，韩建又欲行废立之事，立昭宗之子德王李裕为皇帝。韩建的叔父韩丰知道后，连忙劝说韩建："汝陈、许间一田夫尔，遭时之乱，蒙天子厚恩至此，欲以两州百里之地行大事，覆族之祸，吾不忍见，不如先死！"韩建仔细一想，也发现此事不可行，遂打消了这一念头。

剑南方向，在梓州城下的张杷砦中，面对朝廷派来的两川宣谕和协使李洵及其副手韦庄，王建未放缓进攻的脚步。对李洵提出的两镇和解的要求，王建遥指军中执旗者言道："战士之情，不可夺也！"

朝廷无可奈何，只得恢复王建西川节度使一职，并再次下诏讨伐李茂贞，削夺其所有官爵，收回天子所赐姓名，恢复其宋文通的本名。在李茂贞眼中，这张诏书无疑是一张废纸。不过在东川战场，李茂贞还是尝到了失败的苦果，由于兵力处于弱势，又难以补给，凤翔军一败涂地，遂州、合州等地守军相继投降，李茂贞势力全线溃败，他只得下令残部退出东川之地。十月，梓州陷落，顾彦晖战败后举族自杀，两川之地尽入王建之手。

光化元年（公元898年）正月，昭宗见除了李茂贞的假子匡国节度使李继瑭被韩建的虚张声势吓得逃离同州，以至于同州匡国军被韩建兼并外，讨伐李茂贞的战事没有任何进展，只得下诏罪己息兵，并恢复了李茂贞姓名官爵，讨伐再次不了了之。

此时，朱全忠上奏天子，声称已经将洛阳宫室修缮一新，希望天子车驾能够巡幸洛阳。当时的朱全忠已经平定中原，成为天下第一雄藩，连李克用也不能撄其锋芒。李茂贞、韩建害怕朱全忠借机进入关中，从韩建手中夺取天子，不得不宣布修缮长安宫室，奉昭宗回归长安。这年八月，在得到诸道进献的钱物、材料后，长安官室草草修葺完毕，昭宗终于回到了阔别两年多的长安城。

接下来的两年多时间，虽然藩镇混战依旧，朱全忠、李克用两大强藩恶战连年，但关中相对平静，没有发生大规模的战事，昭宗虽困坐宫城，但也免了颠沛流离之苦。李茂贞则利用这段时间继续扩张势力，光化二年（公元899年）九月，李茂贞兼领泾原彰义军，从而控制了这一边关雄镇。泾原镇为安西、北庭两镇余脉，安史之乱时，安西、北庭兵入援，随后便被安置于泾、原二州，历任泾原节度使同时领四镇和北庭行营节度使一职。泾原镇"左接匈服，右连蕃疆"，修筑有一系列要塞，控制着边境少数民族入侵的通道，是唐王朝西北防御体系中举足轻重的一环，承担着抵御吐蕃、拱卫长安的重任。李茂贞兼并该镇后，又得到了一支战力强悍的边军，势力更为强大。

昭宗从华州回到长安后，见天下事愈加不可为，只得借助酒精麻醉自己，忘却烦恼，经常喝得酩酊大醉，性情也变得喜怒无常。同时，他又打起了剪除身边家奴的主意。他与宰相崔胤开始密谋尽诛宦官之事，结果谋事不密，被宦官侦知，宦官势力决定先下手为强，废黜昭宗，改立太子李裕为新皇帝，同时引李茂贞、韩建两镇为外援。他们认为这样便能高枕无忧，"谁能害我哉"！

▲ 唐代壁画中的宦官形象

光化三年（公元 900 年）十一月的一天，昭宗先在禁苑中打了一天猎，其后又一直饮酒到深夜方归，回宫后借着酒意，亲手杀死左右宦官、宫女多人，随后沉沉睡去。左军中尉刘季述、右军中尉王仲先、枢密使王彦范、薛齐偓等大宦官于当夜趁机发动政变，他们率领禁军破门而入，宣布废昭宗为太上皇，将他幽禁在少阳院，复矫诏立太子为帝。由于崔胤的靠山是朱全忠，宦官们不敢杀害他，只是解除了他兼任的度支转运等使的职务。崔胤在政变发生后，虽然一开始也在请求太子监国的奏议上联名，但获得自由后，立即修书一封向朱全忠求助，希望他发兵关中，“以图返正”。

　　此时此刻，宦官们仍沉浸在成功废立天子的喜悦中，他们没有想到的是，属于他们的时代已结束。过去他们可以凭借强大的神策军与藩镇形成平衡，使得拥立的天子为天下所承认，但此时神策军的实力早已凋零，他们已没有力量再赢得藩镇的忠诚。明眼人一收到废立的消息便一语道破：“王室有难，此霸者之资也。”

　　果然，这场政变不久后便被崔胤与禁军将领孙德昭、孙承海、董从实等人平定，但天子却因此更为孤弱，天下的强藩纷纷嗅出了这样的气息：改朝换代的时机或许已经来临。

　　果不其然，在局势稍微平定后，李茂贞便以入朝为由带兵来到长安，窥探朝廷虚实。昭宗在寿春殿设宴款待，李茂贞竟然只穿件驼毛上衣，乘坐肩辇大摇大摆径直进入皇宫，直到过了金銮门才换上公服，“咸以为前代跋扈，未有此也”。面对李茂贞的示威行为，昭宗不敢指责，反而加以笼络，加其官为守尚书令兼侍中，又晋爵岐王。在大唐王朝，异姓王并不稀奇，但尚书令一职自从太宗以来，便再没有授予过他人，即使如郭子仪这般功勋卓著之大臣，也是辞而不受。史书中这样写道：“唐法荡然，于此极矣。”

　　此次入朝，李茂贞还主导了神策军的人事变动，当时崔胤与另一位宰相陆扆共同上书，称历次祸乱都是由宦官典兵造成的，请求以宰

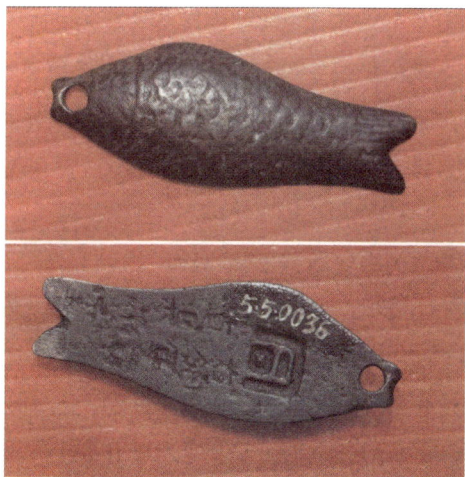

▲ 唐代铜制鱼符

相兼管神策军。昭宗犹豫不决，李茂贞认为一旦宰相获得军权，势必影响自己专擅朝政，他大怒道："崔胤夺军权未得，已欲翦灭诸侯！"昭宗连忙召集亲信大臣商议此事，最终决定以前凤翔监军使韩全诲和现任凤翔监军使张彦弘为新任神策军左右中尉，这两人均是李茂贞的老相识，另两位神策军大将孙承诲、董从实也被李茂贞收买，通过这几个人，李茂贞实现了对神策军的控制。

崔胤夺军权未果后，认为宦官典兵为肘腋之患，又主动请求李茂贞留兵宿卫，此举正中李茂贞下怀，他在归镇时留下了三千精锐，在其侄子李继筠的统领下宿卫京师。崔胤以去除宦官为己任，没想到韩全诲等人早就与李茂贞勾结在一起，李茂贞正好可以借此机会将天子劫持至凤翔。

这段时间，昭宗经常与崔胤密商诛剪宦官之事，为防止外泄，他让崔胤封囊奏事。宦官们不甘束手待毙，则在长安城中选了几十个识文断字的美妇人进献给昭宗，让她们服侍昭宗。昭宗被美色迷惑，没有半点防备，结果密商之事被宦官掌握。宦官们决定先发制人，他们勾结李继筠，让他带领禁军"对上喧噪，诉胤减损冬衣"，昭宗不得已，只得罢免了崔胤的盐铁使等职，韩全诲等人由此夺取了财权。

此时，崔胤才幡然醒悟，他连忙修书一封给朱全忠，称自己得了天子密诏，让朱全忠率兵迎接车驾，又写道："上反正，公之力，而凤翔入朝，引功自归。今若后至，必先见讨。"此时，朱全忠在对李克用的战争中占上风，亦开始谋求挟天子以令诸侯之事。

天复元年（公元 901 年）十月，朱全忠在大梁起兵，目标直指关中，此次西征，汴军总兵力共计七万人，可以说是主力尽出。正月，朱全忠便已兵发河中，河中为连接关中、河东的枢纽，可以说是"长蛇之腰"，一旦夺取该地，便可以使李茂贞、李克用两大势力无法相互策应，之后分而击破。在出兵河中前，朱全忠叫来大将张存敬、侯言两人，给他们一根长绳，对他们说道："为我持缚珂来。"将河中节度使王珂视作土鸡瓦犬。张存敬、侯言两人也不负期望，很快便攻下了晋、绛两州。汴军夺取晋、绛两州后，切断了河中与河东之间的联系，使得李克用无法出兵相救，王珂只得修书一封向李茂贞求救，称："河中若亡，则同华、邠、岐俱不自保。天子神器拱手授人，其势必然矣。"希望李茂贞速速发兵前来相救。但当时的李茂贞"素无远图"，尚沉浸在挟制天子的成就感中，未料到朱全忠的下步计划就是与他争夺天子掌控权，因此并未发兵相救。如果李茂贞有远见，动员其所有力量，一边固守潼关，一边救援河中，拒朱全忠于关外的目标也不难实现，这样进可攻退可守，

▲ 唐大明宫复原图

便可占据战略主动。不久后，王珂势穷而降。李茂贞从此处处被动挨打，而朱全忠夺取河中后则控制了进出关中的咽喉之地。

朱全忠发兵的消息传至长安后，韩全诲、李继筠等人匆忙决定劫持昭宗到凤翔，他们派兵将宫城团团围住，凡是进出人员都要仔细搜检。不久后，连作为天子近臣的翰林学士也被禁止与天子相见。同时，李继筠又派兵劫掠内库宝货、帷帐、法物，见此情形，昭宗与皇后只能相对涕泣，他在给崔胤的密札中这样写道："我为宗社大计，势须西行，卿等但东行也。惆怅！惆怅！"

十一月，朱全忠率大军在河中短暂停留后南渡渭水，进至同州，知匡国留后司马邺开城出降。朱全忠取得同州，就意味着控制了沟通关中与河东的桥梁——蒲津关，断绝了李克用进入关中的通道。不久后，韩建见李茂贞无任何援救的举动，自知难以凭借一州之地抵抗朱全忠大军，也派人请降，朱全忠进入华州后，将韩建历年来积蓄的价值九百万缗铜钱的财物全部卷走，至此，长安门户洞开。消息传出后，长安城内一片混乱，城中诸军大掠市坊，连行人衣服也被抢光，到处都是赤身裸体的百姓。禁军将领中只有孙德昭一人未参与其中，他率领部下六十余人以及关东诸镇派驻在长安进奏院内的士卒，守卫崔胤居住的开化坊，庇护了不少官员及百姓。壬子日，韩全诲等人陈兵殿前，逼迫昭宗出幸凤翔。此时的昭宗完全成了孤家寡人，乱了分寸的他抽出佩剑乱挥，逃到乞巧楼上，但很快被韩全诲等人逼下来。昭宗继续逃，韩全诲等人继续紧逼。当昭宗逃到寿春殿时，董从实派士卒纵火焚烧宫苑；昭宗又逃到思政殿，一人枯坐殿中，此时庭无群臣，旁无侍者，可以说是凄惨之至。由于这天是冬至，天干物燥，火势很快蔓延至跟前，昭宗只得起身出殿，伴随着恸哭声，他与皇后、妃嫔、诸王骑上韩全诲等人早已经备好的马匹被带离了皇宫。在出宫门时，他回望皇宫，已是一片火海。

"凤盖行时移紫气，鸾旗驻处认皇州。"李茂贞听说天子被劫持来了，连忙率兵出城迎接天子车驾。癸丑日，他与昭宗在田家砲相遇。见李茂贞带兵前来，昭宗只得屈体事之，下马慰劳，李茂贞坦然相受。壬戌日，天子车驾进入凤翔。

▲ 蒲津黄河铁牛

五 凤翼初折——李茂贞霸业的半途夭折

在天子车驾进入凤翔城的同一天，朱全忠的大军也进入了长安城，但见一片残破，宫阙尽成废墟。昔日的草莽今日成为帝国首都的主宰，以崔胤为首的南衙百官唯他马首是瞻，令他不禁感慨万千。

舆驾播迁在凤翔的昭宗彻底为李茂贞所挟制。一次，昭宗宴请群臣，捕池鱼做菜，李茂贞觉得颇为可口，大快朵颐，昭宗便道：这是此地后池中所捕的鱼。李茂贞听完竟然说道："这是臣为迎接陛下所特意养殖的。"这句话的含义在于，他劫持天子乃早就策划好的，而非临时起意，在座百官听后皆大惊失色。又一次，在宴会上，李茂贞举着大酒杯径直来到昭宗跟前劝酒，昭宗不愿再饮，李茂贞竟然用酒杯轻叩天子的脸颊，可以说是悖逆之至。

李茂贞还把持了人事任命权，先以昭宗的名义下诏免去崔胤、裴枢两人的宰相职务，随后任命韦贻范为工部侍郎、同平章事。昭宗对这一任命十分不满。一次，昭宗宴请李茂贞等人，酒至酣时，李茂贞及韩全海都借故离去。昭宗借着酒意突然问韦贻范："朕何以巡幸至此？"韦贻范答道："臣在外不知。"昭宗继续追问，韦贻范沉默不应。昭宗则道："卿何得于朕前妄语云不知？"又道："卿既以非道取宰相，当于公事如法，若有不可，必准故事。"随后怒目视之，轻声说道："此贼兼须杖之二十。"随后，昭宗又回过头来对翰林学士韩偓说道："此辈亦称宰相！"韦贻范自恃有李茂贞为奥援，也是恣骜不恭，屡次上前以大杯劝酒，见昭宗没有立即举杯回应，竟不顾天子颜面，将手中酒杯一直举至昭宗脸前。

不久后，韦贻范因母亲去世，只得丁忧守制，李茂贞又推荐中书舍人苏检为相。韦贻范在相位时，收了许多人的贿赂，答应为他们谋求官职，但尚未实施便从宰相位置上退了下来，因此每天都有人围着他家要债。韦贻范不怕天子，却怕债主，便谋求夺情起复，他反复求见李茂贞及韩全海等人，极尽谄媚之能，得到了他们的承诺。昭宗受制于权臣，无可奈何，只得同意。翰林学士韩偓拒绝草制，称："吾腕可断，此制不可草！"李茂贞、韩全海派来监视天子近臣的学士院二中使怒道："学士勿以死为戏！"韩偓不受威胁，解衣而寝。李茂贞听说后，入见昭宗，叫嚷道："陛下命相而学士不肯草麻，与反何异！"昭宗则道："卿辈荐贻范，朕不之违，学士不草麻，朕亦不之违。"将其顶了回去。韦贻范并不甘心，继续谋求，直到七月间，李茂贞找了另一位学士姚洎草制，他才重新回到宰相位置。不过，在这个位置上他并没能坐太久，因为这年十一月他便得了暴病，很快一命呜呼。

为防止汴军继续西进，李茂贞命大将李继远统兵万人屯于武功，朱全忠以骁将康怀贞为先锋，命其先取武功，务必首战告捷。在武功之战中，康怀贞先登陷阵，一鼓而破李继远，俘虏岐兵六千余人，夺取马匹两千余匹。汴军夺取了这一通往凤翔的必经之地后士气大振。

夺取武功后，朱全忠亲率大军来到凤翔城下，在城东安营扎寨。见汴军强劲，李茂贞登上城楼，对朱全忠喊话道："天子避灾，非臣下无礼，谗人误公至此。"朱全忠则回应道："韩全诲劫迁天子，今来问罪，迎扈还宫。岐王苟不预谋，何烦陈谕！"见喊话无效，李茂贞又搬出天子诏书，让昭宗不断下诏命朱全忠领兵归镇。朱全忠虽不奉诏，但考虑到李茂贞经营凤翔城多年，城池坚厚，兵精粮足，一时难以攻克，自己远道而来，屯兵于坚城之下非取胜之道，于是决定先剪除李茂贞羽翼，再逼迫李茂贞与自己决战。

朱全忠首先集合主力强攻邠州，面对汴军的强大攻势，李茂贞假子、静难节度使李继徽抵挡不住，很快请降，献出所辖邠、宁、庆、衍四州，自请恢复本名杨崇本，在交出妻子为人质后，得以继续镇守所辖各州。随后，朱全忠又至鄜屋督战，很快便将该城攻陷。

李茂贞不敢出城与汴军野战，便派遣使者以天子名义往各路求援。但是往江淮方向征兵的使者在经过山南东道时，都被已经投靠朱全忠的戎昭节度使冯行袭擒获后杀死，西川节度使王建则在收到诏书后假言让李茂贞坚守待援，随后便以勤王名义以王宗信、王宗涤等人为将，率兵五万北上趁火打劫，直取李茂贞的山南诸州。天复二年（公元 902 年）二月，西川兵攻占利州，李茂贞的假子、昭武节度使李继忠战败后弃镇逃回凤翔。天下各路藩镇中真正起兵援助李茂贞的只有朱全忠的死敌李克用，他在接到天子诏书后，便以李嗣昭、周德威为将，命其率部攻慈、隰两州，以分朱全忠兵势，缓解李茂贞的压力。

河东军一开始进展顺利，连克慈、隰、绛三州，朱全忠连忙命爱将朱友宁率兵数万人驰援，会合晋州刺史氏叔琮，阻遏河东军南下势头，自己则亲率大军在后跟着。氏叔琮为汴军宿将，壮勇沉毅，胆力过人。他面对前军不利的形势严加备防；又在军中选出两个深目虬须的壮士，令他们装成沙陀人的样子，在襄陵县河东军必经道路附近牧马以刺探河东军情报。这两人守候在路旁，一边牧马，一边刺探河东军情况，见未被河东军识破，两人便悄悄接近行伍，抓了两个晋兵回去复命。河东军见突然有人失踪，怀疑前面有伏兵，竟然不敢向前，于是退到蒲县，汴将康怀贞趁机收复绛州。在与朱友宁援军会合后，氏叔琮于夜间发动奇袭，先是派兵截断河东军归路，斩杀河东军游骑数百，随后大举进攻其营垒，一战破之，斩获万余众，夺马三百匹。朱全忠听闻捷报，大喜过望，对左右说道："杀蕃贼，破太原，非氏老不可！"河东军此战败后，军心沮丧，遂开始退兵，氏叔琮再次果断抓住战机，蹑河东军背后击之，河东军大溃，连李克用之子李廷鸾也成了俘虏，兵杖、辎重更是委弃略尽。随后，汴军乘胜连克慈、隰、汾等州，一路攻入河东境内，兵围晋阳。经此一战，李克用元气大伤，"不敢与全忠争者累年"。而在河东军与汴军主力激战时，李茂贞却没有及时策应两面夹击汴军，使汴军可以从容布置对河东的征伐。

天复二年（公元 902 年）三月，朱全忠率主力在河中地区稍事休整，又命朱友宁驻军兴平、武功之间，继续对李茂贞施压。见汴军再次前来，李茂贞命李继远率大军屯于虢县的汉谷，该地"前临巨涧，后倚峻阜，险不可升"，岐军据险而守，以防汴军直扑凤翔。四月，汴军先锋康怀贞率精骑数千前来挑战，李继远见其兵少，遂率甲士万人渡过涧水挑战，康怀贞等到夜间才先命千骑出战，等到岐军全线压上，突然发动伏兵侧击，再次大败李继远。

随后，朱全忠亲率精兵五万从河中出发，进逼凤翔，至六月，进至虢县。李茂贞见如再不出战，坐等汴军逐一扫清凤翔外围，此战必败，于是亲率大军欲乘汴军立足未稳之际，与之决战。双方大战于虢县之北的西槐林驿，结果岐军再次大败而还，战死者万余人，数百名将校被俘，战死者尸体腐烂发出的臭气十里之外都能闻到。七月，朱全忠又遣部将孔勍率兵出散关，攻克凤州，随后又西取成州、北夺陇州，切断了凤翔与周边各镇的联系。

八月，李茂贞从弟、保大节度使李茂勋率兵来救，屯于三原。朱全忠则命康怀贞、孔勍二将击之。结果，李茂勋大败而去，汴军乘胜追击，又攻克了翟州。至此，凤翔城断绝了一切外援。李茂贞见形势危急，只得再次出城与汴军交战，以求打破封锁，他先是出兵数万夜袭奉天，急攻康怀贞所部，康怀贞身上受了十多处伤，但仍死战不退，岐军见啃不动这块硬骨头，只得退走。数日后，李茂贞再次大举出兵，与汴军激战于城外，依旧未能占得便宜，反而在傍晚收兵时，差点被一路尾随而来的汴军趁乱攻入凤翔西门。

此时，西川军也在王宗涤的指挥下连克山南西道岐军诸城寨，李茂贞陷入两线作战，无力出兵相救，只得被动挨打；其另一个假子，山南西道节度使李继密见无救兵，只得献出兴元府，率部下三万人出降；不久后，武定节度使李思敬也以洋州出降，山南诸州于是尽被王建所得。

进入九月后，秋雨连绵不绝，汴军军营潮湿泥泞。朱全忠见士卒多有伤病，凤翔城又一时难以攻克，开始考虑退兵之事。但在军议上，部将亲从指挥使高季昌、左开道指挥使刘知俊两人坚称不可，他们谏言："天下英雄，窥此举一岁矣。今茂贞已困，奈何舍之去！"朱全忠沉思片刻后，亦认为不可仓促退兵，于是便与诸将商议破敌之策。高季昌提出诱敌设伏之策，骑将马景自请作为死间诱使李茂贞出城野战。军议结束后，朱全忠下令当天晚上各营头吃饱肚子，喂好战马，养精蓄锐，以待大战。次日清晨，朱全忠下令将所有旗帜收好，士卒隐藏各处，不得擅自行动，将令一下，军营中瞬时寂如无人。随后，只见马景与众骑从营中驰出，行进十余里后，他忽然跃马西去，一路奔到凤翔城下，称自己是逃亡的汴军骑兵，现有紧要军情报告岐王。城头守军遂将其纳入城中，送至李茂贞面前。马景见到李茂贞后，进言道："朱全忠已经率军撤退，现在营中只有将近一万伤病者殿后，今天晚上也将撤走，请速发兵击之！"李茂贞登上城头一望，汴军军营中果然一片寂静，不见往日人头攒动景象，他大喜过望，当即下令大开城门，亲率主力直扑汴军大营。

岐军刚鼓噪行至汴军营前，只听得鼓声隆隆，却是朱全忠亲自击鼓于中军，随后杀声四起，汴军从埋伏好的地方纷纷杀出，又有数百汴军轻骑直取凤翔城门，欲趁乱夺城。岐军进退失据，自相践踏，乱作一团，汴军趁机掩杀，岐军大败。此战过后，李茂贞主力受到重创，"自是丧气，始议与

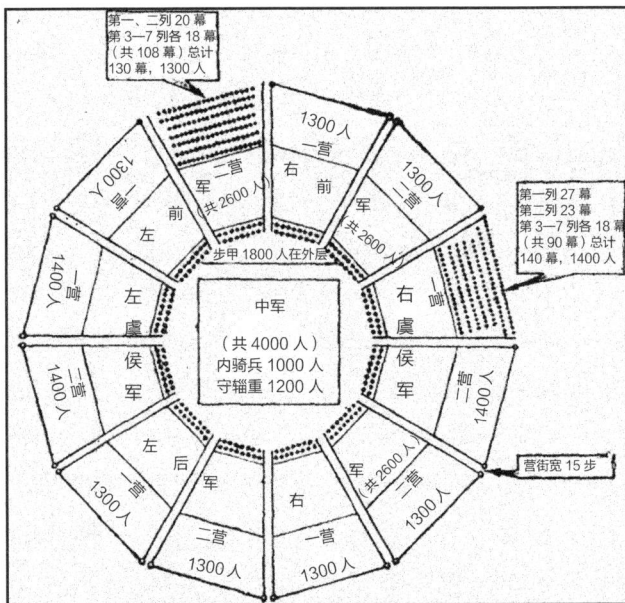

▲唐代军营平面图

全忠连和，奉车驾还京，不复以诏书勒全忠还镇矣"。

随后，朱全忠又下令在凤翔城外挖掘蚰蜒壕，同时四面设犬铺，以犬守备，又在军营四面设木架，挂铃于上，凡有动静，立刻便能发现，以此严密手段隔绝了凤翔城与外面的联系。凤翔城中此时军心动荡，连李茂贞的假子李彦询、李彦韬两人也率部出降。朱全忠又采取攻心战略，先是向昭宗进献食物、缯帛，随后又派遣使者议和，并下令不得抄掠出城樵采的民众。十月癸巳，李茂贞再次出兵，攻打汴军西寨，依旧大败而还，城中军心更为动摇。朱全忠于是让岐军中的降人穿着绛纱袍，招降城中守军，岐军中绝城而去的人络绎不绝，李茂贞想要再次派兵出击，结果众将面面相觑，无人响应。

十一月，保大节度使李茂勋再次领兵万人来救，他不敢与汴军相战，只得屯兵于城北高阪上，与城中举烽火相应。朱全忠见保大军来，知道其后方必然空虚，于是遣孔勍、李晖二将率兵袭取鄜、坊二州。汴军冒雪而进，连夺二州，留守李继璙及李茂勋家属皆被俘，李茂勋见老巢被抄，只得引军而去。十二月，进退无据的他向朱全忠遣使请降，李茂贞关中州镇尽被朱全忠夺取。

"愁看地色连空色，静听歌声似哭声。"凤翔城因为久被围困，积储的粮草消耗殆尽。朱全忠下令割去城外野草，并采取骚扰战术，每天晚上击鼓鸣角佯攻，"城中地如动"，岐军夜不能寐，精疲力竭。此时又值严冬季节，大雪纷飞，凤翔城中因冻馁而死者不计其数，出现了"人相食，父食其子"的惨剧，路上行人只要一倒下，其余人便一拥而上割取其身上的肉。在市场上，人肉一斤只卖一百钱，狗肉则要卖五百钱。宫廷里，十六宅诸王以下每天都有好几人冻馁而死，昭宗有时能吃到李茂贞进献的狗肉和猪肉，其余诸王、妃嫔只能保证每天一顿稀粥或是汤饼，到后来连稀粥和汤饼也不供应了。有一天，昭宗乘监视天子近臣的学士院二使不在，派赵国夫人偷偷招来韩偓、姚洎两人，君臣相见于土门外，也只能执手相对而泣。不久后，韩偓哀伤国事纷乱，在冬至这一天写了一首诗：

中宵忽见动葭灰，料得南枝有早梅。
四野便应枯草绿，九重先觉冻云开。
阴冰莫向河源塞，阳气今从地底回。

▲ 唐"光流素月"阳燧镜

不道惨舒无定分，却忧蚊响又成雷。

困守孤城的李茂贞见外援断绝，粮草殆尽，军中上下离心，不得不考虑与朱全忠和解。昭宗也召集李茂贞及其部下主要将领和宰相苏检等人，希望李茂贞能够速与朱全忠议和。随后，李茂贞与昭宗达成默契，决定将韩全诲等宦官作为罪魁祸首交出为筹码，换取朱全忠退兵。在李茂贞的授意下，十余名士卒在左银台门外拦住了韩全诲，大骂他："阛境涂炭，阖城馁死，正为军容辈数人耳！"凤翔大将李继昭也骂道："昔杨军容杨守亮一族，今军容亦破继昭一族邪！"

天复三年（公元 903 年）正月，李茂贞派牙将郭启期来到汴军大营，向朱全忠正式认输，同时，昭宗也派殿中侍御史崔构、供奉官郭遵诲两人为使者进入汴军大营，共同商讨车驾还京及处置劫持天子的罪臣等事宜。此时，又传来平卢节度使王师范突然起兵袭取兖州的消息，朱全忠考虑汴军主力尽在凤翔城下，生怕关东有失，急于抽身而退，便与李茂贞迅速达成了和解。正月戊申，李茂贞单独觐见昭宗，密奏诛杀韩全诲等人及与朱全忠和解之事。昭宗大喜，随即派遣内侍带领士卒收斩两军中尉韩全诲、张弘彦，枢密使袁易简、周敬容等宦官，李茂贞也下令诛杀了李继筠、李继诲（孙承诲）、李彦弼（董从实）等劫持天子的直接参与者，随后将这些人的首级送至汴军大营中。

正月甲子这一天，天子车驾缓缓驶出凤翔城，进入汴军大营。这次对抗以李茂贞彻底失败而告终，他不仅失去了对朝廷的控制权，凤翔镇的军事力量也遭受了巨大打击，原本关中的霸主就此由盛转衰。当时凤翔城中府库空竭，李茂贞派遣属下李彦琦为使者，命其出使甘州回鹘，打通了与西域之间的贸易，史称："美玉、名马相继而至，所获万计，茂贞赖之。"

六 凤落岐山——李茂贞霸业的结束

有传言，昭宗车驾离开凤翔城的时候，朱全忠假模做样在路边素服待罪，昭宗突然称自己鞋子松了，命令道："全忠为吾系鞋。"由于大唐天子积威尚存，朱全忠在众目睽睽下只得跪下身子为昭宗系鞋，此时虽是寒冬，但朱全忠却是汗流浃背。昭宗此时目示左右，希望扈跸的卫兵趁机擒杀朱全忠，但让他失望的是，左右卫士均假装没看见，无一人敢上前。不过仔细考量，这一事件应属子虚乌有。朱全忠生性多疑，大战之余，身边必有勇士相随，即使当时真能擒下他，将他诛杀，汴军也不可能听从天子号令，昭宗势以一孤家寡人慑服骄兵悍将，无疑是痴心妄想。

天复三年（公元902年）正月己巳日，昭宗一行终于再次回到长安城。崔胤也恢复了一切职务，再次成为百官之首。次日，朱全忠、崔胤两人上奏天子，称王室衰乱的原因在于宦官弄权，"不翦其根，祸终不已"，坚持要求诛灭宦官。迫于朱全忠的压力，昭宗不得已，只得下诏剪除所有宦官，刚刚上任不久的左军中尉第五可范及以下数百名宦官尽被诛杀于内侍省中，出使各地的宦官也由所在地收捕诛之，只有河东监军张承业、幽州监军张居翰、清海监军程匡柔、西川监军鱼全禋及致仕严遵美等人为李克用、刘仁恭、杨行密、王建所匿，躲过一劫。至此，困扰大唐王朝近一个半世纪的宦官势力烟消云散，就此被连根铲除。崔胤则以宰相的身份兼判六军十二卫事，掌握禁军军权。凭借朱全忠的支持，刑罚赏赐都

▲唐壁画捕蝉女侍图

取决于他的爱憎，朝廷上下都对他十分畏惧。在他的主导下，昭宗驻跸凤翔时期任命的宰相苏检、卢光启两人被赐自尽，王溥、陆扆等人则被贬黜出朝。

随后，在朱全忠的暗示下，朝廷任命他为太尉、诸道兵马副元帅，晋爵梁王。此时朱全忠并吞关中，威震天下，遂有篡夺之志。朝廷中少有的骨鲠之臣韩偓也被远贬濮州司马，他临行时对昭宗言道："臣得远贬及死乃幸耳，不忍见篡弑之辱！"

二月，朱全忠为准备征伐平卢镇的战事，终于启程归镇。但在离开前，朱全忠对长安城的防务重新进行了布置，亲侄朱友伦被任命为左军宿卫都指挥使，以宿卫为名留在长安城，统率步骑万人监视朝廷，同时，又任命亲信张廷范为宫苑使、王殷为皇城使、蒋玄晖为充街使，从而控制了整个京师。

朱全忠撤围后，李茂贞开始逐步收复被汴军攻占的州县，但为暂避朱全忠的锋芒，他还是主动示弱，"自以官为尚书令，在全忠上，累表乞解去"，朝廷于是改任他为中书令。等到汴军主力东归河南后，李茂贞再次控制了凤翔以东、长安以西的大片地区，并且屡次出兵接近京畿，窥视长安虚实。朱全忠得知这一情况后，害怕李茂贞再次劫迁天子，于是一边派遣骑兵进驻河中，准备随时进入关中；一边开始准备迁都洛阳之事，决定将天子直接控制在手中以绝外患。

崔胤最初党附朱全忠，他的本意是借朱全忠之手诛除宦官、消灭异己，之后独断朝纲，匡扶王室，做一番大事业，但此时此刻，他见朱全忠篡弑之心渐渐显露，心中不安，于是以防备李茂贞为借口，募兵充实禁军，缮治兵仗，日夜不息。但崔胤的这点心思早被老奸巨猾的朱全忠窥破，朱全忠一开始引而不发，只是命麾下壮士以投军为名潜入禁军，观察崔胤动静，但不久后连续发生的两件事，使他加快了迁都洛阳的动作。

第一件事是朱全忠亲侄朱友伦的去世。朱友伦是朱全忠二哥朱存之子，当年还叫朱温的朱全忠与朱存两人一同投入黄巢军中，后朱存战死军阵中，朱全忠回乡后便抚养朱友伦。朱友伦文武双全，朱全忠将其视为"吾家千里驹也"，其成年后投入军中，在河北、关

▲唐嗣虢王李邕墓出土的打马球图

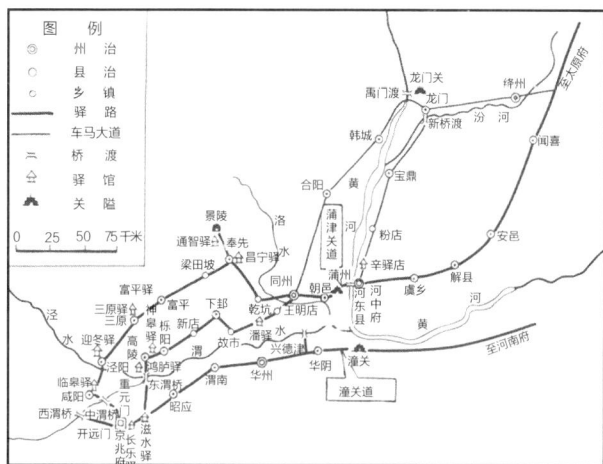
▲长安附近交通图

中等地屡立功勋，积功至宁远军节度使，后作为朱全忠至亲心腹监视朝廷，但在一场马球比赛中不慎坠马，伤重而死。朱全忠闻讯后，带兵进入河中，准备再入京师，崔胤连忙派人阻止，朱全忠因此认为朱友伦之死存在阴谋，背后策划者是崔胤。

第二件事是静难节度使杨崇本反叛。杨崇本当年投降朱全忠后，妻子作为人质被安置在河中。朱全忠在经过河中时，性喜渔色的他见杨崇本妻子天香国色，于是逼迫其侍寝床榻。不久后，杨崇本妻子回到邠州，将这一情况告诉了丈夫。不甘被戴绿帽子的杨崇本大怒之下，派人与李茂贞联络，称："唐室将灭，父何忍坐视之乎？"随后便恢复了李继徽的名字，并与李茂连进逼京畿。

朱全忠害怕李茂贞与崔胤内外勾结，再次将天子迁往凤翔，于是决定先诛崔胤，再迁国都，为篡位做准备。天祐元年（公元904年）正月，朱全忠上表称崔胤专权乱国，离间君臣，请诛之。昭宗不得已，只得下诏将崔胤罢相，公开其所谓的罪状。诏书刚下，朱全忠就密令宿卫都指挥使朱友谅率兵至位于开化坊的崔胤宅第，将崔胤及与其关系亲密的人尽皆杀害。随后，他又称李茂贞大军逼近畿甸，请天子迁往洛阳，昭宗只得于当年二月离开长安。接着，他又下令拆毁长安宫室、百官衙署及民间庐舍，将拆下来的木材从渭河运出关中，以营建洛阳宫室。"长安自此遂丘墟矣。"

当昭宗行至华州时，百姓夹道迎接，齐呼万岁，昭宗见此情此景，不觉泣下，并对百姓道："勿呼万岁，朕不复为汝主矣！"沿路上，天子听到《思帝乡》的曲子，便对侍臣道："鄙语云，'纥干山头冻杀雀，何不飞去生处乐。'朕今漂泊，不知竟落何所！"再次号啕大哭，以至于衣襟都被泪水浸湿，"左右莫能仰视"。随后，天子一行来到陕州，在那里，昭宗得到机会，派遣使者以绢诏告急于王建、杨行密、李克用等人，希望他们纠集统率藩镇以图匡复。在这些诏书中，昭宗写道：

"朕至洛阳，则为所幽闭，诏敕皆出其手，朕意不复得通矣！"

当时天下藩镇中，唯有李茂贞、李克用、王建、杨行密等人不服从朱全忠的号令，他们以兴复王室、迎请天子銮驾为由，移檄往来，结成同盟。朱全忠在关中的布置主要如下：以长子朱友裕为镇国节度使，驻扎华州；刘知俊为匡国节度使，驻扎同州；原平卢降将刘鄩为保大节度使，驻扎鄜州；改长安为大安府，置佑国军，以韩建为节度使、朱友裕为都统，统领关中诸镇。其中，刘知俊勇冠诸将，刘鄩号称"一步百计"，是朱全忠阵营中难得的大将之才，由此可见他对李茂贞的重视程度。

天祐元年（公元 904 年）六月，李茂贞联合王建、李继徽等人正式起兵，一时间关西大震。王建虽未正式出兵，但支援了李茂贞大量钱粮、甲胄、兵器。朱全忠认为鄜州地方偏远，如李茂贞派兵来取，援兵很难及时赶至，遂命守将保大节度使刘鄩放弃该城，移兵屯同州，与朱友裕掎角相应。虽然布置万全，但朱全忠仍不放心，又于七月亲自率军来到河中，准备随时率兵进援长安，并西讨李茂贞。此时，他忌惮昭宗有英果之气，害怕变生于中，遂命亲信蒋玄晖、朱友恭、氏叔琮等人伺机弑杀昭宗，以绝后患。其间，他继续留在河中等待洛阳传来的消息，同时命长子朱友裕为行营都统，领步骑数万经略邠、岐。当时，汴军北屯永寿、南至骆谷，屯兵于李茂贞控制区域的边界，以威慑岐军。李茂贞因见汴军兵力强悍，难以抗衡，固守不出。

当昭宗被弑的消息传至河中时，朱全忠假作惊诧，一下子哭倒在地上，曰："奴辈负我，令我受恶名于万代！"见李茂贞已不能构成威胁，也是为收拾昭宗被弑后的烂摊子，朱全忠引军东还。回到洛阳后，他立昭宗第九子辉王李祚为帝，改名李柷，是为唐昭宣帝。

不久后，朱全忠长子、汴军关中行营都统朱友裕在军中突发疾病，不久就病死于梨园寨。朱友

▲ 唐昭宣帝继位玉册

裕为朱全忠诸子中最有才干者，善于骑射，宽厚且得士卒心，自幼跟随朱全忠征伐各地，屡立战功。此外，朱友裕在招抚离散、治理百姓方面也颇有建树，无疑是理想的接班人。当他的死讯传来时，朱全忠悲痛不已，认为自己已老，其余诸子不足以托付后事，于是加快了篡位步伐。

天祐二年（公元905年）二月，朱全忠命蒋玄晖置酒九曲池，邀请昭宗诸子德王李裕、棣王李祤、虔王李禊、沂王李禋、遂王李祎、景王李祕、祁王李祺、雅王李禛、琼王李祥九人前来赴宴，酒至酣时，蒋玄晖一声令下，九位王爷当场被缢杀，投入池中喂了鱼鳖。六月，裴枢、独孤损、崔远等三十余名被贬大臣在白马驿被杀，尸体被丢入黄河。

随后两年时间里，朱全忠继续东征西讨，先后击破山南东道节度使赵匡凝、荆南节度使赵匡明两兄弟，取得山南东道、荆南之地，辟地数千里；又与魏博节度使罗绍威联合，用计诛除魏博牙兵八千家，随后便控制了这一河北强藩。至此，朱全忠势力进入极盛。

天祐三年（公元906年）八月，李茂贞见朱全忠率大军在河北鏖战，无暇西顾，再次谋划出兵之事，他先是将儿子李侃作为质子送往西川，巩固了岐蜀同盟，随后便大举出兵。他以静难节度使李继徽为主将，命其率凤翔、保塞、彰义、保义等镇兵进攻夏州定难军。对李茂贞的行动，朱全忠早有防备，六月时，他便以亲信大将王重师代替韩建为佑国节度使，镇守长安。王重师其人才力兼人，遇到事情能够随机应变，同时武艺高超（"剑槊之妙，冠绝于一时"），为身

▲ 五代时期鎏金天策府宝

经百战的宿将，这一调整无疑强化了关中地区汴军的实力。

而李茂贞此时除几个假子外，手中无别的可用将才，岐军出师不利，坊州兵在半途便被刘知俊邀击，战死三千余人，刺史刘彦晖被俘。十月，李继徽率领的岐军主力五万余人又在美原一战中被汴军大将刘知俊、康怀贞大败，汴军乘胜追击，连下鄜、延等五州。李茂贞的实力再次遭受沉重打击，"西军自是不振"，之后再也无力发动大规模进攻。

此时，朱全忠在河北战场却接连遭受挫折，先是攻幽州刘仁恭不克，随后，昭义节度使丁会又降于李克用，朱全忠害怕汴军后路被河东军所断，不得不撤沧州之围。当时为准备征伐刘仁恭之役，朱全忠下令在河南、河北各地大量征发粮食，并通过水陆两路运至前线，积储在军营中的大量粮食如同小山一般，这时也只能下令全部烧掉以免资敌，焚烧时烟雾弥漫数里。河东军则趁机进驻长子，窥视泽州。为对抗河东军的进逼，朱全忠只得从关中抽调部分兵力。他命康怀贞悉发京兆，同华之兵屯晋州防备李克用，李茂贞压力顿减，再次出兵收复鄜、延等州。

此时，朱全忠见自己年纪渐大，又不知道何年何月才能削平天下诸侯，终于决定篡唐自立，过一把皇帝瘾。同时，他也认为四方称兵为患者，都是以翼戴唐室为名，还不如灭唐以绝人望。当他表露出想要受禅的想法后，百官和各地藩镇纷纷上表劝进，他假惺惺推拒几次后，于907年4月正式接受劝进。他废唐朝末代皇帝李柷为济阴王，灭唐称帝，建国号为大梁，改元开平，同时又将自己的名字改为朱晃，是为后梁太祖。这一事件也标志着五代十国的帷幕正式拉开。

当时，大卜藩镇都以后梁为止朔，称臣纳贡，只有河东、凤翔、淮南三镇仍用唐"天祐"年号，西川则继续使用"天复"年号，他们不甘称臣于朱晃，而是以兴复唐室的名义继续结成反梁联盟，进则争衡天下，退则偏霸一方。不过，李茂贞等人虽然以兴复唐室为名，但大唐王朝的灭亡无疑解脱了他们的束缚，既然出身农家的无赖小子朱三（朱晃）可以当天子，自己又何尝不可呢？首先兴起这个念头的是蜀王王建，在朱全忠称帝后不久，他便修书一封给晋王李克用："请各帝一方，俟朱温既平，乃访唐宗室立之，退归藩服。"不过，李克用虽出身异族，但对大唐仍怀有感情，他回应道："誓于此生靡敢失节。"

李茂贞心中自然也想过一把皇帝瘾，但此时其控制的区域不过十余州，兵羸地蹙，他思量再三，不敢称帝。"但开岐王府，置百官，名其所居为宫殿，妻称皇后，将吏上书称笺表，鞭、扇、号令多拟帝者。"

后梁开平二年（公元908年）四月，晋王李克用薨，朱晃又少了一个老对手，淮南杨行密已在天祐二年（公元905年）去世，西川王建则关门称帝，偏霸一方，打着反梁兴唐旗帜的群雄中无疑只有李茂贞地位最高、声望最隆。李茂贞虽然刚过五旬，心态上却已露出衰老之相，再也不复当年挟天子号令天下时的意气风发。三垂冈夹寨大战前，新嗣位的晋王李存勖派遣张承业为使者，乞师于凤翔，希望李茂贞出兵相助，在关中战场牵制汴军，但李茂贞思前顾后，最后"竟不能应"。

李茂贞万万没想到的是，初出茅庐的李存勖竟然一战成名，他在夹寨大战中大破梁军，阵斩

▲ 唐彩绘骑马吹奏俑

梁军主将招讨使符道昭（李继远），解了潞州之围。此战，梁军损失数万人，委弃的资粮、器械极多，只有康怀贞带着数百骑兵突围而出，自天井关遁归。李茂贞听说晋军大捷的消息后才匆匆发兵，会合蜀兵再次进攻长安，李存勖也派遣张承业率师南下声援。但在幕谷一战中，岐军主力为梁西路行营都招讨使刘知俊、佑国节度使王重师所破，李茂贞大败而归，仅以身免。晋、蜀两军见岐军失利，也匆匆退军。八月，晋军大将周德威、李嗣昭率兵三万出阴地关，攻晋州。李茂贞再次出兵，命保塞节度使胡敬璋率兵进攻上平关，结果岐军再为刘知俊所破，损失惨重。

开平三年（公元909年）二月，岐军内部生变，当时李茂贞属下的保塞节度使胡敬璋病死，部将刘万子继任，但刘万子为人暴虐，军心不附，延州牙将李延实遂以刘万子通梁为名，乘刘万子出城下葬胡敬璋时发动兵变，攻杀刘万子。刘万子的亲信、马军都指挥使高万兴与其弟高万金闻变，害怕自己也受牵连，于是率领部下数千人降于刘知俊。朱晃见梁军在河北屡次失利，威望大损，也亟须在其他战场获

得一场胜利以振奋人心，因此在得知保塞兵变后立刻赶至河中坐镇；同时命令刘知俊发兵，会合高万兴所部后，向李茂贞展开全面进攻。梁军进展顺利，很快便攻克丹、延二州，岐军守将丹州刺史崔公实、延州守将李延实分别投降，保塞军全境陷落。随后，梁军再攻坊州，保大节度使李彦博、坊州刺史李彦昱见唇齿相依的保塞军失陷，自知难以抵挡，于是放弃鄜、坊二州，逃往凤翔，保大军也陷于梁军之手。至此，梁军再次将前线推进至邠州一线。

但仅仅三个多月后，李茂贞就获得了一个极佳的逆转机会。晚年的朱晃猜疑心愈加强烈，他本以篡夺而得帝位，因此对手握重兵的前线将领十分忌惮，生怕他们在其死后作乱。当时，佑国节度使王重师已经镇守长安数年，"治戎恤民，颇有威惠"，引起他猜疑，他身边的禁军将领左龙虎统军刘捍与王重师一向不和，于是趁机进谗。在关中战场，王重师在未请示朱晃的情况下便发兵攻打邠州，虽然其本意在于乘胜追击，一举拔掉这一威胁长安城的钉子，但这一举动却犯了朱晃心头大忌。朱晃听了刘捍的谗言后，命王重师入朝，以刘捍代替其镇守长安。刘捍来到长安交接的时候，依旧蒙在鼓里的王重师倨傲不礼，不把其放在眼里，刘捍遂密报朱晃，称王重师与李茂贞相互勾结，起了二心。朱晃听后大怒，将王重师先贬为溪州刺史，再贬为崖州司户参军，不久后又赐其自尽，并夷其族。

◀ 潼关形势图

关中的另一梁军大将刘知俊"名重军中"，早就因朱晃猜忌日甚，心中不安，王重师被诛后，他更是害怕下一个被诛除的大将就是自己。当时，正在河中的朱晃突然急召刘知俊入见，实际上欲用他为河东西面行营都统，准备再次征讨河东。但刘知俊很惶恐，他认为这是朱晃的请君入瓮之计，一旦入朝，必无幸免之理。此时，扈从朱晃左右的亲军指挥使刘知浣（刘知俊的弟弟）也派人告诉他不宜入朝。开平三年（公元909年）六月，刘知俊为求自保，突然叛梁附岐，以同州归降李茂贞，同时他派出一支奇兵袭占华州，驱逐了华州刺史蔡敬思，据潼关而守，断绝了梁军进入关中的门户。随后，他又凭借长期镇守关中积攒下来的人脉，用重利诱使后梁的长安诸将，使他们也起兵叛梁，并擒获梁佑国节度使刘捍，后其被送往凤翔处死。刘知俊背梁附岐后，李茂贞的势力突进至关中东部，形势出现转机。

朱晃听闻关中有变，迅速调兵遣将，任命山南东道节度使杨师厚为西路行营招讨使、侍卫马步军都指挥使刘鄩为副将，命两人率军西进，随后自己也御驾亲征，欲力挽关中局势。他明白，一旦关中有失，李茂贞与李存勖两人联合，其帝业必不能保。刘知俊由于仓促举兵，布置并不周密，潼关天险竟然为梁军大将刘鄩用降兵赚开。梁军巧取潼关后，主力很快进至华州，刘知俊所任华州守将聂赏开城降梁。刘知俊见大势已去，遂放弃同州，举族逃往凤翔。此时，李茂贞的岐军刚刚进至长安城中，梁军便已来到了城下。杨师厚见岐军立足未稳，出奇兵取道南山，绕开岐军防守后直扑长安西门，岐军猝不及防，被梁军突入长安城，一场混战后，岐军败走。

收复长安等地后，朱晃下令改佑国军为永平军。李茂贞不甘心失败，又于十一月以降将刘知俊为主将，命其率军围攻灵州，欲取朔方镇牧圉之地，同时又约晋军南下攻晋、绛两州，以分梁救援兵力。朱晃则命镇国节度使康怀贞、感化节度使寇彦卿两人率兵相救，梁军连克告捷，先克宁、衍二州，又破庆州南城。刘知俊只得撤灵州之围，回军南下，面对前来迎战的康怀贞部，他在三水据险邀之，首战告捷，随后又在长城岭再次设伏，大败梁军，康怀贞仅以身免。

此次对抗，岐军虽在刘知俊指挥下取得了历年来最大的一次胜利，但总体上看，李茂贞并未能够利用刘知俊叛梁的大好形势挽回不利局势，实现占据关中的战略目标，梁军依然牢牢控制着关中大部。

其后数年，李茂贞虽然数次出兵与梁相争，但因实力弱小，未能取得什么进展，即使在牧圉死后，仍不能乘后梁失去河北、国内生乱的机会打开局面，反而连遭打击：静难军生变，节度使李继徽为其子李彦鲁毒杀，李继徽假子李保衡又杀李彦鲁，

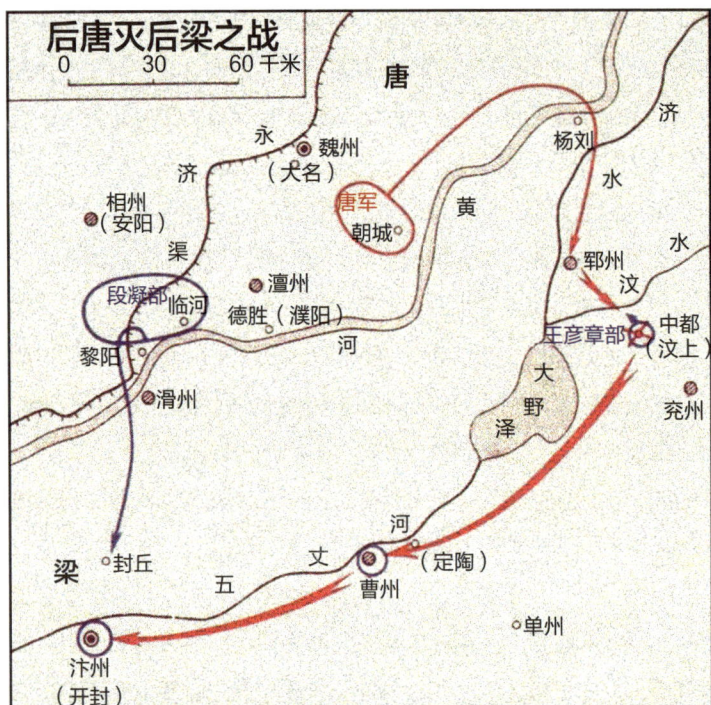

后唐灭后梁之战

0　30　60千米

唐

魏州（犬名）
永
济
相州（安阳）
济
渠
段凝部 临河
澶州
德胜（濮阳）
黎阳
河
滑州
唐军 朝城
黄
河
杨刘
济 水
汶 水
郓州
王彦章部
中都（汶上）
兖州
大野泽
河
丈
五
曹州
（定陶）
单州
汴州（开封）
封丘
梁

以邠、宁两州降梁。刘知俊奉李茂贞之命率兵征讨，欲夺回邠州，但久战无功，害怕李茂贞秋后算账，竟然奔降西蜀；李茂贞随后与前蜀王建交恶，岐蜀两军连年交战，岐军连战连败，其所辖天雄军之秦、阶、成三州，昭武军之兴州、凤州相继陷落；义胜节度使李彦韬见李茂贞兵败地失，内外交困，又以所管辖的耀、鼎两州之地降梁。至此，李茂贞所辖领土只剩下凤翔、泾原两镇七州之地，再无力量与群雄逐鹿，只能保境固守而已。

公元 923 年四月，晋王李存勖在攻取魏博镇、重新控制河北后，在魏州称帝。因他自认为是唐朝宗室，故国号依旧为大唐，史称后唐，同时下令改天祐二十年（公元 923 年）为同光元年（公元 923 年），并追尊李克用为太祖武皇帝。当年十月，李存勖以大将李嗣源为先锋，率大军在杨刘渡河，突袭大梁（汴州）成功，一战而灭后梁。李存勖灭梁消息传至凤翔后，李茂贞也致书祝贺，但他自以为自己当年与李克用平辈相交，资历名望在当时最高，因此"以季父自居，辞礼甚倨"。

李存勖灭梁后，放弃汴梁为都，而是定都洛阳，又下诏以永平军大安府为西京

▲ 李茂贞墓仕女图

京兆府。李茂贞听说李存勖定都洛阳的消息后，十分不安，害怕李存勖挟灭梁之余威，率军西进关中攻打凤翔，连忙派儿子——担任岐王府行军司马、彰义节度使、兼侍中之职的李继曭到洛阳上表称臣，献上了龙凤玉带等贡品。李存勖倒没为难李继曭，而是将李茂贞视为前朝耆旧，特加优礼，还将李继曭的官职升为中书令，诏书中也不直接称呼李茂贞的名字，而是以岐王代替，以示尊重。李继曭回到凤翔后，对李茂贞称后唐甲兵强盛，难以匹敌。于是李茂贞又连忙上书"请正藩臣之礼"，进献了水晶鞍盘、龙玉带、玛瑙酒杯、翡翠爵、琉璃盏等珍宝。同光二年（公元924年）二月，李存勖见李茂贞表现恭敬，下诏进封李茂贞为秦王，特许李茂贞可不名不拜。李茂贞接受册封后，正式向后唐称藩。

不过，此时的李茂贞身患重疾，生命已经进入倒计时。同光二年（公元924年）四月，一代枭雄李茂贞病逝于凤翔，年六十九，赐谥曰忠敬，归葬宝鸡县陈仓里。他死后，其子李继曭嗣位，继续保持了凤翔、邠宁两镇的自治状态。长兴元年（公元930年）二月，后唐明宗趁举行南郊大礼、李继曭入觐陪祀之际，命其移镇宣武。至此，从唐末以来割据凤翔一隅四十余年的岐地政权正式灭亡。

蜀道难——王建的崛起 与剑南三川形势的失控

唐僖宗光启二年（公元886年）正月的一天，散关道上。

此时正是"雪花如掌扑行衣"的严寒季节，身为大唐天子的李儇却因静难节度使朱玫、凤翔节度使李昌符作乱而再次匆忙行进在西幸蜀中的路上。蜀道素以险峻难行著称，栈道虽多经修葺，但仍是层崖峭壁，崎岖难行。行至半途，忽见前方烟焰张天，原来是叛军点着了前方阁道，火随风势而起，不一会儿便将阁道烧得摇摇欲坠，天子正惶惑无计可施时，只见扈驾人群中闪出一人，那人隆眉广颡、身材高大，颇具英武之气，原来是神策军将领——现担任清道斩斫使一职的王建。在千钧一发之际，王建冒着浓烟烈火扶着天子从火焰上一跃而过，帮助天子渡过险地。当天晚上，惊惶疲惫的天子枕着王建的大腿才沉沉睡去。次日醒来，见王建忠于职守，一夜未眠，天子感激涕零，他解下御袍赐予王建，并道："这上面还有朕的泪痕。"

此时此刻，一副君臣相得的美好画面，没有人会想到未来的王建会搅动剑南局势，进而割据一方，彻底断绝大唐王朝的后路。

▲散关道

一　天子巡幸之处与宰相回翔之地

　　剑南三川之地，古称巴蜀，西汉以来又称益州，在唐朝乃是东川、西川、汉川（山南西道）的合称。西蜀之地，自古以来便很富饶，诸葛亮曾道："益州险塞，沃野千里，天府之土是也。"汉高帝凭借巴蜀物力最终夺取天下，蜀汉也以一州之地与曹魏抗衡，"弱则足以自固，强则足以伐人"。隋朝末年，天下纷乱，但僻处西南的益州因少有兵灾之厄，成为当时天下最为繁荣富庶之地。大唐立国初期，当其他地区仍是一片"茫茫千里，人烟断绝，鸡犬不闻，道路萧条，进退难阻"的景象时，该地区因无寇盗，未受兵罹之苦，人口有六十余万户，独占全国的五分之一，仅成都一地便有十万余户，仅次于都城长安，从而成为大唐王朝最为重要的后勤基地，"蜀为西南一都会，国家之宝库，天下珍宝，聚出其中，又人富粟多，顺江而下，可以兼济中国"，"自陇右及河西诸州，军国所资，邮驿所给，商旅莫不皆取资于蜀"。由于蜀地为大唐帝国的统一战争提供了大量赋税，因此还有长安"外府"之称。

　　唐王朝在招抚蜀地诸州后，便改蜀郡为益州，设益州总管府，后又分置遂州总管府，下辖二十余州。武德三年（公元 620 年），改设益州道行台尚书省，行台尚书令由秦王李世民兼任，下设益、利、会、郎、经、遂六总管府，此时的益州道行台地域广阔，从蜀地开始往上，跨有陇山两侧，一直至关内，延伸到长安附近，武德九年（公元 626 年），益州道行台正式罢废。

　　唐太宗李世民即位后，根据山川形势将天下分为十道，其中益州地区因在剑阁以南，称为剑南道，其地域包括今四川大部及云南一部，共计四十余州。开元十五年（公元 727 年），唐玄宗又将天下分为十五道，剑南道区域仍维持不变。当时，崛起于青藏高原的吐蕃强盛后，其势力沿雅砻江、大渡河进入西南地区，与唐反复争夺云南地区，因此，唐王朝在剑南道西北至东南一侧分别设立了保宁都护府及松、茂、雅、姚等八个都督府，以拱卫西南边境的安全。在抵御边疆少数民族侵扰的过程中，边境地区形成了沿边九节度使、一经略使的军事防御体系，其中剑南地区设立剑南节度使，统辖团结营、天宝军、平戎军、昆明军、宁远军、澄川守捉、南江军，以及翼州、茂州、维州、柘州、松州、当州、雅州、黎州、姚州、悉州等州郡兵，管兵三万零九百人，西抗吐蕃、南抚蛮僚。

　　唐王朝在剑南边境修筑了一系列城堡，高宗仪凤二年（公元 677 年），时任益

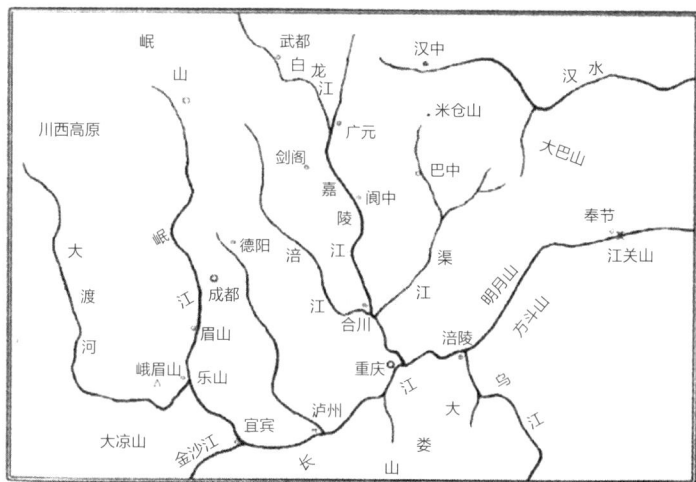

州长史的李孝逸募兵在茂州西南险要之地修筑安戎城，以断绝吐蕃通蛮的道路。但不久后，吐蕃便以生羌为向导攻陷了此城，并派兵据守。此后，西部的凉、松、茂、巂等州均处于吐蕃的威胁下，西洱诸蛮因此皆降于吐蕃。为夺回安戎城，唐军多次发动反攻，但均以损兵折将而告终。开元二十六年（公元738年），玄宗以太仆卿王昱为剑南节度使，命他经略吐蕃。王昱到任后再次发兵试图夺回安戎城，但被吐蕃击败，死者数千人，王昱也因为此次失利被贬为高要县尉，其后死在了那里。华州刺史张宥接替王昱出任剑南节度使，但张宥此人出身文吏，不习军旅，剑南局势一时陷入僵局。

不久后，一个来自剑南的官员引起了玄宗的注意，他便是张宥的副手，益州司马、剑南防御副使章仇兼琼。章仇兼琼入奏时献上了夺取安戎城之策，玄宗听后大悦，便将张宥调任光禄卿，任命章仇兼琼为剑南节度使。章仇兼琼其实早就成竹在胸，他在担任张宥的副手时，与安戎城中的吐蕃翟都局及维州别驾董承晏两人取得了联络，这两人将成为他夺取安戎城的重要棋子。

开元二十八年（公元740年）三月，翟都局与董承晏两人窥得机会，乘守城的吐蕃兵不备偷偷打开城门，接应埋伏在城外的唐军入城，尽杀吐蕃将卒，从而夺取了这一要害之地。吐蕃很快发兵来攻，但此时来自关中的援军已到，吐蕃只得撤围而去。随后，安戎城被正式更名为平戎城。

章仇兼琼凭借此役获得了玄宗的信任，坐稳了剑南节度使的位置，但他再上一层楼的愿望却被李林甫破灭了。当时李林甫为专权，竭力阻止边将入朝，章仇兼琼对此愤愤不平，与其势如水火。为此，他在心腹鲜于仲通的帮助下，通过杨国忠打通了玄宗宠妃杨玉环的关系。天宝五年（公元 746 年），在杨氏家族的帮助下，章仇兼琼得偿所愿，被召回朝出任户部尚书。随后，章仇兼琼、鲜于仲通、杨国忠结成一党，相互为奥援，结成了一个以地域为纽带的政治派别，在唐玄宗的支持下，长期把持剑南节度使一职。其中，尤以杨国忠最得信任，短短数年间，便兼领十五余使，随后又成为宰相，并遥领剑南节度使。杨国忠之所以得宠，一方面得益于杨玉环，但更为重要的是他有一定才能，玄宗欲用他与李林甫分庭抗礼。

杨国忠在玄宗的支持下，很快便将李林甫打得一败涂地，使其忧惧而死。但是好景不长，不久后安史之乱爆发。先是高仙芝、封常清败于洛阳，随后哥舒翰败于灵宝，潼关失陷，玄宗只得匆匆离开长安，当时出奔路线有多条：到河陇、朔方可依靠西北边军，到太原则回到李唐起家之地，但玄宗因为与剑南道的特殊关系，最后选择了蜀中。对此，玄宗其实早有准备，安禄山起兵后不久，他便以永王李璘为山南节度使、江陵长史源洧为其副手，颍王李璬为剑南节度使、蜀郡长史崔圆为其副手，将蜀地在内的长江上游各重镇直接控制在了手中。

天宝十五年（公元 756 年）六月，安禄山叛军突破潼关防线，"河东、华阴、冯翊、上洛防御使皆弃郡走，所在守兵皆散"，玄宗只得仓皇出走。行至半途，扈从禁军在马嵬驿发动政变，诛杀杨国忠等人，迫使杨玉环自杀，诸杨势力就此烟消云散。诛杀诸杨后，玄宗力排众议，以"剑南虽窄，土富人繁，表里江山，内外险固"为由，继续向蜀中进发，而太子李亨则半路分兵，前往朔方镇。在玄宗抵达剑阁的同一天，李亨在朔方军将士的支持下，于灵武即位称帝，改元至德，是为唐肃宗。

玄宗虽成为太上皇，但仍保留了发布诰令的权力，与肃宗之诏令并行，从而形成了平叛战争的二元格局。当时，玄宗以承认肃宗即位为条件换取继续掌握最高权力，肃宗则通过此妥协获取了即位的合法性。由于河南、河北等地陷入战乱，这些地区的贡赋都指望不上，江淮转输也因为原先的漕运通道断绝，不像往日那么方便。剑南一地也属于那时重要的赋税来源地，剑南道自用兵以来，依靠税赋源源不断提供财力，朝廷的琼林诸库很大程度上要依靠其来供给。而且江淮财赋也都要沿着江、汉而上先运至汉中、成都，其后才转运至关中。因此，玄宗虽僻居蜀中，却牢牢掌握了全国两大财税区，足以对肃宗形成掣肘。

▲ 唐军

对这一格局，肃宗自然不满，因此至德二年（公元757年）九月，唐军收复长安后，肃宗立即派人前往蜀中迎接玄宗。玄宗最初不愿出蜀，后在劝说下方才动身。他回长安后不久即被软禁。肃宗随后便下诏分剑南为东、西两川，并逐步清除了玄宗留在蜀中的亲信。东川所辖诸州中，剑、阆是蜀地的门户，绵、梓等州则人口众多，这一举措极大削弱了西川的实力。

安史之乱虽然平定，但西南边患却愈演愈烈，吐蕃与南诏联合起来不断侵蚀剑南地区，姚、巂二都督府以及遂州都督府下辖的郎、曲等数十羁縻州尽被南诏攻取，松州都督府、保宁都护府等地则被吐蕃占领，广德、建中年间，吐蕃两次攻入蜀地，饮马岷江。其兵力强大，尤其是前锋都是魁梧善战之士，穿重甲、持利器。而蜀兵则脆弱不堪，每次交战，一开始排列的阵型齐整，挥舞的戈矛像是树林，射出去的箭矢也如虹虫那么多，但对吐蕃的精锐毫无杀伤力，经常一个敌人都没打死，更不用说打赢了。为了应对日益严峻的西南边疆形势，朝廷不得不下诏将西川、东川合为一道，任命严武为剑南节度使。严武不负众望，很快便大破吐蕃七万余众。消息传来，正在严武幕中的杜甫难以抑制激动，欣然作诗一首：

秋风袅袅动高旌，玉帐分弓射虏营。

已收滴博云间戍，欲夺蓬婆雪外城。

虽然严武在任时有效抵御了吐蕃入侵，但他是一位骄横跋扈的节度使。梓州刺史章彝原本是他的判官，因为小事得罪了他，便被他抓到成都杖杀。同时，严武赏赐无度，只要一句话中他的意便赏赐对方钱物至百万，以至于剑南一道被征敛到山穷水尽都供应不上其需求。接任严武任剑南节度使的郭英乂同样严暴骄奢，他在任东都留守时便曾放纵麾下兵马与朔方军、回鹘人一起大掠东都洛阳，延及周边的郑、汝等州，所过之处被劫掠一空。当时，玄宗幸蜀时居住的行宫内有玄宗铸金真容及乘舆侍卫图画，历任节度使皆先拜而后视事，郭英乂到任后，却大摇大摆住了进去，并毁坏了玄宗的真容图画。

当时，剑南一镇的精兵多布置在弱水西山一带（岷江、大渡河上游地区），时任都知兵马使崔旰是严武的爱将，善抚士卒，屡建奇功，被吐蕃人称为"神兵"，严武曾经"装七宝舆迎旰入成都，以夸士众"。严武死后，行军司马杜济、都知兵马使郭英干、都虞侯郭嘉琳等人上奏朝廷，请立郭英乂为节度使，而崔旰则企图拥立另一大将王崇俊为节度使。郭英乂对此怀恨在心，到任后不久便捏造罪名杀死了王崇俊，又召崔旰回成都，崔旰"辞以备吐蕃，未可归"，郭英乂于是发兵击之。邛州牙将柏茂琳、泸州牙将杨子琳、剑州牙将李昌夔各举兵讨旰，但都战败被杀。崔旰凭借其掌握的西山边军击败了前来讨伐的张献诚所部山南兵，朝廷只得以崔旰让出东川为条件，正式任命他为西川节度使。

朝廷为应付河朔等地不断发生的藩镇叛乱，自顾不暇，对远在西川的严武、郭英乂、崔宁等人的不法行为非常忧虑却又不敢问罪。在这样的姑息政策影响下，西川地区因节度使继任问题叛乱频繁，出现了河朔化的倾向。另一西川节度使韦皋去世后，副使刘辟自署西川节度留后，随后求领三川（西川、东川、山南西道），被朝廷拒绝，最后竟起兵攻下东川。刘辟之乱虽然被迅速平定，但无疑给朝廷敲响了警钟：剑南也存在河朔化的可能。此时，吐蕃渐渐衰弱，西南边境压力顿减，朝廷因此可以放手削弱西川，平定刘辟叛乱后，随即将西川所管资、简、陵、荣、昌、泸六州划归东川。

元和二年（公元 807 年），因平定刘辟之乱的功勋而被任命为西川节度使的名将高崇文以"蜀中安静，无所陈力"，称自己情愿效死边陲，自请调任，朝廷遂以宰相武元衡代之，之后的八十余年间，历任的剑南西川节度使多由宰相、尚书等高级文官出任，其中九人为宰相出镇，又有六人回阙后成为宰相，西川成为名副其实的宰相回翔之地。在这些节度使的治理下，西川也进入了长期安逸平乐的时期。

这段时间，剑南地区经济发展迅速，丝织业、造纸业尤为发达。蜀锦精美富丽，经济价值十分不菲，有"越罗蜀锦金粟尺"之称，在魏晋时代便是重要的手工业产品，成为蜀汉军费重要来源；在唐代，其产量更是攀上了高峰，玄宗逃亡蜀中路上，在扶风一次就收到成都贡来的春彩十万匹。"蜀土富饶，丝帛所产，民织作冰纨绮绣等物，号为冠天下。"

▲ 唐代双狮戏扶桑树纹织锦

▲ 唐周昉《簪花仕女图》局部

成都地区的造纸业也拥有极其重要的地位，由于质量精良，当时官府文书、朝廷诏敕都用成都所产麻纸书写，薛涛创制的"薛涛笺"更是风靡全国，时人这样赞美道："也知价重连城璧，一纸万金犹不惜。"

剑南地区的商业也十分发达，由成都往西的商路一直连通到天竺等地，乃是南方的陆上丝绸之路。乘船东下则可以一路至荆、扬等地开展贸易，有"门泊东吴万里船"的繁盛气象。

正因为如此，西川成为唐王朝最为重要的赋税来源地，"时号扬益，俱曰重藩，左右皇都"，其中成都府富庶甲天下，人口多达百万，号称"挥汗成雨，吐气成云"，成了当时仅次于扬州的繁华之地，有"扬一益二"之称。

甚至有人认为，扬州排第一，"盖声势也"，成都"江山之秀，罗锦之丽；管弦歌舞之多，伎巧百工之富；其人勇且让，其地腴以善熟；较其妙要，扬不足侔其半"。

不过，文官节度也使西川的军备逐渐废弛。元和末年，原任盐铁转运使的王播受排挤，被调任西川节度使。他原本出身贫寒，出仕后最初以刚正不阿著称，颇有名望，政绩十分突出，但在西川任上，他倾竭西川财力取悦皇帝，希望能够回到长安出任宰相；长庆年间出镇西川的前宰相杜元颖更是为了敛财而减削士卒衣粮，出现了西南戍边的士卒因为衣食不足，只能到南蛮境内以抢劫、偷盗为生，蛮人反过来用衣食资助他们的情况。文宗太和二年（公元828年）南诏大举入侵时，西川边军不但没有抵抗，反而充当了南诏的向导．南诏军在邛州大败西川军，很快攻至成都城下，并侵扰了东川。朝廷先后调集山南西道、山南东道、荆南、鄂岳、忠武、河东、凤翔诸镇兵马驰援，但南诏军在唐朝大军赶来前，便"大掠子女、百工数万人及珍货而去"。

但即使这样，朝廷也没有改弦更张，严格选拔出镇西川的人。宣宗年间出镇西川的杜悰尤为昏聩，他是名臣杜佑之后，成年后娶了宪宗的女儿岐阳公主为妻，凭借祖上的余荫以及皇家的恩典"累居大镇，复居廊庙"，但却只是甘食窃位而已。他生活奢侈，一日之费皆至万钱，他曾对同僚说起平生不称意的三件事：第一件事是早年间离开京城去偏远的澧州当刺史；第二件事是曾被贬去当了司农卿；第三件事是从西川节度使调任淮南节度使的路上，当船行驶至瞿塘峡时，服侍的人被风浪所惊，不知道躲在什么地方，自己口渴难耐，只得亲自动手倒茶喝。时人嘲讽他道："公以硕大敦庞之德，生于文明之运。矢厥谟猷，出入隆显。"将他称作"秃角犀"，以示他对国对民都毫无用处。他在节度使位置上从来不管刑狱之事，从凤翔到西川，抓到的犯人往监狱一丢就当了事，任他们死在里面。有人曾经在剑门捡到些用来包裹漆器的文书，打开一看，居然是成都刑狱的案牍。

懿宗年间曾出任西川节度使的吴行鲁则是靠阿谀宦官得官，他是西川彭州人，出身贫寒，少年时侍奉大宦官右军中尉西门季玄，每天夜里都将溺器温好，伺候西门季玄小解，深得西门季玄之意。一天晚上，西门季玄在洗脚时，夸耀脚上的纹理，称："如此文理，争教不作十军容使。"吴行鲁见后，拜在地上，称小人也有类似的纹理，随后便脱下鞋子让西门季玄看，西门季玄看后，啧啧称奇，认为这小子一向小心侍奉，颇得己意，决定好好栽培他，便道："汝但忠孝，我终为汝成之。"随后将他安排在军中，积累了一定资历后外放彭州刺史，让他衣锦还乡，其后升任西川节度使。时人都鄙薄他的为人，在朝廷任命他为西川节度使时，起草制书的官员也在文中讥讽他"为命代之英雄，作人中之祥瑞"。

接替吴行鲁出镇西川的路岩历任翰林学士、兵部侍郎、同中书门下平章事、尚书左仆射等要职，长了一副好皮囊，"风貌之美为世所闻"，但在成都时，他将政事都委托给亲信孔目吏边咸，自己则每天带着妓女、乐队在江边设宴玩乐。边咸趁机舞弊，大肆贪污受贿，在短短两年多的时间，他聚敛的钱财便可足足支付西川两年的军饷。

▲唐咸通玄宝钱

高级文官出任西川节度使的历史结束于僖宗时代，当时控制朝政的大宦官田令孜本是蜀人，在僖宗即位前，尚是小马坊使的他便得到了僖宗的信任，与僖宗同卧起。僖宗即位后，他诱导僖宗专事游戏，"故政事一委之"，以至于"除拜不待旨，假赐绯紫不以闻"，时人都称田令孜有回天之力。虽然众议汹汹，但僖宗对他的信任不减，称呼他为"阿父"。

后来，田令孜见黄巢势头迅猛，官军无力阻遏，便开始为自己的退路考虑，亟须寻找藏身之所，靠近关中且形势险要的剑南三川成为他觊觎的目标。在他的操控下，他在禁军中的心腹陈敬瑄、杨师立、牛勖三人通过一场马球比赛的胜负分别获得西川、东川、山南西道三镇旄节。不久后，黄巢大军攻陷潼关，僖宗在田令孜的保护下匆忙出奔，成为唐朝又一位因战乱逃离长安的皇帝。

二　陈敬瑄入蜀与蜀地的动乱

陈敬瑄出身微贱，本是籍籍无名之辈，以阿附权阉得镇西川，因此当任命他为节度使的朝报传至蜀地时，蜀人十分惊讶，不知道他为何人，又是凭何功劳获得西川帅位的。青城县弥勒会教徒听说陈敬瑄出镇西川的消息后，认为天下盗贼四起，车驾必谋幸蜀之策，便推出一首领假扮陈敬瑄，其余信徒辅佐该首领前往成都，准备窃取西川。成都官吏一开始未辨真假，派人迎候，直到在城下驿站才有明眼人发现情况不对，报告上官后，将这些弥勒会教徒扣押起来。陈敬瑄此时也正好赶到，问明情况后，当即下令处死这些教徒，随后正式继任西川节度使。陈敬瑄到任后，因为"性畏慎，善抚士"，很快在西川稳住了局面。他得知僖宗一行来到牛勖控制下的山南西道后，当机立断派遣三千步骑前往兴元，上表请求天子巡幸成都。田令孜因与陈敬瑄关系最好，两人曾结为兄弟，也极力主张前往西川以避黄巢。僖宗一向对田令孜言听计从，便下令移驾西川。

陈敬瑄镇守西川期间，政事全部委托于幕客，军旅之事则交由监军处理。他每天要吃一头蒸犬，喝一壶酒，每月要设六次宴席，与一帮子酒肉朋友饮酒作乐，一碗菜往往要花费三万钱。有人检举小吏偷盗公款，他虽然看到牒文，却置之不理。有次在酒宴上，陈敬瑄捧着酒杯让营妓玉儿把酒喝下去，玉儿不愿意喝，推辞间一不小心竟把酒泼了陈敬瑄身上。陈敬瑄连忙起身更衣，大家都认为玉儿这下子要倒霉了，肯定要被责罚，没想到陈敬瑄再次坐下后并未当回事，只是又赐了玉儿一杯酒。玉儿向他请罪，他一笑了之。但为了防止天子左右骄纵难制，他还是祭起了杀鸡儆猴的招数，当时有打头阵的内园小儿先行来到成都，此人在行宫中游玩时，开玩笑："人言西川是蛮，今日观之，亦不恶！"陈敬瑄听后，立即命人将其拿下，将他当场杖杀，"由

▲蹀躞带饰四种

是众皆肃然"。

天子车驾来到西川后，随行禁军依旧保持着优厚的待遇，皇帝每个月都会将各地进献来的金银绸缎赏赐给从驾诸军，与西川当地原有驻军待遇形成明显反差，西川军人对此颇有怨言。当时，西川原有的驻军主力为陈州、许州等地招募的军人，与他们老家的忠武军一样，习惯黄布裹头，也被称作"黄头军"①，这支军队继承了"黄头军"悍勇的传统，在与黄巢的战斗中屡建战功，被黄巢军称作"鸦儿"。黄巢经常告诫手下，交战时要避开"鸦儿"。中和元年七月，西川黄头军使郭琪在田令孜组织的一次宴会上，痛陈两军待遇天差地别，希望能够一视同仁，不要厚此薄彼，但遭田令孜下毒暗害。或许是毒药剂量不够，郭琪并未被毒死，他挣扎着回家解了毒后，立即率所部黄头军作乱，焚掠坊市，但黄头军主力此时正在关中平乱，他掌握的兵力单薄，很快便被陈敬瑄平定。

不久后，蜀地再次发生动乱。黄巢攻入长安后，朝廷原先倚之为长城的神策军基本解体，或溃散，或被周边藩镇吞并，田令孜来到蜀地后，便力图重组禁军。他在西川大量招募士卒，组建了神策新军五十四都，每都千人，总兵力五万四千余人。新军的待遇更为优厚，日常开支不是一笔小数目，朝廷虽有各镇贡献的财物，但仍捉襟见肘，不得不极力压榨蜀地——"搜罗富户，借彼资财。抑夺盐商，取其金帛。三倍折纳税米，两川绾断度支"。蜀人不堪压榨，各地频繁发生骚动。陈敬瑄采取高压手段，派遣所谓的"寻事人"巡视下属县镇，残酷镇压反抗者。原邛州牙官阡能因公事违期，不得不亡命江湖，本来他已经准备接受招安，但见陈敬瑄手段毒辣，即使出首也很可能会被残害，干脆起兵作乱。很快他便打下了一片天地，招揽了罗浑擎、句胡僧、韩求、罗夫子等头领。各地蜀人纷纷响应，州县不能制止，原涪州刺史韩秀升、屈行从为首的叛军先攻取乾州，后占据涪州，一度隔绝峡江水路，截断了江、淮贡赋的运输道路，导致成都城内的百官无俸可发。随后，韩秀升要挟朝廷，除非朝廷授予他黔中观察使一职，否则他不会打开峡江水路。

陈敬瑄只得从关中战场召回了黄头军大将高仁厚，命其督军讨伐。高仁厚此人出身、籍贯均未留下记载，只知道他最初担任陈敬瑄麾下的神机营②使，后受命率

---

① 唐僖宗乾符六年（公元879年），西川节度使崔安潜派人到陈、许诸州募壮士与蜀人相杂，训练用之，得三千人，分为三军，亦戴黄帽，号黄头军。

② 唐僖宗乾符六年，西川节度使崔安潜奏乞洪州弩手，教蜀人用弩走丸而射之，选得千人，号神机弩营。

军两千进入关中参与讨伐黄巢的战事。当时许多京城居民在宝鸡避乱，由于朝廷统治秩序崩溃，一些被称作"闲子"的流氓团伙趁机大肆劫掠。这些闲子平日里行劫都戴着叠带帽、拿着木棍，成群结队行动，当地官府根本无力压制。高仁厚知道情况后，下令进入城中对付闲子，大军进入后，闲子以为官兵不能将他们怎样，竟然聚集在一起嘲笑、侮辱高仁厚及其部下。只听高仁厚一声令下，官军立刻杀向闲子，惊恐的闲子才想起夺路逃命，然而坊门已关闭。此役，数千闲子被杀死，"自是闾里乃安"。

高仁厚在接任都招讨指挥使的前一天，有一个鬻面男子①鬼鬼祟祟出入军营好几次，被巡逻的士卒拿下，经讯问，知其是阡能派来的奸细。高仁厚得知其父母妻子均被阡能关押作为人质的情况后，决定利用此人对暴动民众攻心。他以解救鬻面男子家属为条件，让其回去散布消息：只要放下武器投降，就是顺民，可以回去继续耕作。鬻面男子答应后离去，很快便将此消息传遍阡能各个山寨。次日，高仁厚率部五百人来到双流前线，他见军营堑栅重复牢密，怒斥前线将领安眠饱食，养寇邀功，下令将把截使白文现斩首，监军上前极力相救，才免了其死罪。见前线将领都被慑服，高仁厚下令将沟堑栅栏全部平毁，除五百人留守外，其余人马全部出动。阡能得知高仁厚前来，命部将罗浑擎在双流之西扎下五座营寨，又伏兵千人于野桥箐一带，准备设伏诈降，结果反被高仁厚包围。

高仁厚也不直接发起进攻，而是派人脱去盔甲进入罗浑擎营中招降，所说的条件和昨天鬻面男子散布的一模一样，暴动的民众听后十分欣喜，争先恐后丢下兵器甲仗，拜倒在地，向高仁厚投降。诈降于是变成了真降。罗浑擎见情况不妙，翻越堑壕准备逃走，被高仁厚部下抓获。高仁厚随后命这些降人每五十人为一队，将罗浑擎的旗号过来举着，扬旗疾呼："罗浑擎已生擒，送使府，大军行至。汝曹居寨中者，速如我出降，立得为良人，无事矣！"设防于穿口一带的阡能另一部将句胡僧所部听到后也纷纷出降，并将句胡僧擒住送至高仁厚军中。

第二天，高仁厚继续依此行事，命穿口降人如此这般走过去，新津一带的十三寨纷纷迎降，守将韩求自投深堑而死。驻扎在延贡的罗夫子所部看见新津火光，当晚不能入眠，次日见新津人来亦纷纷投降。罗夫子脱身弃寨逃到阡能处，正商议如

---

① 贩卖面食的男子。

何与官军决战时，延贡人来到寨前呼喊着让寨中人投降。阡能、罗夫子走马巡寨，准备出兵迎战，结果无人响应。高仁厚见此情形，连夜发起进攻，诸寨民众也不接战，反而呼噪争出，都要抓阡能邀功请赏，阡能窘急之下跳入井中，后被搜获，罗夫子自刭而死。

高仁厚此次出兵，总共六天，平五贼，可谓神速。其后，陈敬瑄下令枭韩求、罗夫子之首于市，钉阡能、罗浑擎、句胡僧于城西，阡能的谋主、落第举子张荣则被钉于马市，除此之外，未杀一人。高仁厚也因此功晋升为眉州防御使。阡能等人虽被平定，但各地均有不少土豪以保护乡里为名，结成团练拥兵自重，成为影响之后西川形势走向的一大势力。

陈敬瑄最初以庄梦蝶为峡路招讨指挥使、胡弘略为应援使，命两人前去讨伐韩秀升，但屡战屡败。韩秀升连克夔、万、忠诸州，又溯江而上直攻渝州，幸赖荣昌县令韦君靖依山置阵，背水布兵，这才击退了韩秀升。陈敬瑄只得以高仁厚为西川行军司马，命其督军讨伐。高仁厚赶至战场后，先是询问周边百姓，发现敌军的精兵都在船上，粮草钱物在寨子中由老弱把守，便率军来到江边，假装要涉江作战，韩秀升昼夜防御，又遣兵挑战。高仁厚成功骗过敌军后，夜袭击破敌军山上营寨，尽取敌军粮草。韩秀升部众军心动摇，防守不免懈怠，加上被高仁厚招募的善于游泳的人凿沉了不少船只，他只得下令弃舟登岸，但又遇到高仁厚邀击，结果部众大溃。韩秀升、屈行从被俘，后被送至成都行在处斩。

陈敬瑄讨平阡能等人后，又被朝廷加官晋爵，兼任中书令，封颍川郡王，并受赐铁券，可免死十次。西川虽然因陈敬瑄的存在仍在田令孜的掌控中，但山南西道和东川两镇很快发生了变故，先是中和三年（公元883年）十一月，山南西道节度使牛勖被忠武大将鹿晏弘驱逐，出奔龙州西山，鹿晏弘占据兴元后，自称留后。东川节度使杨师立见田令孜、陈敬瑄兄弟权宠日盛，心中不平，加上陈敬瑄在派遣高仁厚平定涪州叛将韩秀升时，又许诺将东川赏给高仁厚，杨师立自然不能接受，大怒道："彼此列藩，而遽以我疆土许人，是无天地也！"田令孜害怕他叛乱，征他入朝为右仆射，但杨师立拒绝交出东川地盘。中和四年（公元884年）三月，杨师立以讨伐陈敬瑄为名起兵叛乱，僖宗遂命陈敬瑄为西川、东川、山南西道都指挥招讨使，又命眉州防御使高仁厚为东川留后率兵两万讨伐东川。六月，杨师立兵败自杀，高仁厚升任东川节度使。田令孜原本设计的三川拱卫，相互制约的局面就此被打破。

杨师立被讨平后不久，一代枭雄黄巢也走向了末路，他在泰山狼虎谷被外甥林言杀掉，林言本想以此邀功，结果半路上被沙陀骑兵杀害，成全了别人的战功。黄巢及其家人的首级被献至成都，僖宗一时兴起，亲自审问那些女眷："既然都是勋贵子女，世受国恩，为什么要从贼？"只见为首的一名女子毫无惧色，从容地回道："狂贼凶逆，国家以百万之众，失守宗祧，播迁巴、蜀；今陛下以不能拒贼责一女子，置公卿将帅于何地乎！"僖宗被说得哑口无言，只得命左右将那些女子带下去，随后全部处死。不过，亦有传言说黄巢其实未死，而是在狼虎谷剃度为僧，逃出围捕后又来到洛阳，投奔昔日部下张全义，张全义为他修建了南禅寺作为避居地，竟得善终。后人曾见他的题诗："犹忆当年草上飞，铁衣脱尽挂僧衣。天津桥上无人识，独凭阑干看落晖。"诗中提到的天津桥横跨洛河，是当时洛阳城内的交通要道。

此时僻处西南一隅的朝廷威望早已一落千丈，不少藩镇连阳奉阴违的表面功夫都懒得做了，在朱全忠密谋攻杀李克用的上源驿之变发生后，李克用连上八表请求讨伐朱全忠，但朝廷却以"大乱方平，不欲再动干戈"为由，下诏要求双方和解。朝廷居然对擅自攻杀"复长安，功第一，兵势最强"的一镇节度使毫无动作，姑息了事，既然如此，各藩镇自然也不再顾虑朝廷的看法，从此以后纷纷凭借武力互相吞噬。

黄巢之乱既然已被平定，重回长安便再次提上议事日程，最初僖宗以长安宫室焚毁为由迟迟不动身，现在宫室已经修缮完毕，关东藩镇请求天子车驾回到京师的表文也送至案头，僖宗考虑再三，终于决定于次年正月离开西川。不过，在天子离开成都前不久，行在却迎来了一群来自忠武军的将士。

忠武军为陈许节度使的军号，是中原地区重要藩镇，朝廷倚之控扼河朔、屏障关中、沟通江淮，历来驻有重兵。忠武军骁勇善战，素号精勇，战斗力在天下藩镇中首屈一指，在平定淮西吴元济之乱、昭义刘稹之乱及对南诏、吐蕃的战事中均立有赫赫战功。其中，忠武精兵均以黄布裹头，被称作"黄头军"，在当时负有盛名。在镇压唐末农民起义的战事中，忠武军更是多次充当先锋，参与历次围堵、歼击。在陈州之战，面对退出关中的黄巢主力，忠武军坚守陈州三百天，给予黄巢主力以重创，最终使其一蹶不振。不过，此次战役也使忠武军元气大伤，从此一蹶不振。

此次来到成都行在的忠武军将士以王建、韩建两人为首。当年黄巢攻下长安后，忠武节度使周岌以为唐朝气数已尽，便归降了黄巢。忠武监军杨复光虽是宦官，却智勇双全，"慷慨喜忠义，善抚士卒"，他看出周岌对唐天子仍怀有感情，遂宴请周岌，在酒宴上说服其反正，使其诛杀了黄巢派来的使者。随后，杨复光率兵三千

▲ 前蜀高祖王建的石像

至蔡州，又说服了秦宗权共同举兵讨伐黄巢，秦宗权派遣麾下大将王淑率兵三千与杨复光会合，共击邓州。王淑畏敌，逗留不进，杨复光乘王淑不备，将其斩杀，吞并其部众，其后又将所部八千人分为八都，是为忠武八都，王建被提拔为其中一都的都校。由于王建在诸将中资历最低，排名第八，所以也得了个"王八"的称号。

宣宗大中元年（公元847年），王建出生于陈州项城的一户贫寒家庭，随后迁居许州舞阳。王家世代为饼师，家无余产，王建小时候没读过书，因此目不知书。王建很小的时候，母亲、父亲先后离世，他与姐姐相依为命，在安葬父亲时，他们连购置棺木的钱都没有，王建只能自己挖了个浅坑将父亲草草安葬。为了谋生，早早挑起生活重担的他先后干过屠牛盗驴、贩卖私盐的营生，在乡里以"无赖"闻名，并表现出超人一等的"机略权勇"。欧阳修在《新五代史》中写道，当时周边邻居因为看不惯王建，都称他为"贼王八"，但从王建功成名就之后，田令孜、朱全忠等人均称呼他为"八兄"来看，"八"应该是其在忠武八都中的排行，"贼王八"这一说法纯属以讹传讹。

唐朝末年，天灾人祸不绝，懿宗咸通年间先是淮北大水，朝廷不但没有赈济，反而继续征收赋税，民众苦不堪命，都觉得不如造反，这样还能多活几天；随后关东至大海间又发生大旱，人们很快吃光了粮食，而且吃光了原本应在冬天才收获的蔬菜，穷人只得将蓬子当面、槐叶为齑；乾符年间，再次发生大水灾，山东爆发大饥荒。而当时的统治阶级仍过着骄奢淫逸的生活，懿宗年间的宰相韦宙在江陵府的一处别业"良田美产，最号膏腴，而积稻如坻，皆为滞穗"，光积谷便有七千堆，连皇帝都羡慕不已，称他为足谷翁。正所谓：

昂藏骑马出朱门，服色鲜华不可论。

尽是杀人方始得，一丝丝上有冤魂。

在这种民不聊生的情况下，民不堪命的民众只得纷纷起来反抗。王建也因生计无着落陷入了困境，不甘束手饿死的他沦为盗贼，并结识了晋晖等人。王建日后建国称帝，为证明他是上天眷顾之人，在前蜀官方的推波助澜下，蜀地流传着这样一个故事，称王建当年与晋晖两人一同为盗，夜间露宿于武阳古墓，夜半时分，两人听闻墓外有人呼墓中之鬼："颍川设无遮会，可同行否？"只听墓中鬼回应道："蜀王在此，不得相从。"晋晖因此认为王建状貌有异于人，必有非常之事，遂倾心跟随。若干年后，成为大蜀皇帝的王建置酒饮宴，与晋晖说起旧事，晋晖道："武阳墓中言，果不诬耳。"王建大笑道："始望不及此。"后人有诗道："王气青城廿载多，武阳鬼语竟如何？持杯一笑非初愿，异相终当让八哥。"

▲ 唐代天王造像

　　王建后来在一次抢劫时，因失风被官府抓到判了死刑，关在许州大牢。行刑前，狱吏孟彦晖见他仪表出众，私下里将他放走了。王建逃出生天后，辗转来到山南东道的均州、房州一带，一边贩卖私盐，一边做些顺手牵羊的事。有一天，他百无聊赖，来到武当山游荡，他在山上遇到了一位法号"处宏"的僧人，处宏见他相貌堂堂，惋惜地说道："子骨相甚奇，何不从军自求豹变，而乃区区为盗，操贼之号！"王建听后，心中有所感触，他也不甘心一辈子就这样过着朝不保夕的日子，大为悔悟，就此结束了无赖生涯，走上了从军道路。

　　王建首先投入了家乡的忠武军，拿上了军饷，并在讨伐王仙芝的战事中立下战功，被节度使杜审权提拔为一名列校。秦宗权占据蔡州后，为扩张势力重金招募勇士，感觉郁郁不得志的王建又离开忠武军，投入秦宗权麾下，当上了一名军虞侯。后来转投杨复光后，王建晋升为都头，跻身将领之列。王建跟随杨复光一路转战，先是在邓州击破黄巢大将朱全忠，随后又进入关中与黄巢军作战，参与了梁田陂大战等多次重要战役。在黄巢之乱被平定后，忠武军因战功受命留守长安。但是好景不长，为唐王朝立下大功的杨复光不久就病死河中，失去靠山的忠武八都约两万名余将士遂在鹿晏弘等人的率领下各自离去。

这支忠武军离开河中后，一路向南行去，"南掠襄、邓、金、洋、所过屠灭"，中和三年（公元883年）十二月，他们来到兴元，用武力赶走了山南西道节度使牛勖，在此地安下营来，朝廷只得任命鹿晏弘为兴元留后。夺取山南西道后，鹿晏弘封赏诸将，王建等人均被命为巡内刺史，但又不让他们到任。鹿晏弘实际上存了猜忌之心，生怕八都中其余几位将领夺取他的位置，其中，王建与另一忠武大将韩建尤其让他忌惮。不过，鹿晏弘表面上还是一副十分信任他们的样子，"数引入卧内，待之加厚"。

王建和韩建两人心知肚明，一天晚上，他们借夜间巡城在月光下商量下一步该怎么走，一致认为鹿仆射虽然表面上客气，其实心里早就起了猜疑，恐怕我们马上就要大祸临头了，还不如早些离去为妙。但具体往哪去，两人踌躇不决。此时，另两位许州老乡晋晖、张造也找到了王建，他们认为朝廷虽然暂时承认鹿晏弘的地位，但天子即将回銮，一旦宫车反正，肯定会想方设法削除藩镇，跟着鹿晏弘肯定没有未来，还不如及早投奔正在成都的僖宗，觅一份护驾的功劳。众人商议后一致认同此策，便立即派人往成都联络。此时，田令孜在听说山南西道内外离心的情况后，也秘密派遣使节厚利引诱招揽王建，一方是偏处一隅的三流藩镇，另一方则是拥有大义名分的朝廷，王建自然毫不犹豫选择了后者。

中和四年十一月，王建与韩建、张造、晋晖、李师泰等人率众数千人逃奔行在，田令孜将这五人均收为假子，拜为诸卫将军，命他们仍然统领自己原有的一干部众，号称随驾五都。鹿晏弘不久后便遭到朝廷征讨，他不得不放弃兴元，东出襄州，随后在秦宗权的援助下，先克襄州，后一路转略诸州，竟然再次回到许州，迫使忠武节度使周岌弃镇而走。他占据许州，自称留后。此时秦宗权虎踞中原，命麾下诸将寇掠邻道，先后攻克二十余州，每到一处便烧杀抢掠，搞起了"三光"政策，在"北至卫、滑，西及关辅，东尽青、齐，南出江、淮"的这片广大区域里，除了一些未被秦宗权攻克的城池外，放眼望去，数千里都看不到人烟。当时朝廷号令所在，惟河西、山南、剑南、岭南数十州而已，哪里管得上许州，只得任命鹿晏弘为忠武节度使。

光启元年正月，僖宗终于离开住了四年的成都，启程前往长安。王建作为随驾五都将领，自然紧紧跟随，一路鞍前马后，在天子面前混了个脸熟。三月，僖宗回到了"荆棘满城，狐兔纵横"的长安城，面对残破景象，他回想往昔，后悔万分，凄然不乐。他没有想到的是，不久之后他将再次逃离长安，播迁山南。

三 "贼王八"的崛起之路

　　光启元年（公元885年）五月，田令孜以朝廷名义下诏徙河中节度使王重荣为泰宁节度使，命泰宁节度使齐克让转任义武节度使，同时，又任命义武节度使王处存为河中节度使。这一诏书名为移镇以重组藩镇格局，实际则为夺回被王重荣控制的安邑、解县两地盐池，以盐池收入供养新组建的禁军。

　　唐中期以后，盐业实行专卖体制，由盐铁使负总责，最初为亭户制盐、官府统购、官运官销。代宗大历年间，盐铁使刘晏改革盐法，在继续垄断食盐生产和统购的同时，改官运官销为将食盐以榷价卖给商人，再由商人运销各地以取利，同时，地方上又设十三处巡院负责打击私盐。改革后，榷盐之利在国家财政中起到了举足轻重的作用。至大历末年，盐业收入已达六百余万缗，"天下之赋，盐利居半，宫闱服御、军饷、百官禄俸皆仰给焉"，为维持安史之乱后的统治秩序发挥了巨大的作用。北方地区以生产池盐为主，其中安邑、解县两地称作蒲州大池，为当时最大

▲山西盐池

的盐池，元和年间，两地盐榷收入多达一百六十万贯。黄巢之乱后，唐王朝统治秩序崩溃，各藩镇纷纷将盐利据为己有，唐王朝因此财竭力穷，陷入困境。安邑、解县盐池地处河中镇内，中和年间，王重荣近水楼台抢占了盐池，仅仅"岁献三千车以供国用"。

王重荣老家在太原祁县，其父王纵任河中骑将期间，曾跟随名将石雄大破回鹘，因功授盐州刺史。王重荣成年后，与其兄长王重盈同入河中军，"皆以毅武冠军"，王重荣更是以权诡著称，狡诈多智，自节度使以下的河中官吏、军校均对他十分忌惮。长安失陷后，河中节度使李都迫于形势降于黄巢，因黄巢屡次从河中征发物资及士兵，河中将士均十分不满，时任行军司马一职的王重荣突然发难，他对李都这样说道："凡人受恩只可私报，不可以公徇。令公助贼陷一邦，于国不忠，而又日加箕敛，众口纷然，倏忽变生，何以遏也。"随后便诛杀了黄巢派来的使者，逼迫李都去职。朝廷又派遣前京兆尹窦潏至河中代李都为节度使，窦潏到任后，集结将校，称："天子命重臣作镇将，遏贼冲，安可轻议斥逐令北门出乎？且为恶者必一两人而已，尔等可言之。"他准备向王重荣下手，但军校都是王重荣的亲信，无人理睬他。随后便见王重荣佩剑历阶而上，大喝道："为恶者非我而谁？"随后便命人牵来窦潏的马，将其逐走，朝廷只得任命王重荣为河中留后，不久后又正式任命他为节度使。在河中节度使任上，王重荣率领部下屡败黄巢军，又迫降了黄巢麾下大将朱温，并为朱温讨得同华节度使一职，成为后来这位"大梁皇帝"的恩公。收复长安后，王重荣因功勋卓著，授检校太尉、同中书门下平章事，封琅琊郡王。

与王重荣相比，王处存是朝廷少有的恭谨之臣，他世籍神策军，以父荫为神策右军镇使，后升任骁卫大将军等，乾符六年（公元879年）出镇义武（辖易、定、祁三州），任义武节度使、河东行军司马。广明元年（公元880年），黄巢攻陷长安，僖宗出幸蜀中，王处存听说这一消息后"号哭累日，不俟诏命，举军入援"，随后又遣两千人抄小道前往兴元，护卫僖宗车驾。在关中，王处存率军与黄巢屡战，虽多次败绩，但仍不气馁，后来他又利用与李克用之间的姻亲关系，说服李克用率军入援，为平定黄巢立下大功。史称："巢败第功，而收城击贼，李克用为第一；勤王倡义，处存为第一。"朝廷认为，如果王处存接替王重荣镇守河中，以他对朝廷一向表现出的忠诚，必定会将盐池交还给朝廷。

但对王重荣来说，盐池收益丰饶，是立足于乱世的根本，而离开经营已久的老巢，移镇千里之外的兖州无疑是自掘坟墓，于是他迅速与河东李克用结盟，而田令孜

1. 禁军军官
2. 吐蕃特使
3. 朝廷官员
4. 宫女
5. 皇帝
6. 禁军士兵

▲ 唐代禁军

也找来静难节度使朱玫、凤翔节度使李昌符两人为帮手对抗王重荣。当年十二月，双方在沙苑展开决战，结果战力强劲的河东军大败打着朝廷讨逆旗号的静难、凤翔两镇与神策军。费尽心思组建的神策新军的这次失利，标志着唐王朝恢复对地方控制的军事尝试的重大失败。在沙苑取得大胜后，李克用乘胜率军进逼京师，田令孜劫持僖宗仓皇逃往凤翔，随后再幸宝鸡，最初卫士从者才数百人，王建等人便在其中，一路跟随扈从。当时一片混乱，负责宗庙事务的宗正半路上遇到盗贼，将太庙神主丢了个一干二净，朝臣们被乱军掠去衣物的更是比比皆是。刚在宝鸡安顿下来，噩耗便再次传来，朱玫、李昌符两人见李克用、王重荣势大，且田令孜"天下共忿疾之"，于是落井下石，投向了李克用、王重荣一方，并派兵追逼乘舆。

静难、凤翔两镇兵在击败殿后的神策指挥使杨晟所部后，直扑宝鸡，"钲鼓之声闻于行宫"，田令孜只得带着天子慌忙离开宝鸡，再次向山南进发。行进途中，逃亡的残兵败将和难民堵塞了道路，王建带领部下长剑五百人前驱奋击，这才打开道路，使得乘舆得以向前。王建的这番卖力表现被天子记在心中，认为此人忠勇可靠，于是又将传国玉玺交由他保管。随后在大散岭上，发生了本章开头的那一幕。

当时山谷崎岖，追击的静难军尾随其后，天子一行好几次都陷入了危险的境地，随行诸王多是徒步而行，苦不堪言。在斜谷，寿王李杰连鞋子都跑丢了，只得躺在路旁的石头上休息，殿后的田令孜骑马路过，驱赶寿王起身，寿王央求他给个马骑，田令孜却道："山谷间何处得马？"说完就是一鞭挥去，寿王只得愤恨起身，从此将田令孜视作仇敌。光启二年（公元 886 年）三月，天子乘舆来到兴元才脱离险境。随后，天子下诏命王建率所部兵戍三泉，晋晖和张造率其余四都兵屯黑水，又下令修栈道以通往来。同时，为酬谢王建一路上护驾之功，天子又下诏任命他遥领建壁州刺史，这也是唐代首次出现将帅遥领州镇的情形，由此可见王建所得圣眷之优厚。在兴元停留期间，王建有次与同僚丢骰子以消磨时间，他一把丢下，六粒骰子是从幺到六，次第相重。他日王建称帝蜀中，这一轶事也被当作天命所归的佐证。

此时，作为朝廷大后方的剑南地区又发生了变乱。东川节度使高仁厚原是陈敬瑄部将，智勇双全且宽厚能得人心，当年仅用六天的时间便平定了阡能之乱，以功授眉州防御使，随后又受命讨平东川杨师立，功勋卓著。光启元年（公元885年）十月，陈敬瑄被朝廷任命为三川及峡内诸州都指挥、制置等使，他欲借此控制东川，但被高仁厚抵制，"遂据梓州，绝敬瑄"。陈敬瑄突然征调维、茂二州羌兵助战，高仁厚不备，战败被杀。

光启二年（公元886年）四月，朱玫等人拥立襄王李煴权监军国事，自兼左、右神策十军使，率领百官回到长安，随后又派遣吏部侍郎夏侯潭宣谕河北，户部侍郎杨陟宣谕江、淮，天下藩镇中"受其命者什六七"，淮南节度使高骈更是上表劝进，请求襄王继承大统。田令孜自知组建新军，试图恢复朝廷权威的行为不为天下藩镇所容，僖宗的地位也由此摇摇欲坠，祸将及矣，于是自请监军西川，推荐另一大宦官枢密使杨复恭为左神策中尉、观军容使，将烂摊子甩给了这位政敌。不久后，他便以求医为名前往成都投靠陈敬瑄去了。

杨复恭出身于唐中期以来著名的宦官世家，唐中期以后，宦官势力达到极盛，一部分大宦官遂通过收养小宦官为养子，以养父子关系构成拟血缘的宦官家族，确保权势代代相承。杨氏家族兴起于德宗年间，自杨志廉开始，四代五人任神策中尉，掌握禁军兵权；又有三人出任枢密使，掌控中枢机要，堪称唐代最有权势的宦官世家。杨复恭在庞勋之乱时因监阵有功，自河阳监军入为宣徽使，随后又任枢密使，其从弟杨复光历任荆南、忠武等镇监军，在收复长安的战役中，又多次出任行营都监。在田令孜专权，摧残天下的时候，朝廷内外除了杨复恭能够凭借家族底气，屡次与其相争得失外，谁也不敢和他抗衡。杨复恭在取代田令孜后，很快便将田令孜的党羽全部贬斥，王建虽然圣眷优渥，但作为田令孜的假子，还是无法再在禁军中立足，只能出外担任利州刺史一职。晋晖、张造、李师泰等人也被排挤出去。

当时各地贡献的赋税都送往长安，而不是送到兴元，流亡兴元的小朝廷饭都要吃不上了，僖宗只能每日以泪洗面。但朱玫只是二流藩镇的节度使，无论是威望还是军事实力都不足以号召天下，加上他将朝廷权力揽于一身"专决万机"，盟友们

▲ 唐代螺钿人物花鸟纹镜

很不满，其余节度使不久就与他反目。河中王重荣见田令孜已经去位，自己有了台阶下，便"遣使表献绢十万匹，且请讨朱玫以自赎"；河东李克用在听说朱玫专权的消息后勃然大怒，他移檄邻道，称自己不日将发兵进讨凶逆；凤翔李昌符也在不久后向朝廷投诚。朱玫很快便成了孤家寡人，虽然他硬着头皮于十月间拥立襄王为帝，但大势已去，仅仅两个月后，静难军大将王行瑜便在凤州前线反正，随即引兵回到长安，诛杀了朱玫，伪帝襄王也在逃亡途中被河中节度使王重荣诱杀。

光启三年（公元887年）正月，朝廷下诏以右卫大将军顾彦朗为东川节度使，金商节度使杨守亮为山南西道节度使。杨守亮是杨复恭的假子，顾彦朗作为禁军大将，应当也与杨复恭有交往，因此，这一番人事任命当出于杨复恭之手。山南西道"控全蜀咽喉之地"，东川则"束咽喉於剑阁"，因此，朝廷的目的十分明确，就是打压陈敬瑄、田令孜。果然不久后，朝廷便再次下诏，削夺田令孜全部官爵，流放端州[①]。不过，田令孜依附于陈敬瑄，躲在成都城内拒绝出外，朝廷一时间也无可奈何。东川所属的剑、阆二州为成都的东北门户，历来是出入蜀中的必争地，东川在高仁厚被杀后，已经被陈敬瑄势力渗透控制，此时顾彦朗的上任无疑极大削夺了陈敬瑄的权柄。因此，当顾彦朗来到剑门关下时，剑门关吏便在陈敬瑄的授意下，夺去其旌节[②]，闭门不纳，顾彦朗无法走马上任，只得前往利州王建处。对此情况，朝廷下诏"申晓讲和"，陈敬瑄不愿与朝廷彻底决裂，这才下令打开剑门，放顾彦朗入关。

王建控制的利州当时是山南西道的属州，葭萌关便在其境内，控制着入蜀的要道——金牛道，从这里沿嘉陵江而下可以直取重镇阆州。王建到任后，招兵买马，与当地的溪洞酋豪都有了联系。杨守亮到任山南西道节度使后，见王建占据要地，且骁勇难制，害怕其起兵作乱，威胁到自己的地位，屡次下令让王建到兴元述职。但王建自知自己曾为田令孜假子，惧怕被杨守亮杀害，因此屡召不至。此时，王建的许州老乡，前龙州司仓周庠入见，说道："现在大唐的国祚即将终结，藩镇间也

---

① 今广东肇庆一带。
② 门旗二，龙虎旌一，节一，麾枪二，豹尾二，凡八物。

在互相吞噬，但他们都没有雄才远略，成不了大事。就我看来，谁也比不上公御众有术，临事能断。但是葭萌乃四战之地，难以久安，即使你不招惹别人，别人也会来吞并你。阆州地僻人富，刺史杨茂实是陈敬瑄、田令孜的心腹，不修职贡，如果以维护朝廷的名义举兵讨之，这样师出有名，可一战而擒也。"王建听后茅塞顿开，立即接受其建议，先是招募溪洞酋豪以扩充军队，得兵八千；光启三年（公元887年）三月，他又率军沿嘉陵江而下，一战袭取阆州，逐阆州刺史杨茂实，自署利州防御使，并任命从子王宗瑶为都知兵马使。

夺取"居蜀汉之半"的阆州后，王建又招纳亡命充实军队，实力大增。据记载，当时王建所部至少有十九个都[1]的建制，以一都一千人计算，十九都则为一万九千人，其建制中目前可考的有威猛都、义勇都、貔虎都等。王建夺取阆州后，从此便摆脱了杨守亮的控制。阆州本为东川镇所辖，但东川节度使顾彦朗刚刚到任，军心未附，不但无力收复失地，反而害怕王建继续入侵，只能凭借当年共同讨伐黄巢时结下的交情，赠送王建大量军粮以换取王建不再入侵东川。王建也知道现在吃不掉东川，在欣然笑纳军粮的同时，与顾彦朗达成了保境安民的默契。其间，两人还娶了一对姐妹花，结成了姻娅关系，也就是俗话所说的连襟。

占据两州地盘后，下步如何发展成为当务之急，当时天下藩镇中旋生旋灭者比比皆是，如何在夹缝中生存考验着王建的政治智慧。此时，王建部下两位将领张虔裕和綦毋谏分别提出了建议，其一是尊崇朝廷，借天子名义行征伐之事；其二则是养士爱民，以观天下之变。王建虽然出身不高，但这些年耳闻目睹的朝堂斗争开阔了他的眼界，他对这两条建议欣然采纳，并将此作为长期发展战略。

此时的王建已经拉拢了不少文武人才，按照唐末"干戈起于骨肉，异类合为父子"的风气，他豢养了大量假子作为自己的心腹爪牙，据说总数达一百二十人，其中在史书上留下名字的便有四十多人。王建最初收养的假子多为自己的宗属、亲戚以及同为忠武军出身的许州老乡，随后渐渐扩展至立功的将士、降将。王建之所以大量收养假子，主要目的在于笼络人心，构建军中的基本骨干，正如赵翼所说："盖群雄角力时，部下多易去就，唯抚之为家人父子，则有名分以相维，恩义以相浃。久之，亦遂成骨肉之亲。以之守边御敌，较诸将帅，尤可信也。"

---

① 据《九国志》记载，王建夺取阆州后，以王宗瑶为先锋、十九都都头、左威猛都知兵马使。

四　鏖战西川

陈敬瑄见王建与顾彦朗亲厚，且骁勇善战，害怕两人合兵图谋西川，自己难以抵挡，于是与田令孜谋划如何保住西川。田令孜当场大拍胸脯，称王建是我的假子，过去做贼是因为不为杨守亮所容，但儿子断然不会与老子作对，我只要写一封信去，便可将其招入麾下。

田令孜在信中这样写道："中原多故，惟三蜀可以偷安，陈公恢廓无疑，同建大事，吾父子辅之，无不可也。"

王建收到田令孜的信后大喜过望，他知道进入西川的时机已到，但又害怕顾彦朗断其后路，于是立即赶往梓州求见顾彦朗，称："十军阿父见召，当往省之。因见陈太师（陈敬瑄当时已授检校太师），求一大州，若得之，私愿足矣！"表现出一副毫无野心的样子，又将家属都留在梓州，自己亲率精兵两千向西川进发，很快便来到成都的门户——鹿头关下。

鹿头关在今德阳市鹿头山上，南距成都仅一百五十里，为西川防守之要地，杜甫《鹿头山》一诗写道："连山西南断，俯见千里豁。"一旦越过鹿头山，前方便是一马平川，可以直下成都。当年刘辟起兵作乱，便在鹿头关屯兵据守；高崇文在此击败守军，一战奠定胜局；高仁厚讨伐杨师立时，杨师立亦是在此地派大将据守。此时，西川参谋李瑗见王建来到，连忙进谏陈敬瑄道："王建乃一头猛虎，他肯定不甘心居于公下！"陈敬瑄听后，连忙派人阻止王建前进，并在鹿头关加强守备。

王建见陈敬瑄拒其入关，大怒，率军破关而入，就此揭开了争夺西川之战的序幕。对陈敬瑄来说，王建虽然兵力不多，但部下都是转战千里挑选出来的百战精锐，号称"纪律精严，所向无敌"，是一个强大可怕的对手，《北梦琐言》一书中曾这样记载道：

伪蜀王先主起自利、阆，号亲骑军，皆拳勇之士，四百人分（此处脱四字）执紫旗。凡战阵，若前军将败，麾紫旗以副之，莫不（此处脱三字）靡，霆骇星散，未尝挫衄。此团将卒多达，或至节将，（此处脱四字）至散员，亦享官禄，以之定霸，皆资福人。

凭借这样强大的武力，王建大军进入西川后势如破竹，其麾下大将王宗侃先是在绵竹击败汉州刺史张顼，攻占了有"控成都之上游，为益州之内险"之称的汉州，随后又进军因当年蜀汉后主刘禅学习射箭而得名的学射山，于学射山东南方的蚕此镇再败西川将句惟立所部，并一鼓作气攻下了德阳城。陈敬瑄连忙派遣使节责怪王建擅自兴兵，并要求他立即退兵。王建这样回答："十军阿父召我前来，我到了门口却被拒之于门外，就此回去肯定被顾彦朗怀疑，我已无路可退。"于是继续进兵至成都城下。

此时的成都城为懿宗咸通年间高骈任西川节度使时扩建的，当时南诏入侵西川，周边百姓争入成都，原来的城池难以容纳如此多的人口，高骈遂下令拓展罗城，新城建成后方圆达二十五里，被取名为太玄城。

▲唐军

见王建率军来攻，田令孜登上成都南门的太玄楼，欲劝说王建退兵。王建见田令孜登楼，也带领诸将来到楼下的清远桥上。他命众人割下发髻，罗列而拜，哭道："从今以后再无退路，就此辞别阿父做贼去了！"以示不忘田令孜当年提携之恩。此时，东川节度使顾彦朗见复仇机会来到，便任命弟弟顾彦晖为汉州刺史，发兵相助王建，两军合力急攻成都，陈敬瑄拼死抵御，王建见成都一时无法攻克，于是还屯汉州。

陈敬瑄连忙向朝廷求救，此时停留在凤翔的僖宗连忙派出使节劝慰双方和解，实则偏袒陈敬瑄；新任凤翔节度使李茂贞也写信给王建，希望其罢兵休战。但王建怎肯放弃收取西川之良机，对朝廷及李茂贞的劝说"皆不从"。

王建攻成都不下，于是转掠西川诸州，西川十二州皆受其害。田令孜于是转而向故将杨晟求助。杨晟原为凤翔军人，节度使李昌符畏惧他的骁勇，准备杀害他，李昌符的小妾周氏爱其才能和勇武，怜其无辜，便暗地里向他通风报信，他得以逃出生天。离开凤翔后，杨晟转投神策军，以战功逐步升转。朱玫、李昌符作乱时，他被田令孜任命为感义军节度使，受命守大散关，以扼追兵。其后，杨晟被叛军打败，他率兵西走，占据文、成、龙、茂等州。李昌符失败被杀后，他想方设法将周氏接来，以义母事之，每天早上都要专门请安，从未落下过一天。杨晟为人仁厚念旧，他在接到田令孜的求救信后，立刻率兵间道入蜀，进驻彭州。田令孜为酬谢他出兵相助，便假借天子名义，授予他威戎军节度使一职。杨晟到彭州上任后，"抚绥士民，延敬宾客，泊僧道辈各得其所。厚于礼敬，人甚怀之"。

光启四年（公元888年）二月，僖宗在凤翔停留期间患了重病，自知时日无多的天子回顾一生，悔恨交加，他不愿死在凤翔，便强撑病体起驾回到了长安，又下诏改元"文德"。三月癸卯，僖宗崩于灵符殿，年仅二十七岁，其弟寿王李杰被掌握禁军兵权的十军观军容使杨复恭拥立为帝，李杰即位后，先改名李敏，后又改名李晔，是为唐昭宗。

昭宗对当年斜谷道中田令孜的一鞭子虽然当时没说什么，但心中深自衔恨，朝廷对西川战事的态度很快因此发生转变。王建作为当年扈从天子的近臣，自然清楚那件事，他敏锐察觉到了朝廷即将发生的变化，准备借助新天子对田令孜的怨恨来为自己夺取西川的野心服务。一天，他对谋士周庠说道："吾在军中久，观用兵者不倚天子之重，则众心易离。不若疏敬瑄之罪，表请朝廷，命大臣为帅而佐之，则功庶可成。"随后便让周庠草拟表文，请讨陈敬瑄以赎罪，同时请求朝廷将"城堑完固，食支数年"的邛州交予他统治。与此同时，顾彦朗也上表朝廷，希望朝廷能够赦免王建擅动干戈之罪，将陈敬瑄移至他镇，以靖两川。

昭宗收到顾彦朗、王建两人的上表后，很快便下诏任命韦昭度兼中书令，充西川节度使兼西川招抚制置等使；同时，征陈敬瑄入朝为龙武统军。此时，被陈敬瑄打压已久的西川各地土豪也闻风而动，绵竹土豪何义阳、安仁土豪费师慭等人纷纷率众投靠王建，并为王建提供资粮，这些土豪拥有的乡军少的有上千人，多的有上万人，王建得到他们的支持后势力大增。

陈敬瑄知道自己一旦受代入朝，外无强援，内有政敌，必不能生还。当朝廷使节来到成都时，陈敬瑄指使百姓拦在朝廷使者面前：一边用刀割开耳朵，诉说陈敬瑄治蜀的功绩，一边道陈敬瑄有铁券，应当免死。同时，他整顿武备、扩充军队、修缮城池，准备对抗朝廷的征伐。通过大肆扩充军力，西川军队很快扩充至十几万人。文德元年（公元888年）七月，韦昭度来到成都，陈列旌节于城下，想要进城接任节度使，但陈敬瑄关上城门，拒不受代。韦昭度命左右向城中喊话："新使在此，为何闭门？"陈敬瑄则命将士回道："铁券具在，宁可违先帝命乎？"韦昭度只得徘徊城外，同时向朝廷告急。

十二月，韦昭度终于等来了讨伐陈敬瑄的朝廷诏书，诏书削夺了陈敬瑄的一切官职，任命韦昭度为行营招讨使，山南西道节度使杨守亮副之，东川节度使顾彦朗为行军司马；同时从西川辖下割邛、蜀、黎、雅四州置永平军，以王建为节度使，治邛州，充行营诸军都指挥使。不过，此时的邛、蜀、黎、雅等州尚在陈敬瑄手中，需王建自己攻取，但王建得到讨伐逆臣的大义名分，已经足矣。

王建成为讨伐军的主将后，原本"随驾五都"中的晋晖、张造、李师泰等人也率所部将士前来会合，他们当年因田令孜党羽的身份被贬至西南偏远州郡，本以为将就此终老一生，此时见有大好良机，无不奋勇当先。得到这些忠武锐卒的支援后，王建如虎添翼。

"成都之险，不在近郊，而在四境之外也。"王建首先将进攻目标定为彭州，彭州位于成都西北、岷江出山处，其下有蚕崖关扼守着西边九陇山的进出要道，夺取该地，便能切断西川驻扎于西山一带的精锐边军入援。对陈敬瑄来说，彭州不容有失，除杨晟率部驻守外，他又派遣大将山行章率兵五万至新繁，修建壁垒，与彭州成掎角之势。山行章先攻广汉，欲围魏救赵，解彭州之围，东川大将郑君雄兵败阵亡，顾彦朗急召合州刺史韦君靖援救。韦君靖果然不负所望，大败山行章，迫使其撤围。龙纪元年（公元889年）正月，王建又率兵急攻山行章壁垒，大破之，"虏获万余人，横尸四十里"。杨晟大惧，放弃彭州，徙屯三交，山行章则收拢残部屯守濛阳，陈敬瑄见其出战失利，再次发兵七万增援。两军相持不下近一年，打得异常艰苦。其间，王建数次被山行章困住，幸赖麾下骁将张勋等人死战才挽回败势。

龙纪元年（公元889年）十二月，王建在广都之战中终于击破山行章所部及西川骑将宋行能所部，宋行能逃回成都，山行章则退守眉州，后来他见大势已去，遂以眉州城出降。山行章败降后，西川战局对陈敬瑄开始不利。不过，王

▲ 王建永陵出土的鎏金铜铺首

建并不信任降将山行章，数年后便以他与黎族、雅族勾结为由，将他处死。

大顺元年（公元890年）正月，王建再攻西川另一重镇邛州，此地为西川南面门户，朝廷曾在此置定边节度使。邛州若失，则川南诸州与成都之间的联系将会断绝。陈敬瑄急命大将杨儒率兵三千进入邛州，帮助刺史毛湘守城。毛湘为田令孜的亲吏，虽然对主子忠心不二，但将兵才能令人担忧，屡次出战均败退而回。一日，杨儒登上城楼，见城外俱是王建兵马，长叹道："唐祚尽矣！王公治众，严而不残，殆可以庇民乎！"随后便率所部出降。王建将他收为假子，改名王宗儒。

王建见邛州之围已成，便留永平节度判官张琳为邛南招安使，命其招降川南诸州，自己率主力离开邛州，回到成都城下。张琳也是王建的许州老乡，为人"操持劲直，才术纵横"，曾任眉州刺史等职，后投奔王建。在眉州任上，他主持疏通扩建水利工程通济堰，灌溉田地一万五千顷，民间感其恩德，作歌曰："前有章仇①后张公，疏决水利秔稻丰。南阳杜诗②不可同，何不用之代天公。"

陈敬瑄当时分兵据守成都城外诸县，并下令从每户人家征发一名男丁。这些被征发的民众昼夜无休，白天需要挖掘战壕、采集竹木、运送砖石，夜间则登上城楼敲着梆子巡夜，以警戒王建大军夜袭，可以说是苦不堪命。一日，陈敬瑄派遣数名骁骑出城直抵七里桥，欲侦察王建大军虚实，王建麾下有"武子路"之称的勇将王宗鈇见城门打开，跃马而上，欲趁机夺取关子门，西川骁将宋行能见此情形，也策马持槊来战，在两人交会的刹那，王宗鈇在躲过宋行能马槊刺击后，假装中槊要坠马的样子，随后乘宋行能不备突然跃起夺过宋行能的马槊，持槊反刺，宋行能卟出一身冷汗，掉转马头赶紧逃跑。王宗鈇一路追赶至城下，见宋行能躲入城中才回转。

四月，陈敬瑄再次向邛州派出援军，此次援军主将为蜀州刺史任从海。王建部下大将李简认为"贼轻而骄，正可用奇，不劳与战"，遂将麾下三千步骑分作两翼，埋伏在河村一带，当任从海所部两万人行至河村时，突然伏兵四起，任从海大败而归，光被俘的披甲骑马之士便有数千。任从海战败后，害怕陈敬瑄追究其轻敌责任，便想献出蜀州投降王建，结果谋划不密，被陈敬瑄发现后处死。

---

① 指章仇兼琼，他在剑南节度使任上曾疏通扩建通济堰一百二十里，灌溉田地四千六百顷。
② 东汉初期南阳太守，水利专家，在任上主持修建水利工程，使郡内富庶，有"杜母"之称。

五月，茂州刺史李继昌尽起西山边军精锐援救成都，又大败于彭州城外的蚕崖关下，李继昌战死。至此，西川兵马精锐损失殆尽，再也无力出战。伴随着战场上的屡次大败，陈敬瑄西川管内诸州也开始呈土崩瓦解之势，先是简州大将杜有迁绑了该州刺史员虔嵩降于王建，嘉州刺史朱实也举州投降，戎州刺史谢承恩则被当地土豪文武坚率人拿下，戎州落入王建之手，文武坚此人善舞剑器，有"文大剑"的称号，后来他被王建收为假子，改名王宗阮。不久后，资简都制置应援使谢从本杀雅州刺史张承简，举城向王建投降。

当年九月，失去救援的邛州已经成为一座孤城，刺史毛湘见救兵不至，且城中粮草已尽，他虽欲报答田令孜知遇之恩，但不愿全城百姓为他陪葬，于是对部下都知兵马使任可知说道："吾不忍负田军容，吏民何罪！尔可持吾头归王建。"任可知于是在斩杀毛湘及其两个儿子后出降。王建见攻下邛州，于是亲持永平节度使的旌节进入邛州，正式就任永平节度使，随后以节度判官张琳知留后，命其"缮完城隍，抚安夷獠，经营蜀、雅"。十月，蜀州守将李行周也赶走了刺史徐公鈇，举城降于王建。至此，除陵、荣二州外，王建已经控制了西川大部。

成都作为蜀锦的产地，因濯锦者沿江不绝，致使江水五光十色，艳丽似锦，故有锦城之美誉，同时，这座城市也是芙蓉花开似锦之地，有"晓看红湿处，花重锦官城"之瑰丽景色。大诗人李白曾这样赞美这座城市："九天开出一成都，万户千门入画图。草树云山如锦绣，秦川得及此间无。"但此时的成都城却是"风昏昼色飞斜雨，冤骨千堆髑髅语"，一片人间地狱景象，原先积储的粮食已经吃光，即使有人贩米入城，也是杯水车薪，新麦一斗要卖至两千金，到处都是饿殍和被丢弃的婴儿。在饥饿面前，礼义廉耻已经不复存在，为了争夺一口粮食，人们纷纷恃强凌弱，杀人劫粮之事时有发生，官府大开杀戒，以斩首威慑，但对濒临饿死的人来说，斩首或许还是解脱。官府为恢复秩序，断腰、斜劈等酷刑都用上了，但还是无法制止行凶之事。城中许多人想出城投降，但被陈敬瑄抓住，都会遭受残酷狠毒的灭族之祸。

此时，王建已得到蜀地豪强的支持，这些豪强将王建视作安定蜀中的希望，他们不但纷纷出仕王建幕府，还给予大量人力、物力、财力支持，其中"赀产巨亿，以富雄于乡"著称的大豪强邓元明在王建大军"军食不继"时，不时为其提供军需物资，前后加起来有好几百万缗。

城外的王建看着城内一天天上演的惨剧，内心却是踌躇满志，他知道自己成

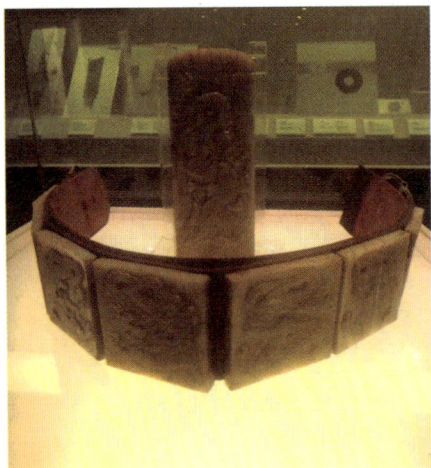
▲ 前蜀高祖王建的玉大带

为成都主宰的日子即将来到，但朝廷于大顺二年（公元891年）三月所下发的一封诏书却让他措手不及，诏书内容为："制复敬瑄官爵，令顾彦朗、王建各率众归镇。"

当时锐意兴复的昭宗在河东遇到了巨大的挫折，年轻的天子急于求成，想要迅速恢复朝廷的威严，于是听从"学纵横术，以捭阖干时"的宰相张濬的建议，募兵十万人，准备"强兵以服天下"，矛头首先指向了河东节度使李克用。朱全忠也屡次上表，请求朝廷下诏讨伐李克用，昭宗命众人商议，朝廷大臣中以为不可者十之六七，但张濬却道："先帝再幸山南，沙陀所为也。臣常虑其与河朔相表里，致朝廷不能制。今两河藩镇共请讨之，此千载一时。但乞陛下付臣兵柄，旬月可平。失今不取，后悔无及。"昭宗遂决意讨伐。大顺元年（公元890年）五月，朝廷下诏削夺李克用官爵、属籍，任命张濬为河东行营都招讨制置宜慰使，调集禁军及诸道兵十余万讨伐。结果十一月，讨伐军便被李克用击败，损失惨重。讨伐河东的战事失利后，朝廷好不容易积攒起来的一点实力就这样没了，昭宗迫于李克用压力，只得罢免张濬等人。

张濬可以说是投机取巧、志大才疏的典型。黄巢攻陷长安时他还是白身，未有功名，当时僖宗一行人仓促逃亡西川，"百官未集，阙人掌诰"，他走通了宦官杨复恭的门路，得以从平民直接提拔为起居郎。一日，神策中尉宴请宰相，张濬也在受邀之列，他这时走的是清流路线，"耻于对众设拜"，但又害怕杨复恭迁怒于他，便偷偷提前拜见杨复恭，先行表示感谢，杨复恭是何等精明，一眼就瞧破了他的那点小心机。等到宰相们都入席后，杨复恭突然揭露张濬："某与起居，清浊异流，曾蒙中外。既虑玷辱，何惮改更！近日猥地谢酒，既又不可。"出了这件事后，众人都十分看不起张濬为人。张濬得志后，有一次在万寿寺摆下酒宴，邀请百官前来赏看牡丹花，不料天公不作美，宴会刚刚开始便下起了大雨，一直到黄昏还没停，张濬依旧欢宴不止。他找来助兴的伶人中有个叫张隐的，虽操贱业，但忧心国事，他见朝廷日渐衰微，宰相百官却耽于享乐，实在是不像话，便突然

▲夜宴图

从行列中跃出，扬声唱道："位乖燮理致伤残，四面墙匡不忍看。正是花时堪下泪，相公何必更追欢。"唱完后扬长而去。张濬等人全都愣在那里，相顾失色，没多久便都散去了。

此时西川的战事已持续将近三年，漫长的战争消耗了朝廷大量财物，朝中要求退兵的呼声也越来越高，昭宗考虑到陈敬瑄虽然公开庇护田令孜，但过去从未拖欠过贡赋，如果现在罢兵，不仅可以节省大量粮饷，而且来自西川的贡赋也可解朝廷燃眉之急，便有了下诏罢兵之举。但对王建来说，现在罢兵无疑是弃垂成之功，他问策于谋士周庠，周庠献上一策：想办法让韦昭度回长安，然后王建独自攻打成都，独霸西川。王建听后依计行事，先是上表称："陈敬瑄、田令孜罪不可赦，愿毕命以图成功。"随后又欺骗韦昭度说："今关东藩镇互相吞噬，此腹心之疾也，相公宜早归庙堂，与天子谋之。敬瑄，疥癣耳，当以日月制之，责建，可办也！"韦昭度听后犹豫不决，王建又暗地里唆使麾下将士在行营门前吵闹，称韦昭度的亲吏骆保、苍头保禄两人盗卖军粮，不等韦昭度做出反应，兵士们便一拥而上，当着韦昭度的面将骆保、保禄两人杀死。

进士出身、"践历华近"的韦昭度哪见过这等情形，他害怕"髡发黥面若鬼"的王建部下接下来便要做出对自己不利的举动，当晚便称自己年衰风恙，无法视事，将印绶、旌节交给了王建，即日便启程向长安逃去。离别时，王建做出一副依依不舍的样子，将韦昭度送至新都，还跪倒在其马前敬酒，又装出一副伤心哭泣的样子。但韦昭度一出剑门关，王建便立刻派兵据守关门，隔绝了朝廷与剑南之间的联系。剑门关连山绝险，两旁壁立千仞，森若戈戟，金牛道穿行其中，自古为

▲ 剑阁

蜀之锁钥，有"蜀之所恃，惟在剑阁"的说法，西晋末年，流民领袖李特就食巴蜀，路过此地时便叹息道："刘禅有如此地，面缚于人，岂非庸才耶！"王建虽无逐鹿天下的雄才大略，但也不是"面缚于人"之辈，逼走韦昭度后，他下定决心要在西川这块土地上大展一番拳脚。

王建很快收编了韦昭度留下的兵马，紧接着急攻成都。他先是下令部下环绕成都修筑工事，五十里内都布满了烽火、战壕，防止城内人马突围而出，随后又出兵占据了新都城，断绝了杨晟与成都之间的联系。陈敬瑄屡次出战想要打破封锁线，但均被王建击败。待陈敬瑄勉强支撑至七月，成都城内已是兵疲食尽、上下离心，城破只在旦夕之间。一日，陈敬瑄出外慰劳麾下士卒，希望能够提升他们的士气，但将士们均沉默不语，无人响应。田令孜见大势已去，只得走上城头，不再以王建义父自居，而是自称老夫，尊称王建为八哥，他哀求道："老夫与八哥相厚，太师久以知闻，有何嫌恨，如是困我之甚耶！"王建假惺惺道："军容父子之恩，心何敢忘，但天子付以兵柄，太师孤绝朝廷故也。苟太师悉心改图，何福如之！"

当天晚上，田令孜见无力回天，与陈敬瑄商量后，自携西川节度使印绶、旌节来到王建军营,将印绶、旌节交予王建,并约定即日出降。为防止投降之事有反复,王建也是做足姿态,他对着田令孜泪流满面:"请复为父子如初。"陈敬瑄即将投降的消息传开后,王建军中将士欣喜万分,均高呼万岁,一是欢呼战事即将结束,二则认为自己可以洗劫成都这座繁荣都市,过一把抢钱、抢女人的瘾。围城的时候,王建为保持军中士气,常对部下说:"西川号为锦花城。一旦收克,玉帛子女恣我儿辈快活也。"此时成都即将开城,将士们不免开始憧憬着破城后可以施展的快活手段。

次日,陈敬瑄正式出降,向王建交出了统治十余年的成都城。王建在四十四岁这年终于成为西川之主。既然成都已在手中,王建便开始以西川主人身份考虑问题,成都市坊素称繁华,为西南地区的贸易中心,如果放任手下将士劫掠,损失的无疑是自己的利益,因此入城后约束将士成为当务之急,他反复考虑,决定将这一任务交由张勍。他任命张勍为马步斩斫使,负责维持军纪。

张勍是许州长葛人,自小便投入忠武军,以勇敢著称,后随王建转战四方,屡建战功。王建与西川大将山行章在彭州相持时,战场上屡次为山行章所困,幸赖张勍勇武,屡屡在危急时刻策马持枪冲入敌阵,连杀敌军十余人,迫使敌军退却,王建这才脱困。

众将士见成都城门大开,均摩拳擦掌,准备尽情掳掠一番,才不枉这几年来的征战之苦,但进城后却发现张勍早已在城中等候。王建这时对众将士说道:"我与尔累年战斗,出生入死,来日便是我一家也。入城之后但管富贵,即不得恣横。我适来差张勍作马步斩斫使,责办于渠。汝辈不得辄犯,若把到我面前,足可矜恕,或被当下斩却,非我能救。"不过,虽然立下禁令,但还是有不少人犯禁劫掠,张勍先后抓获百余人,他痛下杀手,犯禁军士被铁鞭捶胸,当场被打杀,尸体则被丢弃在市场上,被处死的人的尸体一个挨一个堆在一起,成都内外的秩序一下子便恢复了。

王建随后自称西川留后,陈敬瑄属下将佐中有才干者,他全都以礼相待,人尽其用。对田令孜,王建表面上十分优待,复用他为西川监军,陈敬瑄则先被安置在雅州,后又被迁至新津县居住,以一县租赋赡之。

十月,朝廷不得不承认既成事实,正式任命王建为检校司徒、成都尹,剑南西川节度副大使、知节度事,管内观察处置、云南八国招抚等使。王建得到朝廷的正式任命后,自觉地位稳固,便屡请朝廷下诏处死田令孜、陈敬瑄两人。但此时朝廷已认清王建的真实面目，屡次驳回此要求，王建干脆撇开朝廷，先派人杀死陈敬瑄，后又以田令孜勾结李茂贞、阴谋作乱为由将其下狱。权倾一时，号称有"回天之力"的大宦官田令孜最后饿死在狱中，时为昭宗景福二年（公元893年）四月。诛杀两人后，王建找来节度判官冯涓起草表文上奏朝廷加以解释，冯涓"所著文章，迥超群品，诸儒称之为大手笔矣"，不多时便洋洋洒洒写下一篇，其中道："开匣出虎，孔宣父不责他人；当路斩蛇，孙叔敖盖非利己。专杀不行于阃外，先机恐失于彀中。"意思是自己先斩后奏完全是为了维护朝廷尊严。

五 吞并东川

王建与陈敬瑄对战时，威戎节度使杨晟仍然坚守彭州，陈敬瑄败亡后，彭州已成孤立之势，他只得向山南西道节度使杨守亮求救。杨守亮也是王建的故人，他本名訾亮，外号"南山一丈黑"，黄巢攻入长安后，他救下了许多朝廷官员，帮助他们逃至成都行在，凡是因躲避黄巢而来投靠他的，他都能妥善安排，因此很多人都感激他。后来，他被忠武八都的缔造者杨复光收为假子，遂改名杨守亮。杨复光死后，杨守亮进了神策新军担任扈跸都将，在讨伐朱玫的战事中被任命为金商节度、京畿制置使，正式成为一镇节度使。僖宗光启三年（公元887年），杨守亮转任山南西道节度使，成为时任利州刺史的王建的上司。在讨伐陈敬瑄的战事中，杨守亮又被任命为行营招讨副使。

此时，唐昭宗已与大宦官杨复恭闹翻，杨复恭以退为进，自请致仕，交出了六军十二卫观军容使、左神策军中尉的职务。昭宗紧逼不放，紧接着便称杨复恭图谋不轨，企图谋反，下诏讨伐杨复恭及党羽，迫使其出逃山南。杨复恭逃到杨守亮所在的兴元后，杨守亮与龙剑节度使杨守贞、武定节度使杨守忠、绵州刺史杨守厚等人共同起兵，抗拒朝廷。杨守亮收到杨晟的求救后，认为这是进入西川、东川的大好时机，一旦收得全蜀，便有资格与朝廷讨价还价。他立即派大兵分两路进入蜀中，一路援救杨晟，一路进攻东川节度使治所梓州。

东川节度使顾彦朗已于大顺元年（公元890年）七月病死任上，部下拥立了他的弟弟顾彦晖为留后。十二月，朝廷正式任命顾彦晖为东川节度使，派遣使节送来旌节，但使者行至半路，旌节被绵州刺史杨守厚派人夺走。杨守厚夺取旌节后，紧接着便率军来攻取梓州，顾彦晖连忙向王建求救。王建遂命华洪、李简、王宗侃、王宗弼等人率军去救东川。在梓州城下，王宗侃一鼓作气，连破杨守厚七座城砦，杨守厚见机不妙，连忙逃回绵州。顾彦晖见敌军已退，遂大开库藏，犒赏援军，华洪等人随后也在行营中大摆筵席，邀请顾彦晖等人前来赴宴。

顾彦晖在赴宴途中，被匆忙赶来的王宗弼拦了下来，原来王建在诸将出师前曾暗授机宜："尔等破贼，彦晖必犒师，汝曹于行营报宴，因而执之，无烦再举。"准备趁机夺取东川。王宗弼之所以通风报信，是为了报答顾彦朗当年的恩情，他本名魏宏夫，许州人，同样出身忠武军，王建在夺取阆州后将他收为假子，赐名王宗

▲ 彩绘陶人骑骆驼俑

弼，补义勇都十将。当年他率部随同王建出征果州时，半路上被顾彦朗俘获，顾彦朗为人宽厚，见是故人，"笑而释之"。王宗弼感其恩德，这才赶来报信。顾彦晖听后惊出一身冷汗，便托词突然患病，不能赴宴。王建此计虽然未能得逞，但他"图彦晖之心愈益迫矣"。后来，王宗弼在一次战斗中被东川军所俘，顾彦晖干脆将他留在东川，并收为假子，让他改名顾琛。

景福元年（公元892年）二月，不甘困守孤城的杨晟出兵掠新繁、汉州两地，又命部将吕尧率兵两千与绵州刺史杨守厚会合，联兵共同攻打梓州。王建则以行营都指挥使李简为将，命其率兵去救，李简在半路逆击吕尧所部，阵斩吕尧。随后王建又派遣王宗裕、王宗侃、华洪、王宗瑶等大将率兵五万攻打彭州，杨晟出城迎战，大败而还，只得笼城自守。杨守亮为救援杨晟，命大将符昭径趋成都，扎营于三学山上。此时成都城防空虚，王建急召华洪回军救援。华洪率所部星夜疾驰，当他赶至三学山下时，身边仅有数百人跟随，其余都被落在身后。但他不等后军集结，直接率这数百人抵进符昭军营，并命部下乘着夜色击鼓鸣噪，符昭以为王建援军大至，不敢迎战，于是引兵宵遁。

杨守亮又派遣养子左神策勇胜三都都指挥使杨子实、杨子迁、杨子钊三人自渠州出兵救杨晟。此时，李茂贞已被朝廷任命为山南西道招讨使，讨伐诸杨的战事已经开始，杨子实等人见杨守亮腹背受敌仍然两面出击，必败无疑，行至中途突然易帜，率两万人向王建投降。杨晟再次写信向杨守贞、杨守忠、杨守厚等人求救，希望诸杨能够出兵再攻东川以解彭州之围。为此，杨守贞精心策划了夺取梓州的计划：先由杨守厚出面策反戍守梓州的神策督将窦行实，约为内应；然后由杨守厚率军直取梓州，杨守贞、杨守厚两人则率军策应，负责清除援军。但当杨守厚行至涪城时，顾彦晖发现了窦行实勾结外敌的行为，立即将其捕杀，杨守厚见事情败露，只得引军遁去。杨守贞、杨守忠两部在失去杨守厚的配合后，不敢前进，盘桓于绵州、剑州之间。王建得以从容布置诸将出击，分别击败杨守忠、杨守厚等部，斩获七千余人，降一万五千人，杨守忠、杨守厚只得带领残兵败将退去。

杨守贞等人败走后，彭州被围得水泄不通，王建见一时难以攻下，故技重施，下令在四面均设立城寨，以做长围之策。围城大军先是割取附近农民种下的麦子为食，两个多月后，麦子吃尽，兵士们遂以求食为名进山掳掠。当时彭州城外的百姓为躲避劫掠，都拖家带口、收拾东西逃窜隐匿在周边的山谷中，王建所立诸寨每天都派出六七百人入山劫掠，"夺其资财，驱其畜产，分其老弱妇女以为奴婢"，称为"淘虏"，诸将都习以为常，凡是抢劫来的财物，先由将领们挑选，剩下的才能轮到士卒瓜分。

军士王先成见此情景忧心忡忡，他原是新津县的书生，因世道变乱不得已才投入军中，他不像一般武夫那样以破坏杀戮为荣，而是想要做一番事业，使百姓安居乐业。他环视诸将，看到的多为残暴无远见之人，只有北寨的王宗侃比较贤能，可以说上话。他求见王宗侃，劝说道："彭州本来就是西川的巡属，陈敬瑄、田令孜现在已被讨平，百姓都知道西川之主乃王司徒，所以见到大军前来并未躲入彭州城中，而是逃到山谷中等待招安，可是现在不但没有招安百姓，反而肆行劫掠，这是逼百姓投向杨晟。"

王宗侃听后心中恻然，不知不觉间将所坐胡床移至王先成跟前。王先成继续说道："现在诸寨每天入山淘虏，毫无守备，幸亏彭州城中无人，如果有智者为杨晟出谋划策，先在门内埋伏精兵千人，等看到寨中淘虏的将士远去，派出弓弩手、炮手攻打城寨的一面，用火力压制寨中，再派人抢至寨下用柴草、泥土填平壕沟，随后由门内埋伏的精兵发起进攻，待攻至寨下便一齐放火，同时彭州城其余三面也各自派出一路兵马佯攻以牵制其余诸寨，诸寨肯定各自守备，无暇相救，此时城中再发兵大举进攻，我军必定失败。"王宗侃认为王先成所言极是，但自己仅负责北面一寨，无法统揽全局，有必要向王建报告后施行，便请王先成列出条理，王先成趁机提出七条建议：

其一，请下令招安山中百姓。

其二，禁止诸寨军士及子弟淘虏，诸寨附近七里内听百姓樵牧，敢越表者斩。

其三，下令置招安寨以容纳招安的百姓，同时由王宗侃精选部下中为人谨慎的将校为招安将，带领三十人昼夜执兵巡卫。

其四，招安之事由王宗侃专掌。

其五，勒令四寨指挥使将过去俘虏的彭州男女老幼集于营场，有父子、兄弟、夫妇自己相认的，即使相从，也要牒其人数，全部送往招安寨，有敢私匿一人者斩；府中诸营同时也要下令严索，过去自军前送来的，也要量给资粮，全部送归招安寨。

其六，置九陇行县（彭州治所为九陇县，当时彭州未下，故置行县）于招安寨中，以前南郑令王丕摄县令，设置曹局，抚理百姓，挑选其中精壮的男子持官方文书入山招其亲戚。

其七，彭州土地宜麻，百姓未入山时多沤藏者，令其各归田里，卖掉所沤之麻，以为资粮。

王建看到这七条建议后，感到切中时弊，下令军中立即实行。榜贴至处，威令赫然，无敢犯者。到第三天时，躲在山中的百姓纷纷来到招安寨，一时间人头攒动，如同市场，原先的招安寨难以容纳，只得扩建；随后又在寨中设立市场，百姓们将麻卖掉后，有了资本，又见村落避免了劫掠之患，纷纷辞去，恢复故业。一个月后招安寨中便空无一人。

招安彭州城外百姓后，彭州更为孤立，但杨晟仍据守不降。王建下令继续设长围，意图困死杨晟。至乾宁元年（公元894年）五月，彭州已被围困三年，最初米价每斗五千，次年价格升至一万，到第三年时有钱也难以买到粮食，以至于人相食。彭州内外都指挥使赵章见大势已去，首先出降，其余将士中出降的也络绎不绝，但杨晟依旧坚守城池，挫败了王建多次进攻。此时王先成再次献上计策，请筑龙尾道①连到彭州城的女墙，然后再派兵攀缘而上，直薄城上。王建依计行事，动用大量民夫，很快

▲ 前蜀高祖王建谥宝

----

① 一种高台建筑，其道前高后卑，下塌于地，逶迤屈曲，宛如龙尾下垂，故谓之龙尾道。

便将龙尾道修成。只听一声令下，先锋们借着龙尾道很快登上了城墙，杨晟登上城头，率将士力战，最终力竭，被王建部将刀子都虞侯王茂权斩杀，彭州遂破。彭州马步使安师建被俘，王建知其忠勇刚烈，欲将他招揽为部将，安师建不愿投降，一心求死，他对王建道："师建誓与杨司徒同生死，不忍复戴日月，惟速死为惠。"王建只得下令将其处死，后以礼下葬。赵章、王茂权则被王建收为假子，分别更名为王宗勉、王宗训。

夺取西川的全部土地后，王建将下一步吞噬的目标指向了东川。东川原本亦属于剑南节度，最初分立于肃宗年间，代宗广德二年（公元 764 年），严武出镇西川时，为配合对吐蕃的战事，东川又一度与西川合并，直至大历年间才正式分立。东川节度使最初辖有绵、剑、梓、遂、渝、合、龙、普八州，宪宗年间，西川节度使刘辟起兵作乱，朝廷认为东川势力弱小，难以起到牵制西川的作用，便在平定刘辟之乱后再次分割西川，将西川所管资、简、陵、荣、昌、泸六州改隶东川。元和四年（公元 809 年），时任西川节度使的武元衡以东川所辖跨制太远为由，呈请朝廷收回了资、简二州。东川户口约占剑南道的三分之一，分立后极大削弱了西川的实力，使得西川赋税所出只能依靠成都、蜀、汉、彭等地。

盐是重要的战略物资，盐利是重要的赋税来源，当时剑南地区的盐井也是东川居多，据记载，当时西川所属的盐井只在邛、眉、嘉三州，总共不过十五口，而东川的梓、遂、绵、合、昌、渝、泸、资、荣、陵、简等州则有盐井四百六十口，历年东川的盐利数倍于西川，如果拿下东川，所获的盐利便可极大扩充王建实力。同时，进出蜀地的金牛道也在东川境内，如果控制不了东川，外敌便可以从金牛道进入蜀中。因此，王建对东川可以说是势在必得，只有拿下东川，他方能实现割据。

顾彦朗、顾彦晖兄弟相继镇守东川已有多年。顾氏兄弟是丰州人，早年均在天德军使蔡京麾下当小校，负责官邸所需各项杂物的采购，后来蔡京认为两兄弟都有封侯之相，便超迁他们的职级，任命他们为军中大将，还嘱咐他们"善自保爱，他年愿以子孙相依"。黄巢攻入长安后，顾彦朗率天德军入援，在收复长安的战事中立下功劳，累官至右卫大将军；光启三年（公元 887 年），顾彦朗出镇东川，成为一方诸侯。

顾彦朗与王建关系密切，当年曾在讨伐黄巢的战事中并肩作战，后来又成了连襟，同时，他与陈敬瑄结有仇怨，在王建夺取西川的过程中，他出兵出力，多有支持。但顾彦朗在王建夺取西川一个月后便病死了，部下拥立他的弟弟顾彦晖为东川留后，两镇之间"交好愈疏"。顾彦晖虽是军中小校出身，但"详缓有儒者风"，发达后更是沾染上了名士做派，"酷好洁净，尝嫌人臭，左右薰香而备给使"；他任用的幕僚也都是朝廷中达官显贵的子弟，这些幕僚不但没有才华，为人也十分轻浮。韦昭度节度西川时，顾彦晖作为东川军的代表出任招讨副使，每天都要带领幕僚拜谒韦昭度，这些幕僚见王建的部下髡发黥面、容貌丑陋，与韦昭度等人相比"如一部鬼神"，颇为看不起这些厮杀汉，甚至经常鄙夷嗤笑王建等人。顾彦晖对王建也十分傲慢无理，甚至连韦昭度有时也对顾彦晖等人的无理举动看不下去。王建当时虽然表现得十分豁达，一笑了之，实际上却记恨在心，只待他日报复。

顾彦晖的下属中唯有蔡叔向比较有才干，此人是顾氏兄弟恩主蔡京的儿子，顾彦朗出镇东川后，蔡叔向兄弟见世道已乱，蜀中相对安静，便前往投靠，顾彦朗为报答蔡京拔擢之恩，任命蔡叔向为节度副使，军中重要事务都会听取他的意见。由于蔡叔向在东川的地位重要，乃是顾氏兄弟的股肱心腹，和顾彦晖偏爱的那些只会吃喝玩乐的贵族子弟完全不一样，王建对他颇为忌惮。后来，王建看出顾彦朗虽然表面上尊崇蔡叔向，暗地里却嫌其掣肘太多，心中不满，便使了一招离间计，他命人散布流言："拈却蔡中丞，看尔得否。"意思是没有蔡叔向，顾彦晖将一事无成。蔡叔向为避嫌，只好辞职回家闲居。王建见自己计谋得逞，诸杨势力也在自己及李茂贞等人的打击下日渐走向末路，便开始筹划起吞并东川的计划。

景福元年（公元892年）下半年，王建突然指责东川"境上关赋相稽诟"，不等顾彦晖解释，便出兵发起了对东川的进攻。其实，所谓"关赋相稽诟"不过是随意寻找的借口，东、西两川分立后，两镇军民发生了颇多摩擦，都看不起对方，"蜀东、西川之人常互相轻薄"。西川人言："梓州者乃我东门之草市也，岂得与我为耦哉！"凤翔节度使李茂贞控制山南后，此时也想染指蜀中，既为扩张自身势力，更是为安定后方。在李茂贞眼里，王建军力强大且野心勃勃，相对弱小、能力不强的顾彦晖无疑是拉拢的极佳对象。他得知顾彦晖与王建有隙的消息后，"欲抚之使从己"，立即上奏朝廷，使朝廷正式下诏任命顾彦晖为东川节度使，同时还派出了援军，以其假子知兴元府事李继密为将去救梓州。但不久后，王建便在利州大破东川、凤翔两镇联军，顾彦晖迫于压力向王建求和，还表示从此以后与李茂贞一刀两断。王建考虑到李茂贞虽在利州失利，但不过是小挫，其军事实力依然强大，如逼迫顾彦晖太甚，东川再次求救于凤翔，李茂贞必定全力南下，西川未必有取胜把握，便同意了顾彦晖的请和。乾宁元年（公元894年）七月，为麻痹顾彦晖，王建与其结成亲家，双方共修秦晋之好。

不久后，绵州刺史杨守厚病死，部将常再荣举城降于王建，王建从而控制了这座占据涪江上游的重镇，进一步巩固了成都的安全。同时，他下令在管内诸州征收杂税以备军需，他规定：绫每匹缴税一百文、绢每匹缴纳七十文、布一匹四十文、猪每头一百文。他还在文、黎、维、茂等州开设马市，向吐蕃购买马匹，进一步壮大了西川的骑兵实力。

乾宁二年（公元 895 年）五月，凤翔节度使李茂贞、静难节度使王行瑜、镇国节度使韩建三镇联兵犯阙，关中大乱，昭宗仓皇出奔逃至石门镇，下诏各地藩镇勤王。王建在接到天子诏书后，判断出夺取东川的时机已经来到，遂以勤王名义大举出兵北上，驻军于绵州。此次出兵，西川军号称二十万，军容极盛。十一月，雅州刺史王宗侃出兵夺取利州，断绝了东川与山南西道之间的联系。

此时在关中战场上，以勤王名义杀入关中的李克用大军连战皆捷，韩建困守华州，王行瑜战败被杀，李茂贞被迫求和，他在山南西道的阆州防御使李继underline、蓬州刺史费存、渠州刺史陈璠、通州刺史李彦昭等人见形势不利，先后率所部兵投奔了王建。王建见李茂贞势力大减，突然上奏朝廷，指责顾彦晖接到朝廷勤王诏书后，不但不发兵赴难，反而掠夺西川军的辎重，还命泸州刺史马敬儒断绝了峡路，请求朝廷下诏兴兵讨伐。尚未等朝廷做出反应，西川大将华洪已经出兵攻占了位于绵州北部的揪林寨，俘斩东川大将罗璋以下数万人。顾彦晖不敢出战，只是下令堵塞水路，以防御西川接下来的进攻。

乾宁三年（公元 896 年）五月，昭宗派遣中使来到梓州，欲和解两川，尽管王建假装奉诏回到成都，实际上却根本没有撤军。顾彦晖见王建不退兵，也派兵攻入西川境内，焚掠汉、眉、资、简等州。李茂贞在李克用退走后，也再次派兵进入东川，驻扎在梓州外围，协助顾彦晖。

次年正月，王建征发各路兵马再次大举进犯东川，其中邛州刺史华洪、彭州刺史王宗祐两人率主力五万，连取渝、昌、普三州，在梓州城南修建城寨，大败顾彦晖出战的人马，夺铠马八百。戎州刺史王宗谨一路偏师则在梓州以南的玄武县击败了凤翔援军李继徽所部。二月，王建再次调兵遣将，以决云都知兵马使王宗侃为应援开峡都指挥使，将兵八千趋渝州；决胜都知兵马使王宗阮为开江防送进奉使，将兵七千奔赴泸州。王宗侃、王宗阮两路人马很快便将两州攻下，渝州刺史牟崇厚出降，泸州刺史马敬儒战死，从而打通了川江水路，控制了巴蜀的东大门。不久后，西川

▲ 王宗侃墓志

大将王宗播又夺取了剑门。至此，东川战事大局已定。五月，王建本人统领五万人马来到梓州城下，准备一举击灭顾彦晖。李茂贞为救顾彦晖，利用其控制的朝廷下诏贬王建为南州刺史，但此诏书无疑是一张废纸。

六月，朝廷派来的两川宣谕使李洵及其副手韦庄来到梓州城下，再次试图调解王建及顾彦晖之间的矛盾，但王建怎肯放弃唾手可得的胜利，他以"战士之情，不可夺也"为由，拒不奉诏。李洵只得灰溜溜离去，韦庄却在数年后再度入蜀担任王建的掌书记，成了王建的重要幕僚。韦庄早年屡试不第，广明元年（公元880年）在长安应试时遭遇黄巢攻入长安，他目睹变乱，通过一位从长安逃难出来的女子——秦妇的自述，写下长篇叙事诗《秦妇吟》，这首诗写成后很快流传开来，天下人都为之赞叹不已，他也被时人称为"秦妇吟秀才"。但韦庄在出仕后却害怕这首诗得罪官场，不但没有在诗集《浣花集》中收录此诗，还想方设法回收抄本，甚至在家戒中也告诫子孙不得"垂秦妇吟障子①"，最后这首诗竟然被湮没了一千多年，直至20世纪初，后人在敦煌藏经洞内发现了该诗的写本残稿，经王国维、陈寅恪等著名学者的校勘，这首著名诗篇才重新回到世人的视线。

乾宁四年（公元897年）九月，西川军经过五十多场激战后，终于合围了梓州。困守孤城的顾彦晖恨王建入骨，想出了一个羞辱王建的办法，他派遣守城士卒日夜喊叫"偷驴贼"，称王建当年做盗贼时，曾经因偷驴被官府抓住过，还因此被上过刑。王建则找来俳优王舍城，对他道："为我骂之。"只见王舍城戟手指着城上人，抑扬顿挫道："我偷你屋里驴耶！"城上守军一阵哄笑，气势顿弱。后来王建又脱下衣服，"袒背示舍城无疮痕"，证明自己从未因偷驴受刑。王舍城胆子也大，见

---

① 一种分隔室内外的木质拉窗，上面糊有透光性强的纸，纸上往往印有诗句或图画。

王建皮肤光洁，叹道："大好，大好！何处得此膏药。"王建听后哭笑不得。

围城期间，王建的小舅子、蜀州刺史周德权对王建道："公与彦晖争东川三年，士卒疲于矢石，百姓困于输挽。东川群盗多据州县，彦晖懦而无谋，欲为偷安之计，皆啗以厚利，恃其救援，故坚守不下。今若遣人谕贼帅以祸福，来者赏之以官，不服者威之以兵，则彼之所恃，反为我用矣。"所谓的"群盗"其实是东川各地的豪强武装，王建根据这一建议，派人将东川豪强招纳至麾下，顾彦晖遂愈加孤立。

十月，东川遂州守将侯绍、合州守将王仁威以及凤翔援军将领李继溥先后降于王建。在扫清外围后，王建"攻梓州益急"。此时城中守军尚有七万，但多半是临时招募的百姓，战力不强，且在重围之中，外援已经断绝，存粮也即将吃完。顾彦晖为人仁厚，不愿连累城中军民，便在城内"镜堂"摆设酒宴，召集宗族和假子们前来，众人也知道大限将至，纷纷表示但愿同死，随后便畅饮美酒，以图死前一醉。酒宴进行至半途，顾彦晖扫视众人，见顾琛（王宗弼）也在座中，便对他说道："尔非我旧，可自求生。"然后指着一处颓坏的城墙，命他从此处逃生，顾琛只得含泪告别，再次投向王建。酒至酣时，顾彦晖见时辰已到，便命令他最为信任的假子顾瑶速速动手，顾瑶抽出佩剑将座中人逐一刺死后饮剑自尽，顾彦晖则在亲手杀死妻儿后自刎。顾彦晖刚刚接任东川节度使时，曾在这"镜堂"大会诸将，并将随身所佩的宝剑"疗痿宾"赐予顾瑶，命其佩戴此剑随侍左右。他曾对诸将说道："与公等生死同之，违者先齿'疗痿宾'！"众人皆曰："诺。"没想到一语成谶。

顾彦晖自刎后，守军献出梓州出降，王建进入城中后下令将当年在韦昭度帐下耻笑过他的顾彦晖幕僚全部处死，出了多年的恶气。早年间，东川有个叫朱洽的术士，他早就看出顾氏兄弟不能成事，常对别人说："二顾虽位尊方镇，生无第宅，死无坟墓。"最初人们都不知道什么意思，顾彦朗死时虽然遗命火化后将骨灰归葬丰州，但后来因为蜀中多事，未能成行；顾彦晖全家死于孤城，无人送终，大家这才明白朱洽那番话的意思。

六 从全取三川到闭门做天子

　　王建夺取东川后，朝廷虽然又任命了兵部尚书刘崇望为新任东川节度使，希望继续维持蜀中原来的局面，但王建抢在刘崇望到来前便任命了王宗涤 [华洪，乾宁四年（公元 897 年）被王建收为假子后更名] 为东川留后，朝廷只能收回成命。随后，王建又从东川分割遂、合、泸、渝、昌五州为武信军，以另一假子王宗佶为节度使。最后，朝廷为拉拢王建，还任命他为西川节度使兼东川、武信军两道都指挥制置等使，封琅琊王，光化四年（公元 901 年）又改封西平王。昔日的"贼王八"一跃成了大唐王朝的异姓王爷。

　　全取蜀地后，王建的下步进军目标便是李茂贞控制的山南西道。乾宁年间，王建乘李茂贞受制于李克用之际，开始蚕食山南，先后夺取了利、果、龙等州；光化二年（公元 899 年）秋天，他又派遣决云军使王宗侃指挥兵力攻占阆、巴、蓬、壁四州。李茂贞后来虽然收复了利州，但山南西道半壁已入王建之手。

　　天复元年（公元 901 年）十一月，宦官韩全海勾结李茂贞劫持昭宗至凤翔，东平王朱全忠听闻宫阙生变后，立即引兵入潼关，向李茂贞问罪。韩全海见朱全忠来势汹汹，兵力强大，连忙派遣使者入蜀向王建求救，而朱全忠也请求王建出师讨伐李茂贞等人。王建知道夺取山南的良机已至，他一面与朱全忠修好，痛骂李茂贞劫持天子的罪行，一面却派人至凤翔，劝说李茂贞坚守，称自己将出兵为后援。朱全忠、

▲王建永陵石俑

李茂贞两人都信以为真，将其视为盟友。王建则任命王宗佶、王宗涤为巂驾指挥使，以迎驾为名出兵五万北上，实际则为袭取山南诸州。

天复二年（公元 902 年）二月，蜀军至利州城下，李茂贞假子、昭武节度使李继忠见兵力悬殊，不战而走，弃镇奔凤翔，王建遂任命剑州刺史王宗伟为利州制置使。八月，王宗佶假道攻至兴元，李茂贞的另一假子、山南西道节度使李继密遣兵屯于三泉县以拒之，蜀军先锋大将王宗播攻城不克，退保山寨，军中孔目官柳修业道："公举族归人，不为之死战，何以自保？"王宗播本名许存，原是秦宗权故将，后投在荆南节度使成汭属下任万州刺史一职，后又因与成汭闹翻，入蜀投奔了王建。王建一开始忌其勇略，欲杀之，幸赖掌书记高烛劝道："公方总揽英雄以图霸业，彼穷来归我，奈向杀之！"王建听后将其安置在蜀州，又命王宗绾暗地里察访其日常言行举止。王宗绾经过一段时间的观察后，向王建密言，称许存此人忠勇廉厚，有良将才能，王建这才将他招入麾下，并赐名王宗播。

王宗播知道此时急需战功证明自己，激励将士道："吾与汝曹决战，取功名，不尔，死于此。"随后他率军一鼓作气连克岐军金牛、黑水、西县、褒城四寨。在攻打西县的战斗中，小校秦存厚为箭矢所伤，箭镞贯穿了左眼，伤口延伸至右眼，并溃烂化脓，医生都不敢为其取出箭镞，王建知道后亲自为其舔去伤处脓水，这才把箭镞取了出来。后人评价王建的这一行为可以与吴起为伤兵吸吮毒疮、唐太宗为右卫大将军李思摩吸吮污血两件事相媲美。受此激励，蜀军军心更为振奋。王宗播紧接着又攻下了马盘寨，李继密在战败后奔还兴元，蜀军遂乘胜攻至城下，蜀军另一勇将王宗涤率众先登，攻克兴元，李继密率残部三万人投降。李继密降后，王建下令让他恢复本名王万宏。但王万宏作为降将，蜀军将领都看不起他，他只得酗酒解忧，到后来连俳优都开始戏弄他，他不胜忧愤，最后大醉落入池中溺死。

李茂贞为阻遏蜀军进攻，想出了一招离间计：他利用自己控制下的朝廷下诏任命王宗涤为山南西道节度使。果然，王建知道这一消息后大怒，认为王宗涤必与李茂贞有所勾结。王建多疑，史称他"多忌好杀，诸将有功名者，多因事诛之"，而王宗涤在蜀军中最有勇略，又得军心，是少有的大将之才，王建夺取两川多亏了他。为酬其功劳，王建最初任命他为东川节度使，但内心十分猜忌，王宗涤也心知肚明，称自己患了病，求解去职务，王建立即任命王宗裕接替。

当时，正逢王建修葺府邸，门楼上需要用朱丹涂成红色，蜀人谓之"画红楼"，画红与王宗涤的本名"华洪"音近，王建听后更是不快，前线的王宗佶等将领也妒贤嫉能，向王建"构以非语"，种种因素叠加起来，使得王建最后动了杀心，将王宗涤召回成都，"诘责之"。王宗涤自知不能幸免，怒道："三蜀略平，大王听谗，杀功臣可矣。"王建命自己的心腹将领马军都指挥使唐道袭将其缢杀，并以王宗贺代理兴元留后一职。王宗涤死后，军中连营涕泣，成都百姓也为之罢市。王宗涤虽死，李茂贞在山南西道还是大势已去，蜀军继续势如破竹：九月，武定节度使李思敬以洋州出降；十月，蜀军又攻克了兴州。至此，剑南三川之地，尽归王建所有。

天复三年（公元903年）四月，王建乘李茂贞被朱全忠重创之际，继续向秦、陇方向进军。当时朱全忠派押牙王殷出使西川，王建设宴招待。在席上，王殷称蜀军虽然兵甲颇多，但是缺少战马。王建欲借此机会展示实力，便严肃地说道："当道江山险阻，骑兵无所施。然马亦不乏，押牙少留，当共阅之。"他下令调集成都附近蓄养的所有战马，在星宿山大阅三军，此次阅兵一共出动战马一万两千匹，其中官马八千、私马四千，蜀军军容严整，王殷大为叹服。王殷回汴州后，将蜀军强大的情况告诉朱全忠，朱全忠为拉拢王建，便以朝廷的名义将他又封为蜀王。

十月，王建又乘荆南节度使成汭兵败身亡之际沿江东下，夺取了三峡地区。成汭也是唐末一大雄藩，拥兵五万余人，并拥有一支强大的水师，他老家在青州，年少时因酒使性杀人，逃亡外地当了一名和尚，曾投入蔡州秦宗权麾下，为秦宗权部下一员将领的假子，并改名郭禹，其后又投奔荆南节度使陈儒，被任命为牙将。僖宗光启元年（公元885年），行军司马张瑰发兵逐陈儒，自立为节度使，并将荆南旧将夷灭殆尽。张瑰见郭禹为人剽悍，便想将他除去。郭禹见势不妙，遂拉了一千多弟兄逃出江陵城，随后袭占归州，自称刺史。

光启三年（公元887年）十二月，秦宗权所署山南东道留后赵德諲攻陷江陵城，在杀死张瑰后引军离去，派部将王建肇镇守此地。次年三月，郭禹率军攻入江陵，逐王建肇，成为荆南节度使，并恢复了成汭的本名。当时，荆南治所江陵城被秦宗权军队蹂躏后，城中居民仅剩十七户，"米斗四十千，持金宝换易，才得一撮一合，谓之通肠米"，可以说是萧条之至。不过，成汭虽出身草莽，但颇有治民才能，他励精图治，抚集凋残，通商务农，很快便使荆南一地渐复元气，他也因此与华州的镇国节度使韩建齐名，时人有"北韩南郭"之称。

天复三年（公元903年）春，淮南节度使杨行密派兵围鄂州，武昌节度使杜洪求救于朱全忠，朱全忠派遣大将韩勍率兵万人去救，又派遣使者请求荆南节度使成汭、武安节度使马殷、武贞节度使雷彦威三镇共同出兵，以遏制杨行密的扩张势头。

成汭畏惧朱全忠强大，不愿与其作对，同时又欲夺取江、淮之地以扩张自己的地盘，于是大起舟师，号称十万大军，沿江大举东下。当时，荆南所造巨舰有"和州载""齐山""截海""劈浪"，最大的战舰能载甲士千人，可谓水中巨无霸。出兵前，掌书记李珽看出荆南危机所在，他谏言道："今舳舻容介士千人，载稻倍之，缓急不可动。吴人剽轻，若为所绊，则武陵、武安皆我之仇也，将有后虑；不如遣骁将屯巴陵，大军对岸，一日不与战，则吴寇粮绝，而鄂州围解矣。"但未被采纳。

果然不出李珽所料，荆南水师尚未至鄂州便已后院失火，马殷、雷彦威见荆南空虚，袭取江陵，尽掠其人及货财而去。荆南将士听说江陵城陷落的消息后，斗志全无，只想早些回去，但成汭孤注一掷，依旧下令继续前进，淮南大将李神福看出荆南水师船大行动缓慢的缺点后，在君山一侧率军逆击荆南军。交战时，淮南军乘着大风纵火烧船，荆南军首尾不能相顾，全军大溃，成汭见大势已去，从战舰上跳入江中赴水而死。

成汭战死的消息传来，蜀军大将王宗本立即面见王建，希望王建能够把握战机，出兵夺取三峡要地，王建遂任命王宗本为开道都指挥使，将兵下峡。荆南当时群龙无首，夔州刺史侯矩首先出降，蜀军很快便夺取了荆南下属的夔、忠、万、施四州。其中夔州雄踞峡口，"据荆楚之上游，为巴蜀之喉吭"，白帝城便在其境内，历来

▲ 夔门形势

是兵家必争之地。夔州以东则是瞿塘峡天险，这里两岸如削，岩壁高耸，大江在悬崖绝壁中汹涌奔流，江面最窄处仅几十米，峡之西端的夔门两岸断崖如门，呈欲合未合之状，堪称天下雄关。王建夺取这一地区后，从此全据江、峡之险，牢牢扼守住了蜀之东大门。至此，王建的割据之势完全形成。

天下形势在此时已经发生巨变，朱全忠重创李茂贞后，成功控制了天子及朝廷，无疑是天下最为强大的势力，其余强藩中平卢节度使王师范已被灭，河东节度使李克用也因元气大伤而难以与其抗衡。王建清醒地认识到，"挟天子以令诸侯"的朱全忠此时无比强大，其下一步肯定是削平天下群雄。为了共抗强敌，他开始寻找盟友，遂向前不久还大打出手的李茂贞抛出了橄榄枝。

天祐元年（公元904年）二月，朱全忠逼迫昭宗迁都洛阳，不甘彻底成为朱全忠傀儡的昭宗在行至陕州时，再次发出密诏，要求天下藩镇入援，将其救出樊笼。王建接到密诏后，立即任命邛州刺史王宗祐为北路行营指挥使，以迎接天子车驾为名率军北上。蜀军与岐军会合后，进抵长安以西的兴平，遇到汴军阻击后便退了回去。此次行动，王建仅派了一路偏师虚张声势，无疑是为了向天下表明自己仍是大唐王朝的忠臣，捞取政治资本。其后，他便开始用墨敕自行任免官吏，称等到天子回到长安后再上表接受朝廷的正式任命，他还下令他控制的地域继续使用天复年号，表示不承认朱全忠控制下的朝廷。

共同表明反对朱全忠的态度后，王建与李茂贞鉴于当前时局，顺理成章结成了同盟关系，两镇于六月间传檄天下，称将联合起来共同讨伐朱全忠。朱全忠听说岐、蜀联合后，立即率兵进入河中。当时，王建的部下中有不少人都认为应该乘李茂贞衰弱吞并凤翔，王建也有些迟疑，便向节度判官冯涓征求意见。冯涓认为，朱全忠占据两京之地，势力强大，如果吞并河东后率天下之众征伐西蜀，即使是诸葛亮复活也难以抵挡。凤翔乃是西蜀的重要屏障，此时应该与李茂贞结成姻亲，助其一臂之力，让他顶在前面接受朱全忠的压力，这样西蜀"无事则务农训兵，保固疆场，有事则觇其机事，观衅而动，可以万全"。王建听完这一席话后深以为然，他认为李茂贞虽然才具不足，然素有强悍之名，远近畏之，与朱全忠力争则不足，自守则有余，让他作为西蜀的屏障，所利多矣！

王建很快派出使者向李茂贞提出了和亲的愿望，李茂贞虽然痛恨王建背后捅刀子夺取山南的行为，但迫于当前困境，只得放下仇怨，派节度判官赵锽来到西川商议联姻之事。双方谈妥条件后，王建将女儿嫁给了李茂贞的侄子天雄节度使李继崇。

▲唐代彩绘木俑

他为女儿准备的嫁妆十分丰厚，前导、后卫都装饰华丽，络绎不绝，绵延千里。李茂贞又多次向王建求取财物及盔甲、兵器，王建也逐一满足。

天祐元年（公元904年）八月，朱全忠命亲信弑昭宗于洛阳，随后立其子李柷即位，是为唐朝最后一个皇帝——昭宣帝。次年一月，当洛阳派来的告哀使者司马卿来到洋州地界时，王建让武定军节度使王宗绾出面将司马卿赶了回去。王建假惺惺称自己受昭宗恩德多年，"衣衿之上，宸翰如新，墨诏之中，泪痕犹在，犬马尤能报主，而况人之臣子乎！"表示与朱全忠誓不两立，他将率领两川锐旅，誓雪国耻。但实际上对王建来说，昭宗的遇弑反而解除了他的束缚，他有充足的理由建立自己的小王国了。

天祐三年（公元906年）八月，岐、蜀同盟关系更为深化，李茂贞将儿子李侃送到西川当人质，李侃后被王建任命为知彭州。十月，王建立行台于蜀，称："自大驾东迁，制命不通，请权立行台，用李晟、郑畋故事，承制封拜。"天祐四年（公元907年）三月，朱全忠迫唐昭宣帝禅位于己，正式篡位自立，建国号为大梁。消息传来，王建故作姿态，与弘农王杨渥移檄诸道，称自己将会同岐王李茂贞、晋王李克用联兵讨梁，兴复唐室，但实际上却在为自己称帝做准备。不过，他暂时还不愿当出头鸟，于是致信一封给李克用，希望能够各自称帝，但被李克用拒绝。

但王建并没有停止称帝的脚步，在他的授意下，各地祥瑞接连不断出现，一会儿是有巨人出现在青城山，一会儿是凤凰出现在万岁山，一会儿又是黄龙出现在嘉阳江，各种奇异景象的报告络绎不绝，由于王建属兔子，有不少贴心的属下大造谶语云"兔子上金床"，以示王建称帝乃是天命所归。同时，王建属下的将领、僚属也纷纷劝进："大王虽忠于唐，唐已亡矣，此所谓'天与不取'者也。"王建假装谦让几次后，于九月正式称帝，建国号为大蜀，下令次年改元武成。王建随后大封群臣，任命王宗佶为中书令，韦庄为左散骑常侍、判中书门下事，唐道袭为内枢密使，任知己、潘峭为宣徽南、北院使，郑骞为御史中丞，张格、王锴为翰林学士，周庠为成都尹，又以王宗裕为太傅、王宗侃为太保兼侍中，严遵美为内侍监，建立了自己的小朝廷。

就这样，经过二十多年的不懈努力，昔日许州乡下的无赖，成了统治西南数百万军民的大蜀皇帝。前蜀光天元年（公元918年），王建病死，年七十一，其子王衍继位。七年后，李存勖发兵攻蜀，王衍投降，前蜀遂亡。

江淮潮——杨行密的崛起 与江淮形势的失控

"天下三分明月夜，二分无赖在扬州。"唐代诗人徐凝的这首《忆扬州》把扬州明月描写得入神，无数人读后对之万分向往，"二分明月"也由此成为扬州的代称。在当时，扬州无疑当得起这样的称赞。安史之乱期间，北方经济被战乱严重破坏，全国经济重心开始向东南转移，扬州作为江淮地区的交通枢纽，万商云集，"雄富冠天下"，时人有"扬一益二"之称。据记载，设置在扬州的盐铁转运使光下属的判官就有数十人，由此可见当时经济之繁荣。

　　但在唐末，扬州却未能从战乱中幸免，高骈、孙儒、杨行密等人先后占据此地，随着江淮赋税的断绝，唐朝的国运也走向了末路。

一　落雕侍御

唐僖宗乾符六年（公元879年）十月，镇海节度使高骈接到了朝廷的诏书，他被任命为淮南节度使、充盐铁转运使，镇守江淮财赋要地。当时黄巢大军刚刚攻陷"市舶宝货所居"的重要贸易港口——广州，此次任命应当是希望借助这位名将的军事才能，统筹东南地区军政，确保朝廷财赋要地的安全。朝廷无疑对高骈寄托甚重，希望这位名将能够为大唐王朝披荆斩棘，再立殊勋。殊不知，昔日的朝廷干才却由此走上了一条不归路。

高骈，字千里，祖籍渤海郡，出身于一个"家世禁卫"的军人世家。他的祖父高崇文是宪宗朝的名将，在防御吐蕃、平定西川刘辟的战事中立下殊勋，受封南平郡王；父亲高承明，曾任神策虞侯等职；从父高承简，少入神策军，历任充海节度使、义成节度使、邠宁节度使等，入拜右金吾大将军。在这种家庭环境的熏染下，他很早就有不俗的军事才能，并练就了一身好武艺。不过，与其祖父"不通文字"不同的是，高骈具有很高的文化素养，"幼好为诗，雅有奇藻，属情赋咏，横绝常流，时秉笔者多不及之"。

高骈成年后，沿着父祖的人生轨迹进入了神策军，宿卫京师。唐宣宗大中年间，

▲五代周文矩《文苑图》

高骈出外担任灵州大都督府左司马一职。一次在外游猎时，他见空中飞过两只大雕，于是对左右说："我且贵，当中之。"说完张弓搭箭，一发贯二雕，众人大惊，称其为"落雕侍御"。

在灵州待了几年后，高骈回到神策军，由于他"好谈今古"，两军宦官都十分看重他，很快便推荐他担任右神策都虞侯一职，使他进入了神策军的指挥中枢。神策军中，护军中尉及中尉副使均由宦官担任，其下则为神策统军、神策大将军、神策将军，具体统兵的则为都知兵马使、都虞侯和都押衙，统称"三都"。其中都知兵马使负责军队训练及作战，都虞侯负责管理军纪，都押衙负责亲从禁卫及军政事务。此时，正逢党项入侵，屡为边患，高骈遂受命率兵万人进驻长武城。长武城位于今天的泾川县，该城"据原首，临泾水，俯瞰通道，扼吐蕃南寇之路"，与邠州、宁州、庆州等地形成掎角之势，因此朝廷将该城作为长安以北神策军镇的中心，历来屯有重兵以做防秋之备。高骈的祖父高崇文当年便曾担任过长武城都知兵马使，高骈也在这里崭露头角，开始了他的名将生涯。在抵御党项的战事中，其余将领都没能取得什么战功，只有高骈"伺隙用兵，出无不捷"，他也因此给朝廷留下了极佳的印象。

唐懿宗咸通元年（公元 860 年），吐蕃再次寇边，朝廷想起高骈当年的出色表

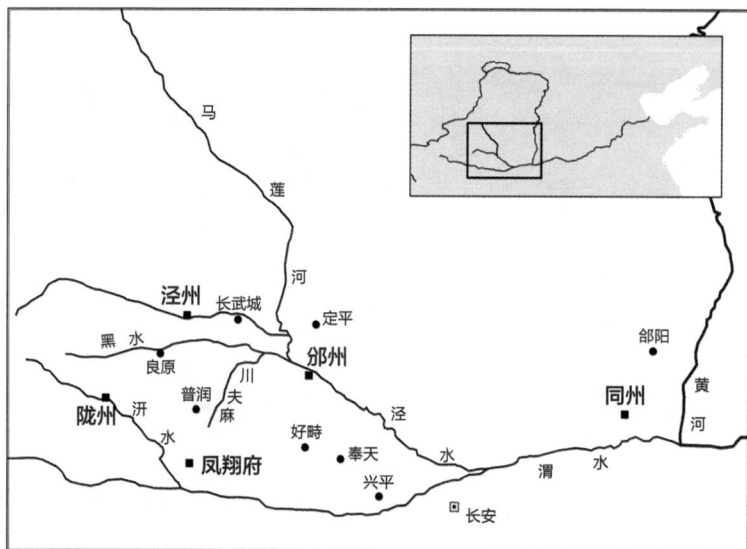

◀唐末神策军近畿八镇（引《危机与重构——唐帝国及其地方诸侯》一书）

现，于是任命他为秦州刺史兼经略使，这也是高骈首次独当一面。高骈也不负朝廷期望，到任后很快诱降了延心及浑末部万帐，收复了河、渭二州以及位于唐蕃古道上的要隘凤林关。

咸通四年（公元 863 年）闰六月，朝廷任命同平章事杜悰为凤翔节度使。杜悰为宰相杜佑之孙，与杜牧、李商隐等诗人都是亲戚关系，但没什么才能。当年唐宪宗在为其爱女岐阳公主挑选丈夫时，让宰相李吉甫在大臣子弟中物色"文雅之士可居清列者"，但在唐代，尚公主并不是什么好的选择，因此大臣子弟纷纷推说有病，最后只有杜悰还算过得去，因此雀屏中选。在大婚仪式上，宪宗为岐阳公主升正殿送嫁，礼毕，由西朝堂出，随后赶到延喜门，让岐阳公主一行停车少驻，又赏赐宾客、随从大量金钱，还将公主的曾外祖父郭子仪[1]晚年居住的园林赐给他们做别馆，史称"贵震当世"。杜悰凭借这一身份很快平步青云，历任忠武、凤翔、东川、西川、淮南等地节度使，并两度入相。杜悰虽出将入相，但在处理政事上却是一团糟，"凡莅方镇，不理狱讼"，当他再次出镇凤翔后，又将所有囚犯都递解到秦州境内。收到杜悰的文牒后，高骈在其反面写道："当州县名成纪，郡列陇西，是皇家得姓之邦，非凤翔流囚之所。"命人送了回去。这段话有理有据，不卑不亢，杜悰自知理亏，只得"移书谢之"，高骈也因此事"声价始振"。

此时，帝国南方告急。咸通三年（公元 862 年）冬天起，南诏率群蛮入寇安南都护府，都护蔡袭向朝廷告急。但未等援军赶至，交趾便于次年正月陷落，蔡袭徒步力战，身集十矢，最后他想从海上撤退，没想到安南监军早已经扬帆远去，蔡袭遂溺海而死。南诏先后两次攻陷交趾，杀掠当地军民超过十五万人。由于当时黩洞夷獠等各少数民族都投降了南诏，朝廷只得下诏，召回援救安南的诸道兵，命他们分别保卫岭南东、西道。随后，南蛮又入寇左、右江，侵逼邕州，朝廷以义武节度使康承训为岭南西道节度使，兼领安南及诸军行营，命他率荆、襄、洪、鄂四道兵万人前去援救。同时，又在海门镇设置行交州，将安南都护府暂时安置于此地，以右监门将军宋戎为行交州刺史，兼安南经略使，统率山东兵万人镇守此地。

当时，许、滑、青、汴、兖、郓、宣、润八道援军均集中在邕州，可谓兵强马壮，但康承训骄傲轻敌，在南诏及群蛮入侵时不设斥候，不做防备，结果大败而归，

---

① 岐阳公主的母亲懿安皇后郭氏是郭子仪的孙女。

战死及被俘者共计八千人。只有郓州天平军斫营成功，获得小胜，迫使蛮军解围而去。康承训很快便因此次大败去职，继任的张茵也没有本事收复安南，宰相夏侯孜于是向朝廷推荐了高骈。咸通五年（公元864年）四月，朝廷正式任命高骈为安南都护、本管经略招讨使，命他率禁军五千人前往邕管，会合诸道援军收复安南。在上任前，高骈写下《赴安南却寄台司》一诗：

> 曾驱万马上天山，风去云回顷刻间。
>
> 今日海门南面事，莫教还似凤林关。

高骈到达海门后，便开始整军备战，其间与想要揽权的监军李维周发生了冲突。李维周想排挤掉高骈，屡次催促高骈出战。高骈不得已只得出兵，自率五千人先行出发，约定李维周随后应援。但高骈率军出发后，李维周却不发一兵一卒。九月，高骈率军来到安南府下属的南定县，正逢峰州蛮收割水稻，高骈趁其不备率军袭击，大破之，并将稻米收作军粮。

南诏王酋龙见唐军前来，也派兵遣将加强了安南方面的守备。高骈在峰州稍作停留，等来了一支七千人的援军后遂再次进军，屡破南诏军。但奏捷文书全被李维周藏匿，不仅如此，李维周还上奏朝廷，给高骈安了一个玩寇不进的罪名。懿宗不明真相，下诏以右武卫将军王晏权代高骈镇守安南，召高骈回朝听旨。当高骈击破南诏援军，即将攻克交趾城时，却接到了王晏权即将接任的文牒。他只得将军中事务移交给监阵敕使韦仲宰，随后便带着麾下百余人北归。

不过，高骈行进到海门镇时峰回路转。原来，高骈与韦仲宰两人派出的告捷使者在海中航行时，看见一群人带着旌旗东来，便问旁边的小船是什么情况，小船上的人告诉他们这些人是新经略使和监军等人，两人商量道："维周必夺表留我。"于是藏匿在附近小岛边，等到李维周等人离去，才加快脚步赶赴京师。懿宗这才得知交趾大捷的消息，他十分高兴，下诏加高骈检校工部尚书，命其重新镇守安南。

高骈回到交趾后，督励将士攻城，很快便攻克交趾，杀南诏所署安南节度使段酋迁等人，斩首三万余级，随后又率军击破当地依附南诏的土蛮，诛杀他们的酋长，其后归附的各地土蛮达一万七千人。

历时近十年的安南边患被平定后，朝廷论功行赏，在当地设静海军，高骈成为第一任节度使。在静海军节度使任上，高骈不仅修筑了安南城，还招募工匠凿去了安南至邕州、广州海路中的许多暗礁，极大便利了漕运运输，使得安南地区储备不再缺乏。

"征蛮破虏汉功臣，提剑归来万里身。"咸通九年（公元868年）八月，高骈被征入朝任右金吾大将军，其从孙高浔接替其镇守交趾。入朝半年后，高骈再次出镇地方，来到郓州担任天平军节度使。从边陲蛮荒之地到中原腹心大镇，高骈跻身于朝廷重臣之列。

随后的五年多时间，高骈一直镇守郓州，日子过得波澜不惊，直到唐僖宗乾符元年（公元874年）。这一年十二月，他再次成为"救火队员"，赶赴西南边陲处置南诏入侵之事。当时南诏大军在大渡河畔击破边军后，陷黎州、攻雅州、前锋一度攻至成都城外的新津县。节度使牛丛"为蛮寇凭陵，无以抗拒"，他害怕南诏利用城外的民居攻城，下令将城外民居烧了个干干净净，百姓颠沛流离，不是逃亡他州，便是躲在城内。

乾符二年（公元875年）正月，高骈星夜兼程赶到剑州，此时他已被朝廷正式任命为西川节度使，他接到朝廷诏书后的第一件事便是派遣使者至成都，要求成都解除戒严，打开城门，使居民各复常业，防止人口聚集太多导致瘟疫发生。南诏军得知高骈来到的消息后，害怕其威名，于是解雅州之围，遣使请和，引兵而去。高骈得知南诏退兵的消息后，在赶至成都的次日发兵五千追击敌军。唐军在大渡河畔大败南诏，俘虏其酋长数十人。随后，高骈下令重整边境防线，修复邛崃关、大渡河诸城栅，又在入蜀要道戎州马湖镇、沐源川两地筑城，派兵戍守，自是南诏不再入侵。

西川有一支名为"突将"的军事力量，曾在抵御南诏、保卫成都的战事中立下战功，高骈到任后，下令收回突将手中的职牒，停止对突将的优厚待遇，导致突将兵变，高骈及时藏匿起来，方才躲过一劫，后来在监军的竭力安抚下才平息了事端。高骈脱险后，凭借入蜀的诸道兵马为倚靠，展开了疯狂报复，"挑墙坏户而入，老幼孕病，悉驱去杀之，婴儿或扑于阶，或击于柱，流血成渠，号哭震天，死者数千人"。

在西川节度使任上，高骈下令修筑了成都罗城。为防止南诏趁筑城时入侵，高骈心生一计，先是假装与南诏谈判和亲，随后又摆出一副巡边的样子，早晚都命人举烽火为信号，称将亲自率兵至大渡河，实际却是虚晃一枪，但南诏不知虚实，害怕唐军攻来，忙着布置防务，直到罗城筑造完毕，都没敢再次入侵边境。修筑罗城的工程从乾符三年（公元876年）八月开始，至十一月结束，共计花费钱一百五十六万贯、米十九万石。新修筑的罗城周长二十五里、高二丈六尺，有效改善了原先成都城过于狭小，难以安置众多人口的困境，同时也极大提升了成都的防御能力。

　　乾符五年（公元878年）正月，王仙芝攻陷江陵外城，焚掠而去，朝廷急调高骈转任荆南节度使兼盐铁转运使，以保卫这座重镇安全。不过，当高骈赶至江陵时，

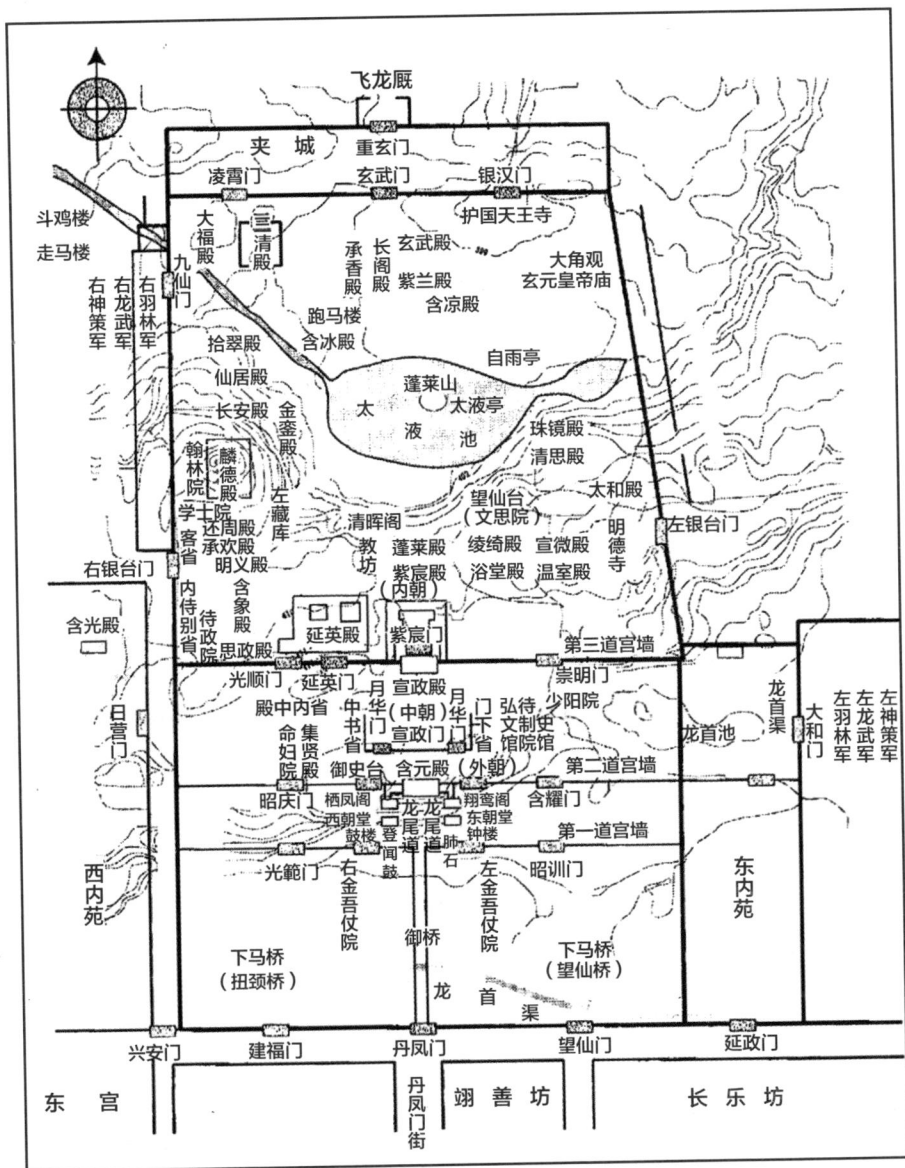

飞龙厩

夹城　重玄门

凌霄门　玄武门　银汉门

斗鸡楼
走马楼

大福殿　三清殿　承香殿　玄武殿　长阁殿　护国天王寺
九仙门　　　　　　　　　紫兰殿　大角观 玄元皇帝庙

右神策军　右龙武军　右羽林军

含凉殿

拾翠殿　跑马楼　含冰殿

仙居殿　　　　　　　　自雨亭

长安殿　金銮殿　　蓬莱山　太液亭
太液池

翰林院　麟德殿　　　　　　　珠镜殿
学士院　左藏库　　　　　　　清思殿
客省　还周院　清晖阁　望仙台　太和殿
承欢殿　　　　　　（文思院）
明义殿　教坊　蓬莱殿　绫绮殿　宣微寺　明德寺

右银台门　含象殿　紫宸殿（内朝）　浴堂殿　温室殿　左银台门

含光殿　内侍别省　思政殿
待诏院　延英殿　紫宸殿　第三道宫墙

光顺门　延英门　宣政殿　崇明门
殿中内省　月华门（中朝）月华门　弘待　少阳院　龙首渠　大和门　左神策军
日营门　中书省　宣政殿　文制史　馆院馆　　　　　左龙武军　左羽林军
命妇院　集贤殿院　御史台　含元殿（外朝）　第二道宫墙　龙首池

昭庆门　栖凤阁　翔鸾阁　含耀门
西朝堂　龙　龙　东朝堂
鼓楼　尾　尾　钟楼
昭训门
光范门　右金吾仗院　登闻鼓　肺石　左金吾仗院　第一道宫墙　东内苑
西内苑

下马桥　御桥　下马桥
（扭颈桥）　龙　（望仙桥）
首
渠

兴安门　建福门　丹凤门　望仙门　延政门

东宫　丹凤门街　翊善坊　长乐坊

▲唐宫廷布局

王仙芝已战死于黄梅，其余部归黄巢指挥，沿湖南、江西一路往东，其中一部进入浙西。朝廷认为高骈当年镇守天平军时素有威名，而王仙芝余党大部分是郓州人，于是又任命高骈为镇海节度使，进封燕国公。

高骈到任后，派遣部将张璘、梁缵分兵进攻黄巢，多次取得大捷，降其部将秦彦、毕师铎、李罕之、许勍等数十人，迫使黄巢军退入广南。高骈随后上奏朝廷，请求自率精兵万人通过大庾岭追击黄巢，毕其功于一役。为防止黄巢流窜，高骈除派遣部将张璘、王重任分别扼守郴、循、潮等州要道外，还希望朝廷命荆南节度使、南面行营招讨都统王铎以所部三万人在梧、昭、桂、永四州守险邀击。但令高骈失望的是，不久之后，长安传来消息："诏不许。"

黄巢屯兵于广州城下，虽然因不适应南方潮湿闷热的天气，军中疫病四起，但还是没有立即攻城，他依然希望朝廷招安。最初黄巢开出的价码是天平节度使的位置，被朝廷拒绝。随后，黄巢又退一步，希望能够得到广州节度使一职，"亦不许，乃议别除官"。最后，宰相们商议决定授予黄巢"率府率"一职。所谓"率府率"，乃府兵制下太子十率府的长官，在唐代中央军府体制内，南衙禁军由十六卫及太子十率府组成。负责护卫东宫及太子的安全的十率府分别是左右卫率府、左右司御率府、左右清道率府、左右监门率府、太子左右内率府，其中左右卫率府、左右司御率府、左右清道率府下辖若干折冲府，合称为"东宫六率"。每率府各置率府率一人，为正四品。但唐中期以后，南衙禁军便已衰败，只剩下了一个空架子，率府率一职无疑就是个空心汤圆。

乾符六年（公元879年）九月，黄巢终于等到了翘首以盼的朝廷诏书，当他看到率府率的告身时除了愤怒还是愤怒，他虽然拥兵十余万，但朝廷竟然像对待狗一般丢了根骨头给他，而且还是没有一点肉的骨头。黄巢大骂之余，决定向朝廷展示自己的力量：立即率兵急攻广州，即日陷之，生俘节度使李迢。

在转掠岭南诸州后，黄巢在桂州编织了数千大筏，乘着大雨后暴涨的江水，沿湘江而下直抵潭州，一日就将其攻陷；随后进逼江陵，唐军诸道都统王铎不敢出战，留部将刘汉宏守城，自己逃去了襄阳。

刘汉宏在王铎离去后，率军大掠江陵后也逃之夭夭，江陵城被焚烧劫掠一空，居民纷纷逃亡附近山谷，结果遇到大雪，无数人冻死在外。黄巢顺利攻取江陵后，又向襄阳进发，但在荆门被山南东道节度使刘巨容与江西招讨使曹全晟伏兵打败，损失惨重，只得收余众渡江东走。此时正是追击歼敌的大好时机，但刘巨容等人认为朝廷实在是靠不住，遇到危急才想起安抚犒赏，一旦战事平息就丢一边，不如留着黄巢，倚贼自重来求一场富贵，所以没有继续追击。不久，黄巢军势复振，攻陷鄂州外郭后又转掠饶、信、池、宣、歙、杭等十五州，众至二十万人。

高骈便是在这样的形势下来到了淮南，乾符六年（公元879年）十月，朝廷任命他为淮南节度使，希望他能够收拾江淮，扼黄巢东奔之路。

二 勤王之争

高骈到任后立即布置防务、修缮城垒、招募军旅，将淮南防守兵力扩充至了七万人；同时传檄天下，号召各地节度使同心戮力，共同联兵荡平黄巢。一时间，高骈威望大振，天下均视他为朝廷的中流砥柱，认为"骈有文武长才，若悉委以兵柄，黄巢不足平"。

淮南节度使始设于唐肃宗李亨至德元年（公元756年），这年七月，唐玄宗在逃亡蜀中的半路上经过普安郡，在那里发布制书，命诸王出镇各地。玄宗当时尚不知道太子李亨已于数日前在灵武即皇帝位，在制书中，除任命李亨为天下兵马元帅，都统朔方、河东、河北、平卢等镇外，永王、盛王、丰王也分别出镇。其中永王李璘为江陵大都督，充山南东道、江南西路、岭南、黔中等节度度支采访等都使；盛王李琦为广陵大都督，领江南东路、淮南、河南等路节度度支采访等都使；丰王李琪为武威郡都督，领河西、陇右、安西、北庭等路节度度支采访等都使。出镇诸王权力极大，官属遴选、机构设立都可自行决定，其中五品以上可以先行署理后再上奏，六品以下可以直接任命后再上奏。

玄宗的这一举措自然遭到了肃宗的抵制，权衡利弊得失后，玄宗只得承认肃宗即位的合法性，并颁布诰书，宣布除永王外，其余诸王不再出镇。当时，由于河南陷落，汴河漕路断绝，江淮地区的物资只能通过江汉地区转运至山南，再从山南运抵肃宗的朝廷。玄宗的目的在于通过永王控制的漕路来制约肃宗，继续确保自己的权力，未想到这引发了一场皇室内讧。江淮地区征收来的租赋纷纷运抵江陵，堆积如山，永王李璘又握有四道兵符，封疆数千里，可以说是既有兵马，又有粮饷。他在谋士们的怂恿下决心割据江左，如东晋故事。肃宗得知永王的野心后连忙下敕要求永王归蜀，但永王自恃兵强马壮，拒绝交出权力。

面对永王李璘日益滋生的野心，肃宗立即做出了应对。当年十二月，他下诏设置淮南节度使①，任命高适为节度使，同时设置淮南西道节度使，任命来瑱为节度使，命令两人与之前到任的江东节度使韦陟合作，共同对付永王。不久后，永王果然发

---

① 当时，淮南节度使辖扬、楚、滁、和、寿、卢、舒、安、申、黄、沔、蕲十二州。

动了叛乱，他率舟师大举东下，江淮大震。在此危急时刻，高适与来瑱、韦陟会盟于安陆，及时稳定了东南形势，抵挡住了永王的攻势，最终使永王兵败被杀。

唐代宗大历元年（公元 766 年）正月，朝廷任命户部尚书刘晏为都畿、河南、淮南、江南、湖南、荆南、山南东道转运、常平、铸钱、盐铁等使。刘晏作为理财专家，到任后很快便主导推进了漕运及盐政改革。当时，朝廷面临着十分严重的粮食短缺问题：战乱刚刚结束，粮食十分紧缺，长安城的米价涨到了每斗一千钱，官府食堂都没有隔夜粮食的储备，禁军也缺少军粮，长安附近的百姓不等稻谷长熟便将谷穗采来充饥。为解决粮荒，刘晏考察各地水道的实际情况后，改进了开元年间裴耀卿制定的"分段运输法"，由一船全程运输改为多船分段接运。"随江、汴、河、渭所宜……自扬州遣将部送至河阴，上三门……江船不入汴，汴船不入河，河船不入渭；江南之运积扬州，汴河之运积河阴，河船之运积渭口，渭船之运入太仓。""其间，缘水置仓，转相授给。自是每岁运谷或至百余万斛，无斗升沉复者。"

其中，淮南镇的治所扬州成了东南的转运中心，这里原本便是大运河系统和长江水系的交叉点——"四会五达，此为咽颐"。作为漕运及对外贸易重要港口，停泊在扬州的船只往往有上万艘，每次启程，船与船之间相互挤压，往往会堵住整条水路。唐玄宗天宝十年（公元 751 年），在一次大风侵袭中，江口便有数千艘船沉没。刘晏对漕运进行改革后，从东南八道征收来的赋税都是先运输至扬州，随后再通过大运河运送至长安，这条水运线路成为唐王朝的生命线，"而唐不倾者，东南为之根本"，扬州也就此进入极盛期。

同时，刘晏还对盐法进行了改革，他将原来的官营、官卖制度变为民产、官收、商销。只在出产食盐的地方设置盐官，征收盐户煮出来的盐后再转卖给商人，任由商人们到处贩卖，其余州县不再设置盐官。当时淮南下属的扬州海陵监、楚州盐城监是全国范围内最大的海盐产地。改革前，江淮盐利一年不过四十万缗；改革后，激增至六百万缗，"由是国用充足而民不困弊"。大历末年，全国财政收入不过一千二百万缗，其中盐利就占了一半多。

伴随着漕运、盐业的发展，扬州很快发展为天下数一数二的大都会，商贾如云，在这里开展贸易的大商人有好几百人，号称"江淮之间，广陵大镇，富甲天下"，店肆林立，酒楼舞榭，比比皆是，出现了"十里长街市井连，月明桥上望神仙"的繁华景象。时人这样描述道："每重城向夕，倡楼之上，常有绛纱灯数万，辉罗耀列空中，九里三十步街中，珠翠填咽，邈若仙境。"无怪乎诗人杜牧在任淮南节度

▲二十四桥

使幕中掌书记一职时，留下了"十年一觉扬州梦，赢得青楼薄幸名"的诗句，即使离任后，仍然对"二十四桥明月夜，玉人何处教吹箫"的美景念念难忘。

由于淮南地区非常重要，因此受命镇守此地的节度使多是朝廷宰相重臣，如杜佑、李吉甫、裴度、牛僧孺、李德裕等，均是一代名臣。

高骈来到淮南后不久，被朝廷任命为诸道行营兵马都统，他兵权在握，又占据了被称作"财赋之渊"的淮南重镇，黄巢的军队也屡次被其部将击败，昔日的名将开始志得意满，认为不日便将平定乱局，再造朝廷中兴局面。

此时的高骈确实有骄傲的本钱，麾下大将张璘渡江后屡破黄巢军，先后降黄巢部将常宏以下数万人，黄巢退保信州，又"遇疾疫，卒徒多死"。为摆脱不利局面，黄巢拿出大量金银财宝贿赂张璘，换取其暂缓进攻，又写了一封信给高骈，称将亲自向高骈请降，希望高骈能够上书朝廷，保举他一个官职。高骈以为大功将成，想要诱捕黄巢，遂应允将为黄巢求一镇节钺。此时，昭义、感化、义武等镇援军均已赶到淮南，高骈害怕他们分走自己的功劳，便上奏称黄巢不日就能平定，"不烦诸道兵，请悉遣归"。朝廷相信了他，命令各地援军撤回本镇。黄巢探知诸道兵已北渡淮河而去，"乃告绝于骈，且请战"，高骈这才知道中了黄巢的缓兵之计，怒命张璘出击，结果大败而归，张璘战死阵中。

黄巢击败张璘后，连陷睦州、婺州、宣州等地，并于广明元年七月在采石渡江，围天长、六合，兵势甚盛。淮南大将毕师铎对高骈道："朝廷倚公为安危，今贼数十万众乘胜长驱，若涉无人之境，不据险要之地以击之，使逾长淮，不可复制，必为中原大患。"但此时的高骈已从轻敌变为畏敌，他认为勇将张璘已经战死，兵力损失惨重，诸道兵也已回转，单靠淮南兵力无法战胜日益壮大的黄巢，只得挖开陈登水的大堤，用河水作为屏障来固守。同时，他又向朝廷告急。

高骈告急的上奏送到长安后，"上下失望，人情大骇"，但也只能下诏切责高骈，高骈则以自己得了风痹症为由，不再出战。此时率兵阻截的天平节度使兼东面副都统曹全晸在与黄巢的战斗中虽屡有斩获，但只有六千人，只得退屯泗上，等待援军。高骈竟不发一兵一卒救援，导致曹全晸寡不敌众，全军覆灭。

击破曹全晸后，黄巢整军准备渡淮，当时其大军已经有十五万人，对外更是号称六十万。为截击黄巢，朝廷急命诸道兵沿溵水布阵防守。但屋漏偏逢连夜雨，位于后方的许州突然发生兵变，节度使薛能被杀。薛能此人既骄傲又轻佻，对自己的文章很是自负，虽然当到了节度使，但还是觉得郁郁不得志，在西川任节度副使时，经常议论诸葛亮的一生功业，认为诸葛亮也没什么了不起。他曾写诗道："阵图谁许可，庙貌我揶揄。""焚却蜀书宜不读，武侯无可律吾身。"但实际上，他是个眼高手低的无能之辈。当时，徐州军路过许州，曾任感化节度使的薛能认为徐州军中不少人都是他的部下，因此将他们请到城中休息，由于薛能在任上喜欢更换将领，忠武大将周岌认为他会依靠徐州军的武力趁机清洗忠武军将领，便先下手为强，半路上引兵而回，尽杀徐卒，薛能也在乱军中遇害，周岌遂自称留后。消息传来，汝、郑把截制置使齐克让害怕被周岌袭击，引兵还兖州，其余屯守溵水的兵马也纷纷散去。

黄巢大军顺利渡过淮河后，自称"天补平均大将军"，北趋河洛，直捣唐王朝统治的中心地带，天子派来催促高骈出兵讨贼的使者络绎不绝，但高骈始终不出兵。黄巢大军遂一路高歌猛进，于广明元年（公元880年）十一月攻陷东都洛阳，稍作停留后即向关中进发，又于十二月初攻破潼关天险，前来勤王的博野、凤翔等军半路溃散，大掠市坊。

十二月五日，百官退朝时听说乱兵进了长安后纷纷慌忙逃窜藏匿，田令孜连忙率神策军五百人保护僖宗向西川逃去，随行的只有福、穆、泽、寿四王及妃嫔数人。僖宗一行人骑着快马昼夜兼行，不少朝廷官员都被落在了半途上。这天下午，黄巢军前锋进入长安，金吾大将军张直方则率文武官数十人迎接黄巢入城。

当时，天子仍寄希望于高骈，对他十分信任，逃到成都后不久即下诏给高骈，赋予其墨敕除官的权力，"应诸州有功刺史及大将军等如要劝奖者，从监察御史至常侍，便可墨敕授讫分析闻奏者"；同时，还任命高骈为京城四面行营都统，命其全权指挥京西北神策军及入援关中的诸道节度使兵马。

在朝廷的一再催促下，高骈移檄四方，称自己不日将入讨黄巢，并在淮南镇进行动员，征调集结各路人马，共计战舰两千艘、战士八万人，军容十分雄壮。中和元年（公元881年）五月，高骈又出屯东塘，构筑营垒，每天检阅，做出一副即将发兵赴难、救援朝廷的样子，并修书一封给浙西节度使周宝，请他共同出兵，入援京师。虽然阵势摆得很大，但高骈最终还是没有出兵，在东塘停留至九月初后，他又回到了扬州。

按照《旧唐书》的说法，高骈始终拒不出兵勤王是他存有野心："欲兼并两浙，为孙策三分之计。"但按照高骈自己的说法，他害怕周宝、刘汉宏将为后患，一旦出兵，空虚的淮南肯定会招来两人的进攻，最后被其蚕食鲸吞，这样的话，朝廷的赋税就全部落空了。他还称自己曾经收到过朝廷的一封诏书，让他坚守淮南财赋要地，其中道："卿宜式遏寇戎，馈輂粟帛，何必离任，则是勤王。或恐余孽遁逃，最要先事布置……为朕全吴之地，遣朕无东南之忧。"

但朝廷方面，却以高骈未奉诏出兵为由，于中和二年（公元882年）下诏以王铎兼中书令，充诸道行营都统，权知义成节度使，罢免了高骈的都统及诸使等职，但领盐铁转运使一职；并任命太子少师崔安潜为副都统、忠武节度使周岌为左司马、河中节度使王重荣为右司马、河阳节度使诸葛爽为左先锋使、宣武节度使康实为右先锋使、感化节度使时溥为催遣纲运租赋防遏使、右神策观军容使西门思恭为诸道行营都监；此外，还任命义武节度使王处存为京城东面都统、保大节度使李孝昌为京城北面都统、定难节度使拓跋思恭为京城西面都统，命他们率领本镇兵马讨伐黄巢。

这中间到底发生了什么，导致朝廷与高骈各执一词，需要我们认真分析。高骈称朝廷在七月下发诏书让他就地防守，但直到次年正月，他才被解除诸道行营都统一职。如果朝廷让他备御江淮，那肯定会同时任命他人统揽关中战事，而不是在半年之后才另觅人选。当时由于"道路梗涩，奏报难通"，各藩镇纷纷被授予墨敕除官的权力，确保及时提拔立功将士，因此，高骈能否在九月初收到诏书还是未知数。不过，高骈未能如期出兵的理由应当也不是《旧唐书》所说的有割据一方的野心，而是淮南确实没有足够的兵力讨伐黄巢。

我们知道，唐代藩镇主要分四种，即河朔割据型、中原防遏型、边疆御边型、东南财源型，淮南镇便是东南财源型藩镇，其兵力比较薄弱，战斗力也不强，只能镇压小股盗贼，一旦遇到大规模战事，便需要从中原防遏型藩镇调动兵马。高骈虽是当代名将，但赴淮南上任时带去的兵马不会太多，目前史料中提到的主要有三支：一是雷满所统领的武陵蛮军，是高骈在荆南节度使任上招募的；二是昭义大将梁缵率领的三千昭义军，他率部戍守西川时与高骈相识，后被高骈招揽至麾下；三是高骈从西川节度使任上带过去的一支天征军，这些部队加起来应该不会超过一万人。高骈在淮南招募到的七万土客人马，除淮南本地驻军约三万五千人外，其余都是昭义、感化、义武等镇赶来的援军，随后大部分又都被遣归。张璘率领的那支兵马应该便是淮南军的主力，随着他战死，淮南军实际上已元气大伤。随后在东塘检阅三军时，虽然淮南号称巡内兵马八万，但其中大部分应该都是原黄巢降将秦彦、毕师铎、李罕之、许勍领有的士卒。这些降将大多桀骜不驯，且与黄巢部下有千丝万缕的联系，难以信任。万一高骈悉军北上，这些将领突然叛变，那淮南地区势必不保。

即使是从西川、荆南等地带来的部曲，高骈在指挥上仍不能随心所欲，按照当时的制度，这些人的赏赐、待遇仍由原来藩镇提供，并以原先所在的藩镇为单位行动。比如西川来的天征军将士，

▲唐石雕力士像

大部分已回本道，只留下一部分继续留在扬州，随后西川便停发了这部分留下来的将士的衣粮，导致军心不稳，高骈不得不上奏朝廷，希望本道支付全粮。不久后，雷满统领的武陵蛮军也发生兵变，逃回了朗州老家。

为应对这些情况，高骈不得不建立新军，选募诸军骁勇之士两万人，号左、右莫邪都，并任命张守一、吕用之为左、右莫邪军使。其中，吕用之为鄱阳茶商之子，长期客居扬州，熟悉当地的情况，在为高骈炼丹之余，经常对社会上的一些问题发表意见，高骈听后觉得颇有些道理，逐渐就信任他了。张守一为吕用之所引荐，原是沧景一带的农民，长期在江淮一带流转经商，贩卖一些胭脂花粉来谋生，也十分熟悉当地情况。

此时淮南的周边局势也在不断恶化，长安被黄巢攻陷后，唐王朝原先的军政体系开始崩溃，一向服从朝廷的东南藩镇的离心力日益增长，相互提防，更有一些节度使开始谋求割据。位于浙西的镇海节度使周宝原是高骈在神策军中的同僚，两人自幼很熟，私交一向很好，亲如兄弟。在高骈徙镇淮南的同时，朝廷为加强其力量，同时将原任泾原节度使的周宝徙至镇海，希望两人同心戮力，共同扶助王室。最初两人也配合默契，关系十分融洽，高骈征辟周宝之子周佶为盐铁支使，周宝也将高骈的从子招入幕府。正所谓"知臣（高骈）者莫若圣君（僖宗），成我者固须良友（周宝）"。

但高骈屯兵在东塘期间邀请周宝共同出兵时，却未能得到昔日老友的积极响应。《资治通鉴》的说法是，两人因"封壤相邻，数争细故，遂有隙"，但周宝在收到檄文后放下旧怨，"治舟师以俟之"，但高骈却迟迟不行，最后还是周宝的幕客一语道破天机："高公幸朝廷多故，有并吞江东之志，声云入援，其实未必非，图我也！宜为备。"周宝一开始还不相信，派人暗中观察，终于发现高骈其实并没有北上勤王的意思。后来，高骈邀请周宝到瓜洲商议军事，周宝害怕为高骈所图，辞疾不往，两人这才交恶，相互指责，"由是遂为深仇"。但高骈的说法是，他早有心出师勤王，可周宝不但反对出兵，还猜忌提防他。后来，有一个叫赵公约的叛卒逃奔浙西，诡言高骈有吞并周宝之意，周宝于是移书责之，还上奏朝廷，传告各地藩镇，搞臭了高骈的名声，两镇之间这才势如水火。

周宝一开始是否真的有心出兵呢？恐怕未必。当时他的处境也十分微妙。他刚来浙西时，境内四处都是盗贼，作为东南财源型藩镇的镇海军兵力不足，他只能练卒自守，并征发杭州兵戍守各县镇，分为八都，分别由董昌等人所统领。这八都兵马都是地方土团兵，镇将也都是地方豪强，周宝很难驾驭，因此他又以勤王为由招募了一支"后楼都"，待遇比镇海军将士高了一倍，由其子周玙统领。但周玙性格懦弱，没有统军才能，失去约束的后楼都横行霸道，成为一害。周宝此时也沉溺于酒色中，把政事丢到了一边。对周宝来说，保住地盘才是最重要的，因此对北面的强邻淮南才如此心存戒备。而随着唐王朝统治秩序的瓦解，各地兵变不断，地方势力也开始抬头，石镜镇将董昌便在此时引兵入杭州，驱逐了刺史路审中，自称杭州都押牙、知州事。周宝无力平定兵变，只得上奏朝廷，表董昌为杭州刺史。试问在这种情况下，周宝怎么可能出兵，所谓即将率兵赴难恐怕只是口头上喊喊罢了。

同时，高骈还因为泗州的归属问题，与北部的徐州感化军节度使时溥发生了冲突。泗州原属感化军的前身武宁军，庞勋之乱后，朝廷为削弱武宁军，于咸通十一年（公元870年）将其降为徐州观察使，将泗州升为团练州，改隶淮南。不久后，徐州虽重新升为节度使，并赐军号"感化"，但泗州并未归还，仍在淮南节度使属下。

泗州南瞰淮水，北控汴流，地理位置重要，历来是兵家必争之地。僖宗入蜀后，徐州方面见朝廷鞭长莫及，便企图夺回泗州，南下侵入涟水一带，导致淮河的漕运断绝了很长一段时间。时溥任感化节度使后，朝廷命他负责催遣纲运租赋，他趁机指责高骈在泗州修筑城垒、阻断漕路，称自己奉朝廷旨意，将收回泗州，但被高骈派军逐走。两镇随后又在御前打了一场笔墨官司，朝廷也顾不上是非曲直，只是下诏劝说两镇和睦相处。中和二年五月，当高骈再次准备出兵勤王时，时溥又一次侵犯泗州，这次差点攻下城池，直至七月间才被高骈击退。

在淮南内部，高骈建立新军的计划也遭到将领们的抵制，他不得不诛除、排斥旧将。此时，淮南各地的刺史名义上虽服从他的命令，暗地里却在积蓄力量，等待着取代主人的机会，但是，"螳螂捕蝉、黄雀在后"，在他们磨刀霍霍的时候，原来的"黔髡盗贩"之徒也在崛起，其中不少人最后成了"衮冕峨巍"的大人物，日后的淮南之主杨行密便是在这种背景下登上了历史舞台。

▲唐打马球纹铜镜

三 杨行密的崛起

杨行密，庐州合肥人，本名杨行愍，宣宗大中六年（公元852年）出生在一个世代务农的家庭，很小的时候父母便去世了，他早早就遍尝了生活的艰辛。杨行愍从小便展示出超人一等的才能，喜欢指挥村里的孩子一起做行军布阵的游戏，"常为旗帜战争状"，成年后更是相貌堂堂，力大无穷，据说能手举三百斤，日行三百里。

当时的黄、淮地区，伴随着经常性的自然灾害及日趋繁重的压榨，许多百姓铤而走险，加入盗贼集团，他们或武装贩卖私盐，或劫掠商人地主，严重扰乱了唐王朝的统治秩序，出现了"群盗侵淫，剽掠十余州，至于淮南，多者千余人，少者数百人"的局面。从小孤贫的杨行愍正是在这种情况下落草为寇，其间，结识了许多沉沦底层的豪杰。

后来，杨行愍一不小心被官府擒住，刺史郑綮见他一表人才，生了爱才之心，勉励他道："尔且富贵，何为做贼？"下令释放他。杨行愍受其勉励，应募从军，希望能够凭借军功出人头地。在军中，他很快因功升至牙将，并与田頵、陶雅、刘威等人结为异性兄弟，号称"三十六英雄"，并以此为基础，拉起了一支一百多人的队伍，"皆犷勇无行者"。

不久后，西蕃入寇，朝廷下诏征发各地藩镇兵马至灵武防秋，杨行愍等人受命出征戍边。防秋是唐王朝为防范西北少数民族入侵建立的一套军事制度，因各游牧部落往往在秋高马肥时侵扰，故有此称，兵力主要由边镇兵、神策军、关东戍卒三部分组成。唐代宗大历九年（公元774年）五月，朝廷曾下诏确定诸道防秋兵马数，其中淮南四千人、浙西三千人、魏博四千人、昭义两千人、成德三千人、山南东道三千人、荆南两千人、湖南三千人、山南西道两千人、剑南西川三千人、东川两千人、鄂岳一千五百人、宣歙三千人、福建一千五百人。除此之外，忠武、宣武、淮西等中原藩镇，每年也都要派出兵马戍边。贞元年间，关东诸镇戍守京

▲杨行密

西者有十七万人之多，加上原有的边镇兵及神策军兵力，总计应该有三十万人上下。

在戍边的那段时间，杨行愍和同伴们"与豺狼为邻伍，以战斗为嬉游，昼则荷戈而耕，夜则倚烽而觇"，心性和武艺都有了极大提升，还学到了许多行军作战的知识，这为他以后的征战打下了基础。中和三年（公元 883 年）春天，杨行愍戍边期满，带领部众回到庐州，没想到却引起了都将的嫉妒。杨行愍人才出众、行事敏捷，其部众都骁勇善战、屡立战功，都将害怕自己的地位被取代，于是想安排他再次戍边，将他排挤出去。

杨行愍知道都将搞鬼，也不说破，而是假装接受命令。出发前夕，他经过都将的家，都将看到他后假装关心他，问他还有什么需要的东西。但见杨行愍愤然说道："惟少公头耳。"说完便手起刀落，一刀将都将斩杀。随后，他割下都将的头颅，率领"三十六英雄"进入军营发动了兵变，很快便占领了庐州城，并自称八营都知兵马使。庐州刺史郎幼复无力镇压，只得交出职权，并向高骈推荐杨行愍代替自己镇守庐州。高骈当时忙于处理新军与旧军之间的矛盾，遂任命杨行愍为淮南押牙，知庐州事，朝廷也在不久后承认了杨行愍庐州刺史的合法地位。随后，杨行愍以田頵为八营都将、陶雅为左冲山将，先后讨定境内各乡盗匪，全面控制了庐州局面。

庐州又称合肥，处于长江之畔，巢湖之滨，广袤千里，为江淮间军事重镇，"龙眠蟠其前，淮海之郡，庐为大。地大以要，庐为淮西根本。合肥号金斗，江北恃为唇齿，亦一都会。地有所必争。腹巢湖，控涡、颍。"三国时孙权曾数争该地；东晋祖逖亦以此为北伐的前进基地；南北朝时，南梁名将韦睿曾在此大破北魏军，使魏人畏之如虎；隋高祖杨坚欲吞并南陈，以韩擒虎为庐州总管，在此地大治甲兵。可以说夺取庐州后，杨行愍有了争雄江淮的立身之本。

杨行愍在庐州招贤纳能，收揽了一大批人才，这些人才日后成为他所建立政权的核心力量，《肥上英雄小录》一书记录了其麾下将吏有勋名者四十人，其中有二十四人来自庐州，占总数的六成。谋士方面有袁袭、戴友规。杨行愍庐州起兵时，袁袭仗策从军，因料事多中得到重用，杨行愍对他可以说是言听计从，《九国志》《十国春秋》两书均在《吴臣传》中将他列到第一位。武将方面更是人才济济，除田頵、陶雅、刘威等人外，还有朱延寿、王茂章、台濛、王绾、秦裴、李遇、李友、张崇、王稔等人，他们都以骁勇善战闻名，是杨行愍庐州起兵时便跟随左右的元老，后来都成为杨吴政权的大将。

当时，南方各地的地方武力崛起是常态，这些地方原本兵力薄弱，黄巢之乱爆发后，为求自保，只得大量招募土团军。许多底层人士遂乘唐王朝统治衰微之际，凭借武力驱逐中央任命的长官，割据一方，其中势力较大的有杜洪、钟传等人。

鄂州杜洪，出身伶人，乾符末年，黄巢攻略东南州郡，刺史崔绍招募百姓中强雄者为土团军，"贼不敢侵，于是人人知兵"，杜洪也在此时投军，积功升至牙将。中和四年，崔绍病死，客居黄州的原杭州刺史路审中招募人马攻占鄂州，同时杜洪也率兵攻占岳州，自称刺史。两年后，路审中被安陆贼帅周通击败，逃离鄂州，杜洪趁机进入鄂州，自称节度留后，后被朝廷任命为武昌军节度使。

洪州钟传，出身小商贩，王仙芝南下时江南大乱，他纠合夷獠，在山中结寨自保，有众万人，自称高安镇抚使，随后入据抚州，被朝廷任命为刺史。中和二年（公元882年），他出兵驱逐江西观察使高茂卿，占据洪州，被僖宗任命为江西团练使，后拜镇南节度使。

杨行愍夺取庐州后不久，高骈派遣麾下左骁雄军使俞公楚、右骁雄军使姚归礼两将率兵三千至庐州下属的慎县击讨盗贼.吕用之因与二将不和，遂派人偷偷告诉杨行愍，称两人将图庐州，杨行愍于是半路设伏，全歼了这支骁雄军，并向高骈报告称两人企图作乱，已被诛杀，得到了高骈的厚赏。

中和四年（公元884年）三月，高骈从子左骁卫大将军高澞因上疏吕用之的罪状，被排挤出外到舒州任职，刚刚到任便遇到陈儒攻打舒州。高澞缺兵少将，难以抵挡，便向杨行愍求救。当时陈儒兵力颇为强大，杨行愍自忖难以取胜，于是向麾下将领李神福[1]求教。李神福献上一计，可以"不用寸刃而逐之"，杨行愍依计行事，命人携带大量军旗，从小路进入舒州，随后让舒州兵马举着庐州的旗帜出城，将领们指画周边地形，似乎是要布置大阵，陈儒以为庐州援军兵力强大，连忙撤军。但不久后，群盗吴迥、李本等人再次攻打舒州，高澞这次没有杨行愍帮忙，无力守城，弃城而走，半路上被高骈命人处死。杨行愍派遣陶雅、张训两人率兵击斩吴迥、李本，又任命陶雅为舒州刺史。陶雅尚未进入舒州时，正逢奉国节度使秦宗权入寇庐州，抢占了舒州，杨行愍连忙派遣大将田頵前往舒州，迫使秦宗权部退走。

黄巢退出关中后，兵力仍十分强大，但他屯兵于陈州城下三百天，不但自身兵力损失惨重，还失去了战略转移的时机。此时，李克用也率兵南下，会同忠武、宣

---

[1] 李神福原是昭义军出身，当初随州将成守淮南，隶属高骈麾下，其间结识了杨行愍，其后昭义大将梁缵因反对高骈信用吕用之等人，被夺走了兵权，李神福遂转投杨行愍。

武、感化、天平等军一路追击，黄巢只得率军向汴州方向进发，在汴河王满渡"半济"时被李克用追上，被打得全军崩溃，战死者万余人，麾下大将李谠、霍存、葛从周、张归霸等人纷纷投降。黄巢只得收拢残部渡过汴河后向北转移，在封丘被李克用追及，再次大败，只得东趋兖州，半途又被感化大将李师悦邀击，最终败死于泰山狼虎谷。

黄巢虽然败死，但已经燃起的烽烟并无半点停息的迹象，藩镇之间继续保持着混战态势，相互攻伐不已，其中为祸最烈的便是割据蔡州的奉国节度使秦宗权。"（他）命将出兵，寇掠邻道，陈彦侵淮南，秦贤侵江南，秦诰陷襄、唐、邓，孙儒陷东都、孟、陕、虢，张晊陷汝、郑，卢瑭攻汴、宋，所至屠翦焚荡，殆无孑遗。其残暴又甚于巢，军行未始转粮，车载盐尸以从。北至卫、滑，西及关辅，东尽青、齐，南出江、淮，州镇存者仅保一城，极目千里，无复烟火。"

秦宗权是唐末淮蔡军人集团的代表，该集团渊源可以上溯至安史之乱时，肃宗至德元年，为抵御安史乱军南下江淮，朝廷下令设置淮南西道节度使，领申、光、

▲ 龙门石窟天王力士

蔡、许、郑五州，治所许州，名将来瑱成为首任节度使。当时由于战事原因，其辖区一直变化不定，最多时一度下辖十六州。宝应元年（公元762年）七月，原平卢军大将李忠臣入主淮西，开始了长达十七年的统治，治所也迁徙至了蔡州。李忠臣虽然在任上一直忠于唐室，但其统领的平卢余部带有浓厚的河朔色彩，兵骄将悍，倔强难治，这些平卢军人成为淮西镇的军事骨干力量后，又吸引了不少原来的安史残部来投，使得淮西镇浸染胡风，开始出现河朔化的倾向。

除了平卢军外，淮西当地还有玄宗年间被迁徙至此的突厥、高丽、河曲九州胡五六万人，以及大量以射猎为生、矫悍善斗的"山棚"民众，三者最后结合起来，形成了"以暴乱为事业，以专杀为雄豪"的军人集团。大历十四年（公元779年）三月，李忠臣因贪财好色被部将李希烈驱逐。李希烈选骑兵尤精者为左、右门枪、奉国四将，步兵尤精者为左、右克平十将，并以这样一支强大的武力割据一方，甚至一度称帝。李希烈败死后，淮西军虽遭受了沉重打击，几乎到了覆灭的境地，辖区因此局限在申、光、蔡三州，但很快就凭借着"虽居中土，其风俗犷戾，过于夷貊"的社会基础再次复兴，继续与朝廷抗衡，直至元和十二年（公元817年）九月才被名将李愬平定。次年，淮西节度使被废，蔡州被划归忠武军管辖。

蔡州虽被朝廷收复，但原有的淮西军人集团未被根除，在当地仍然保留着犷戾尚武的风气，"村乡聚落，皆有兵仗"。唐朝末年，土地兼并加剧，天灾人祸不断，海内穷困，处处流散，许多民众沦为盗贼，其中大量盗贼便来自习惯战斗的淮西地区，他们聚在一起，公然在荆襄、鄂岳等道行劫，还凭借武力贩卖私盐，以此逐步强大起来。庞勋起事时，便有不少淮西群盗前去投奔，王仙芝、黄巢兴起后，他们更是大量投入两人军中，成为主要兵源。

秦宗权是蔡州上蔡人，早年间在许州担任牙将职务，广明元年（公元880年），许州发生兵变，节度使薛能被杀，正在外募兵的秦宗权得知此消息后，遂趁机攻陷蔡州，并脱离了忠武军。因派兵在汝州堵截黄巢军有功，大宦官杨复光上奏朝廷，升蔡州为奉国军，秦宗权也成为首任奉国军节度使。占据蔡州后，秦宗权广募勇武和亡命之徒，不断扩大实力，后来的前蜀皇帝王建等人最初便隶属其麾下。

中和三年（公元883年）五月，黄巢退出关中后再次进入淮西地区，秦宗权战败，称臣于黄巢，与其联合作战攻城略地，势力大振，开始"有吞噬四海意"，先后攻占邻道二十余州，成为当时中原地区最大的割据势力，更于光启元年（公元885年）称帝，直到文德元年（公元888年）才被朱全忠讨平。朱全忠将其槛送长安，京兆

▲ 唐三彩天王俑

尹孙揆受命监斩。临刑前，秦宗权还在槛中伸出头来，极力辩解："尚书明鉴，宗权岂反者耶！但输忠不效耳。"秦宗权虽死，但其散落各地的余部仍然不少，尤其是在南方各地，这些淮蔡军人更是凭借出众的武力称王称霸，如搅乱江淮的"杀神"孙儒、楚国的建立者马殷、闽国的建立者王潮、王审知兄弟、荆南节度使成汭、山南东道节度使赵德諲、赵匡凝父子等人均出自秦宗权军中。

光启二年（公元886年），朱玫等人作乱，僖宗出幸兴元。四月，朱玫拥立襄王权军国事，准备行废立之事。为得到各藩镇的拥戴，朱玫大行封拜，其中高骈被任命为兼中书令，充江、淮盐铁、转运等使，诸道行营兵马都统；淮南右都押牙、和州刺史吕用之为岭南东道节度使。史书上称，当时天下藩镇，十之六七都接受了朱玫控制的伪朝廷的命令。不过，这些官职对高骈来说已经完全无用了，当时的淮南军政大权已被吕用之牢牢控制，他建立府署、选拔僚属，礼节与高骈相等。又迫使高骈原先的心腹及有具体职事的将校都依附自己，所有的政事也不再禀告高骈，而是自行决断。高骈本想借助建立的新军加强对淮南的控制，没想到反而遭到反噬。

史书上常把高骈被夺权的原因归结为他迷信，在五代时成书的《广陵妖乱志》一书便记载了高骈沉迷神仙方术的许多故事，吕用之等人也被称作"妖党"，但曾经的名将高骈真的如此容易受骗上当吗？未必。从高骈的经历来看，所谓的迷信神仙方术应该只是他提高声望、巩固权力的手段。在安南时，他派人凿通海路，便伪言自己"以术假雷电以开之"；在率兵入蜀时，他"先选骁锐救急，人背神符一道。蛮舰知之，望风而遁"。因此，高骈在淮南如此行事，应该是想故技重施，利用神权为自己的统治服务，结果被人利用，导致自己被人挟制。当年的高骈意气风发，是因为他有朝廷的支持，但此时的朝廷风雨飘摇，自身难保，他又未能及时整合淮南的军事力量，结果核心部队遭受重创后，下属各支郡的独立性倾向不断抬头。

　　唐代中期以后，朝廷有意识地开始加强支郡刺史的军事权力，"刺史皆治军戎，遂有防御、团练、制置之名"，各支郡刺史往往兼任本州团练守捉使，控制了本州的军事力量，宪宗年间，又专门"诏天下兵分屯属郡者，隶于刺史"。这些措施使得藩镇对支郡的控制有所弱化，无法直接调动支郡兵马。也正因如此，高骈虽身为淮南节度使，其实际控制的地域很快便只有扬州一地，下属支郡脱离控制、互相攻伐。光启二年（公元886年）十二月，寿州刺史张翱对杨行愍的发展感到不安，派大将魏虔率兵万人来攻，杨行愍连忙派部将田頵、李神福、张训前去迎战，在褚城一战中将来敌击败，但滁州刺史许勍却乘杨行愍主力与寿州兵作战时，攻陷了舒州。高骈知道此事后，命其改名杨行密，以示安抚。

四 高骈之死

光启三年（公元887年）年初，淮南后方的镇海军发生了兵变，节度使周宝仓皇逃往常州，历年积攒的财货均被乱军获取，度支催勤使薛朗被拥立为节度留后。高骈得知消息后十分高兴，列牙受贺，并派遣使者送给周宝一盒齑粉，周宝收到这份"礼物"后愤然掷于地上，怒道："汝有吕用之在，他日未可知也！"当时高骈面临的形势其实不比周宝好上多少，扬州及附近地区自光启二年（公元886年）十一月至次年二月，一直都是雨雪连绵的恶劣天气，给农业生产造成了极大危害，自此以后连年饥荒，食物价格不断上涨，到处都是饥民，每天都有许许多多的百姓饿死，昔日的繁华都市已成一片鬼蜮。

四月初，淮南左厢都知兵马使毕师铎联合高邮镇遏使张神剑、淮宁军使郑汉章等淮南大将起兵。吕用之用事后，淮南宿将多为所诛，毕师铎作为黄巢降将，与黄巢又是同乡，心中更加不安。他家有一美妾，长得十分美貌妖娆，吕用之听说其艳名后便想一睹芳容，被毕师铎拒绝，但吕用之贼心不死，觅得毕师铎不在家的机会，偷偷前去相见，终于如愿以偿。毕师铎回来后惭怒交加，便将美妾逐出家门，两人因此交恶。三月间，蔡州军一部进入淮口，窥视淮南，高骈于是命毕师铎率军屯守高邮，临行前，吕用之显得十分殷勤，毕师铎更加疑惧，认为祸在旦夕，遂与其儿女亲家张神剑商量，张神剑却认为不会有事。但此时人言汹汹，均认为毕师铎死期不远，连他的老母亲都说出了"设有是事，汝自努力前去，勿以老母、弱子为累"的话。又逢高骈之子四十三郎想要夺回父亲旁落的大权，偷偷派人告诉毕师铎："用之比来频启令公，欲因此相图，已有委曲在张尚书所，宜备之！"

综合种种情况，毕师铎认为一场大祸就在眼前，他回营后立即召集心腹商议，众人都认为照目前的形势看只有起兵一途可行，他下定决心后，亲率百余骑驰入昔日副将郑汉章军营中，郑汉章早就对吕用之等人不满，立刻召集部下跟随，随后毕师铎又说服了张神剑共同起兵。众人推毕师铎为行营使、郑汉章为行营副使、张神剑为都指挥使，并写了篇檄文祷告天地，还派人送往淮南各地，详细陈述自己为何起兵诛杀吕用之、张守一、诸葛殷等人。

毕师铎等人起兵后，高骈派驻各地的探子立刻回马相告，但消息被吕用之隐匿，高骈对此一无所知。不久后，毕师铎等人攻至广陵城下，城内大惊，吕用之引麾下劲兵，诱以重赏出城力战，这才击退毕师铎。紧接着，他便下令断桥塞门以做守备。高骈听到两军交战的喧噪声询问左右，这才得知毕师铎兵变的消息，不由大惊失色，急召吕用之诘问，吕用之巧言搪塞，但他心中已有所察觉，神色凄惨道："近者觉君之妄多矣，君善为之，勿使吾为周侍中。"毕师铎初战不利后，率部退屯广陵城东北位置的山光寺，他见广陵城坚兵多，凭现有兵力仓促间难以攻克，"甚有悔色"，为求助力，他派使者前往宣州，向同为黄巢降将出身的宣歙观察使秦彦求援，希望他派兵相助，并许诺克城之日将推举秦彦为淮南节度使。

高骈放心不下，次日清晨天色尚未放明又召见吕用之，询问毕师铎反叛事情本末，吕用之见无法隐瞒，这才据实相告。高骈此时尚对自己的威望抱有信心，他对吕用之说道："吾不欲复出兵相攻，君可选一温信大将，以我手札谕之。若其未从，当别处分。"吕用之退下后，认为淮南诸将都与自己结怨，到毕师铎那边肯定不会说自己好话，于是只命自己的亲信讨击副使许戡前往毕师铎大营，命其带去高骈的辩解及吕用之写下的誓言，又带了许多美酒佳肴犒劳毕师铎。毕师铎当时仍未坚定叛心，希望高骈派一员昔日同僚前来慰问，他可以好好诉说一下吕用之的奸恶，发泄积蓄已久的怨愤，结果盼来盼去，等来的却是吕用之的亲信，毕师铎忍不住大骂："梁缵、韩问何在，乃使此秽物来。"还没等许戡说话，便命刀斧手将其牵出斩首。次日，毕师铎射书入城，希望能与高骈直接进行联系，但信件被吕用之获得，吕用之不愿毕师铎与高骈取得直接联系，当即将信件焚毁。

随后，吕用之再次觐见高骈，准备解释毕师铎兵变之事。他考虑到高骈此时已失去了对自己的信任，便携带了甲士百人。高骈见此情形，以为吕用之要发动兵变，惊恐万分，连忙躲进了寝室，过了许久见没有动静方才现身，并叱喝道："节度使所居，无故以兵入，欲反邪！"命左右侍从将吕用之赶了出去。吕用之连忙离开高骈居住的延和阁。走出子城南门时，他对左右亲信说道："吾不可复入此！"从这以后，高骈、吕用之关系彻底破裂。为防备吕用之之谋乱，高骈急招从子——前左金吾卫将军高杰密议军事，任命他为牢城使，"泣而勉之"，并将亲信五百人交给他指挥。吕用之则下令诸将大索城中丁壮，不管是朝士还是书生，都被驱赶上城头协助守城，从早到晚都不得休息。他害怕这些人与城外的毕师铎勾结，又下令将这些人一天之内数易防区，就连家人也不知道到底该把饭送到哪里。这些举措引起居民的愤怒，"由是城中人亦恨师铎入城之晚也"。

高骈再次试图与毕师铎取得和解，希望他能罢兵休战。当时毕师铎的家属都在

▲ 唐扬州城铭砖

广陵城中，高骈便派大将石锷将毕师铎幼子护送出城，求见毕师铎，并送去了毕师铎母亲的一封信，代高骈转述诸多委屈。毕师铎不为所动，让石锷将幼子带回，称："令公但斩吕、张以示师铎，师铎不敢负恩，愿以妻子为质。"高骈害怕吕用之对毕师铎家属下手，将这些人全部安置在使院内。

毕师铎又在城南立一高楼窥视城中虚实，吕用之认为此乃大患，遂募集壮士摧毁该楼。商人出身的马珣应征，他趁着夜色"仗剑入贼营倒之"，吕用之大喜，厚赏马珣，将其连升十余级。

此时，宣州大将秦稠也率兵三千来到城下相助毕师铎，宣州军率先攻打南门，未能得手后又转攻罗城东南隅，好几次都差点将扬州城攻下。两天后，罗城西南隅守军突然哗变，焚烧防御工事，响应毕师铎，毕师铎军遂攻入罗城。吕用之听闻敌军攻入城中，连忙率兵千人前去迎战，两军大战于三桥北。吕用之军最初占据上风，但在即将击退毕师铎时，高杰率领的牢城兵突然从子城杀出，"欲擒用之以授师铎"。吕用之在内外夹击下知大势已去，遂命部下打开参佐门，率亲信部下向北逃去。高骈见已逐走吕用之，又连忙召回旧将梁缵，命其率麾下昭义军百余人防守子城，以保护自身安全。当时，毕师铎入城后纵兵大掠，城内秩序一片混乱，高骈害怕被乱兵所害，下令亲军彻夜警备。随后硬着头皮邀请毕师铎前来相见，"交拜如宾主之仪"，并下令任命毕师铎节度副使、行军司马，仍承制加左仆射，郑汉章等人亦各自升迁官职。

当天，左莫邪都虞侯申及偷偷求见高骈，称探知毕师铎所部兵马其实不多，尚未来得及派兵据守广陵城全部城门，劝说高骈在亲信护卫下趁着夜色从教场门逃出广陵城，再调发淮南各州兵马入援广陵，还取府城。他急切地说：如果再过一两天，毕师铎彻底控制局势，就不会再有这样的机会了，但高骈犹豫不决。申及害怕事情泄露，连夜出逃，投奔了驻兵东塘的前苏州刺史张雄。

次日，毕师铎果然分兵把守各城门，并将搜捕到的吕用之党羽全部处死。随后，他又入居使院，宣州军则分守使宅及诸仓库。高骈见此情景，知道已不可能安坐节度使位置，自请解职，让毕师铎兼判府事。毕师铎认为自己难以服众，派遣使者履行前约，请秦彦速速过江接任节度使。当时有人劝说："仆射（指毕师铎）举兵是因为吕用之等人奸邪暴横，高令公为人蒙蔽，现在吕用之已经逃离，军府廓然，仆射应该让高令公继续站在台前，自己只要抓住兵权就可以了，到时候谁敢不服。吕用之不过是淮南的一名叛将，到时候只要写几封文书，便可将其拿下。如此，外有推奉之名，内得兼并之实，即使朝廷知道真相，亦无亏臣节。如果高令公聪明，肯定安心做傀儡；即使他不满意，也只是砧板上的一块肉，为什么要将这样的功业付之他人，到时候不但受制于人，还会自相残杀。前天，秦稠进城后立刻占据了仓库，摆明了就是不信任我们。即使秦彦当了节度使，庐州、寿州等地守将又怎么肯屈居人下！到时候肯定是无休止的攻杀，不但淮南之人肝脑涂地，连仆射你的功名成败都未可知也！还不如现在派使者阻止秦彦过江，他如果明白当前局势，必定不敢轻进。即使他日指责我们负约也不要紧，因为我们这样做是为了忠于高氏。"但毕师铎不以为然，第二天才对郑汉章说起此事，郑汉章认为此人是智士，连忙派人寻找，却再也找不到了。

高骈交出权柄后，举家迁往南第，毕师铎派遣甲士百人跟随左右，名为护卫，实则将他软禁了起来。毕师铎正式在府厅视事后，"凡官吏非有兵权者皆如故"，又下令将高骈一家迁至东第。随后，他又任命先锋使唐宏为静街使，命其弹压街面、禁止诸军掳掠。扬州最初堆积如山的各种贡品、财物，此时已全部被乱兵掠走，几乎每个小卒身上都带着"刻镂金玉、蟠龙蹙凤"的器物。在抢掠过程中，宣州军因为所求未获，竟直接焚毁了进奉院两座楼的数十间房子，房内的各种珍宝随着烈焰

◀宋李公麟《丽人行》中的唐代仕女形象

全部化作灰烬。几天后，毕师铎得知高骈并不安分，企图用钱财收买守卫，便将他转移至原先高骈迎仙用的道院，并将在扬州的高氏子弟甥侄十余人全部收押在那里。

庐州方面，杨行密收到了来自扬州的一封密信，内容是署庐州刺史杨行密为淮南行军司马，命他率兵入援。这封信件其实是吕用之在城破前，假借高骈名义写的。不管怎么样，这对杨行密来说都是介入淮南事变极佳的机会，但他最初有些犹豫，谋士袁袭的一番话坚定了他的决心："高公昏惑，用之奸邪，师铎悖逆，凶德参会，而求兵于我，此天以淮南授明公也，趣赴之。"杨行密坚定信心后，下令悉发庐州兵，又向和州刺史孙端借了两千兵马，合兵数千人向扬州进发，于当年五月来到天长。吕用之逃出扬州后，十几天都没有攻下郑汉章妻子据守的淮口，反而招来了郑汉章的援军，此时听说杨行密所部已至天长，连忙引兵归之。此时，留守高邮的张神剑也退出了毕师铎阵营——张神剑向毕师铎求取财物，毕师铎却告知他要等秦彦的命令，张神剑一怒之下，率部投向杨行密，并运去了高邮的存粮。海陵镇遏使高霸及曲溪豪强刘金、盱眙豪强贾令威等人也率部前来投奔。杨行密部众发展到一万七千人，足以与毕师铎一争高下。

秦彦收到毕师铎的邀请后，很快便率领部下三万余人乘竹筏沿江而下，向扬州方向驶去，行至上元县时，张雄部将赵晖半途邀击，大败宣歙军，当秦彦好不容易进入扬州时，其部众只剩下了一半，其余不是战死便是溺死江中。秦彦入城后，立即自称权知淮南节度事，仍以毕师铎为行军司马，又任命部将、池州刺史赵锽为宣歙观察使。

两天后，杨行密率诸军抵达广陵城下，分设八寨，"北跨长岗，前临大道，自杨子江北至槐家桥，栅垒相联"，将广陵城团团围住，秦彦连忙闭城自守。十余天后，秦彦命毕师铎、秦稠率兵八千出城，企图打破合围，结果大败而归，秦稠以下将士六千余人战死。七月份，淮南大将吴苗也率所部八千人翻过城墙，归降于杨行密。秦彦见势不妙，便向驻兵于东塘的张雄求救，并授以其仆射告身，这些告身乃是当年高骈为诸道都统时，朝廷颁下的空白告身，即使是高骈署名，也只是空心汤团，更何况是未得朝廷承认的秦彦。张雄自然按兵不动，反而趁机大发横财，当时城中乏食，樵采路绝，居民纷纷以各种金玉珠缯等财物向张雄部下购买粮食，当时一根通犀带只能换米五升，一袭锦衾则只能换糠五升，大发横财的张雄及所部将士更无与杨行密作战的念头。不久后，张雄决定倒向杨行密一边。

八月，秦彦见没有等来援军，便集中全部兵力约一万两千人，由毕师铎、郑汉章两人统领出城决战。此次出兵，秦彦大军延袤数里，军势甚盛。面对巨大压力，杨行密指挥若定，他见秦彦军出战，先是将金帛、米麦等物资全部存放于一个寨子中，派遣赢弱士兵看守，精兵则埋伏在旁边，随后自率十余勇士冲击敌军大阵，刚一交战，便假装不敌败走。秦彦军一路追赶，进入空寨见金帛、米麦遍地，就顾不上追击而是忙着抢财物。忽然间，伏兵四起，秦彦军乱成一团。杨行密纵兵击之，尽情冲杀，毕师铎、郑汉章两人单骑逃脱，其余人马死伤殆尽，积尸十里，沟渎皆满，"自是秦彦不复言出师矣"。

当年九月，高骈也等来了他的结局：他与家属子弟被关押在道院中已将近五个月，秦彦提供给这帮子阶下囚的供给非常少，高骈作为前节度使尚能有一口吃的，其余人则各凭天命，基本得不到什么食物，一开始还能将道院内的木质神像劈成木柴，然后煮革带吃，到后来便相互残杀。后来，秦彦与毕师铎因出战屡败，开始怀疑高骈做了厌胜的法术，又害怕有人做内应放走高骈，防守更为严密。秦彦等人十分信任一个名叫王奉仙的妖尼，"赏罚轻重，皆取决焉"，她对秦彦说："扬州分野极灾，必有一大人死，自此喜矣。"秦彦听后，决定杀死高骈以绝后患，便派部将刘匡时带兵前去处置，高骈见刘匡时等人前来，知道大限将至，便骂道："军事有监军及诸将在，何遽尔？"众人一拥而上，将高骈拖曳至廷下，斥骂道："公负天子恩，陷人涂炭，罪多矣，尚何云？"高骈听后抬头望天，沉默不语，似乎在等待什么，随后被杀，终年六十七岁，其子侄辈无论年龄大小也都被杀害，最后同埋在一个地方。

杨行密得知高骈死讯后，命士卒全部穿上丧服，向城大哭三日，随后继续攻城。其间，秦彦虽然派遣郑汉章击破张神剑、高霸两寨，迫使两军退还驻地，但杨行密部仍牢牢控制着城外局势。合围半年后，

▲唐三彩仕女骑马俑

广陵城中粮食早已吃尽，连草根木实也都进了大家的肚子，最后只得以黏土做饼来吃。城中居民大半已经饿死，对于饥民来说，死亡或许是一种解脱，他们如同羊和猪一般被捆绑屠宰，麻木地迎接死亡，整个坊市都被死者流淌的鲜血覆盖，一幅地狱景象。秦彦本来以为来到扬州将是其人生的转折点，他将借此青云直上，成为东南半壁的主人，没料到却是进入绝地，毕师铎也开始后悔不该挑起战事，两人忧懑万分，整个人都失去了活力，每天面对面抱膝而坐，也不交谈，静悄悄等待着末日来临。

在广陵城外，杨行密认为坚城一时难以攻克，萌生退意，但机会突然于十月己巳日出现。这一夜风雨交加，守军饥寒交迫，不免放松了警惕，吕用之部将张审威率兵三百伏于西壕，等到次日清晨守军交换时偷偷登上城楼，打开了城门，杨行密大军杀入城中，守军早已失去战意，皆不战而溃。秦彦、毕师铎听说城门失守，连忙问计于王奉仙，但见王奉仙缓缓吐出一句话："走为上策。"秦彦、毕师铎听后，连忙在亲兵护卫下从开化门逃出，直奔东塘而去。

杨行密入城后，以淮南旧将梁缵不能尽节于高氏，反而为秦彦、毕师铎所用，命人将其斩于戟门之外。另一淮南旧将韩问听说此事后，自知不能免罪，也赴井而死。随后，杨行密自称淮南节度留后，又以高骈从孙高愈代理淮南节度副使，让他将高骈及其亲族好好下葬，还未等办完丧事，高愈也突然病死，最后还是其故吏邝师虔帮忙完成了葬礼。

杨行密虽然拿下扬州，但此时这座城市早已不复昔日繁华，"城中遗民才数百家，饥羸非复人状"。正当杨行密在想方设法赈济饥民时，蔡州军阀秦宗权以其弟秦宗衡为大将、孙儒为副将，命两人统兵万人前来争夺扬州，很快便来到城西，占据了杨行密攻城时所建的兵寨，杨行密未能运入城中的辎重尽被蔡州军所得。秦彦、毕师铎两人退出扬州后，最初准备前往东塘投奔张雄，但未获接纳，只得准备渡江回宣州去，半路上正遇到秦宗衡招揽，两人便率残部两千余人与秦宗衡合兵一处，准备再入扬州。

五 江淮的新霸主

正当蔡州军准备大举攻城时，秦宗权突然急召秦宗衡撤军，命其率军回去抵御朱全忠的进攻。副将孙儒认为秦宗权此人刚鸷猜忌，在兵力十倍于朱全忠时仍然屡屡战败，其势必不能长久，开始谋求自立山头。他假装生了重病，无法按时出发，实际上准备等待秦宗衡等人离去后独占扬州。秦宗衡不明所以，屡次催促，孙儒怒上心头，假意宴请秦宗衡，秦宗衡不疑有诈，欣然赴宴，孙儒突然发难，于座上手刃之，后将首级送至朱全忠处。秦宗衡大将安仁义见状不妙，投奔了杨行密。安仁义是沙陀人，最初在李克用麾下作战，随后转投秦宗权，乃是当时一员勇将，尤以善射出名，杨行密得到他效力后十分高兴，下令将为数不多的骑兵全部交由他指挥，地位尚在田頵之上。

火并秦宗衡后，孙儒又分兵掠取附近各州，兵力扩充至数万人，但粮草供应很快就接不上了。不久后，他得知高邮一地还积储着不少粮草，便联合秦彦、毕师铎袭取了高邮，张神剑抵挡不住，自率麾下两百人逃归扬州。孙儒进入高邮后，大肆烧杀。数天后，一支七百人的高邮残兵溃围而至，杨行密虑其有变，先是将他们分散至各将领麾下，随后下令将他们一夜之间全部坑杀，次日，又派兵围住张神剑宅邸，诛杀了张神剑。当时，海陵城尚有数万户百姓，杨行密害怕他们为孙儒所得，又下令海陵镇遏使高霸将所属士卒、百姓全部迁徙至府城，称如有违抗命令者，族诛之。海陵居民在杨行密的严厉命令下，只得收拾细软，一把火将房舍烧成白地，扶老携幼去往扬州。高霸及其弟弟高晊、部将余绕山、前常州刺史丁从实等人来到广陵城下时，杨行密亲自出城迎接，并与高霸、高晊约为兄弟，将他们安置在法云寺居住。

▲五代金佛像

杨行密最初想派高霸驻守天长，以抵御孙儒军的进攻，便与谋士袁袭商量。袁袭连忙进谏，称高霸此人乃是高骈旧将，首鼠两端，我胜则来，不胜则叛。如果将其安置在天长，那是断绝了他的归路，他肯定会投向孙儒，还不如干脆将他杀了。杨行密本就不信任高骈旧将，听了袁袭的一番话更是坚定了提前消除不安定因素的决心。他假意邀请高霸及丁从实、余绕山等人相见，待他们来到军营时，早已埋伏好的刀斧手一拥而上，将高霸等人当场处死，杨行密同时又派骑兵千人突袭法云寺，尽诛高霸党羽，死者数千人。这天正逢大雪，死者流出的血竟然把积雪全部染红，"寺外数坊地皆赤"。高昳当天虽然杀出重围，但未能逃过后来的围捕，次日也被捕杀。

连续诛除张神剑、高霸后，杨行密又决定对吕用之下手。吕用之在投奔杨行密时曾经许诺说，他有白银五万铤埋在宅邸中，攻克扬州之日愿备麾下一醉之资。杨行密决定借此发难。一日，杨行密邀请吕用之一起检阅士卒，中途突然发问："仆射许此曹银，何食言邪！"正在吕用之诧异之际，便有甲士一拥而上，将他及其党羽全部收捕入狱。一番严刑拷打后，吕用之的党羽郑杞、董瑾两人当即承认了一起未曾实施的政变，他们准备在中元节晚上以建黄箓斋为名邀请高骈至吕用之府邸，乘其静处一室时命人将其勒死，再将其伪装成升仙的样子，随后以莫邪都兵力拥立吕用之为节度使。不曾料到尚未等到中元节，广陵城便已被毕师铎等人攻破。杨行密得到供词后，当即下令将吕用之腰斩，并诛其族党。后来在抄家时，军士又在吕用之宅邸中堂内挖到一个扎满针的桐人，上面还有高骈的姓名，由此更坐实了吕用之的罪名。另一位"妖党"成员张守一也在不久后被杨行密下令处死。

由于广陵城受到各方势力窥伺，同时粮食也难以供应，杨行密听从袁袭的意见，做好了先行退出扬州的准备，他先是遣归了借来的和州兵

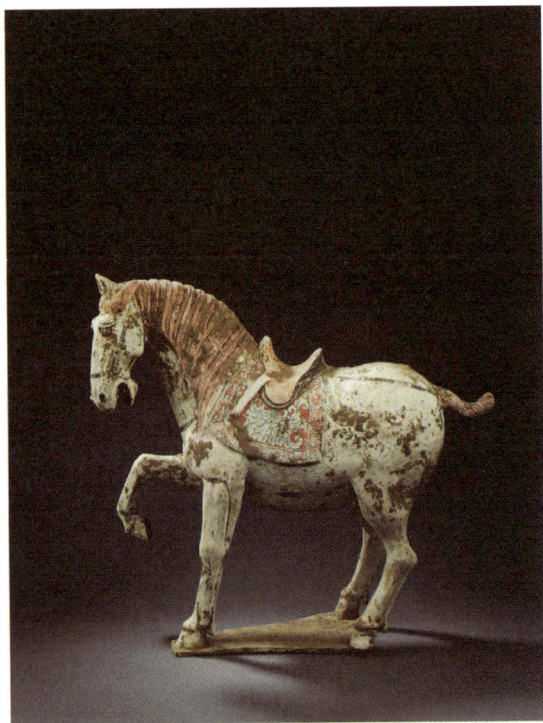

▲ 彩绘陶舞马俑

马，随后又命指挥使蔡俦率兵千人携带辎重数千辆回到了庐州。此时，朱全忠已接到命其兼任淮南节度使、东南面招讨使的诏书，他派出张廷范为使者向杨行密传达朝廷旨意，准备任命杨行密为淮南节度副使，同时派遣牙将郭言率领一千名士兵护送行军司马李璠前往扬州，让李璠接任淮南节度留后。感化节度使时溥对扬州觊觎多时，他在得知朱全忠兼领淮南的消息后，心中怅恨，当李璠一行人行至泗州时，时溥派兵突然掩袭，郭言力战，方才逃了回去。

文德元年（公元888年）正月，孙儒将秦彦、毕师铎、郑汉章三人尽皆诛杀，吞并了他们的部众。此时，张廷范也来到了扬州，杨行密在听说李璠即将任淮南留后的消息后，"怒，有不受之色"，张廷范看出杨行密不肯受代，偷偷派人回到汴州，建议朱全忠亲率大军前往扬州。朱全忠遂立即点齐兵马杀向扬州。行至宋州时，正遇到从扬州逃出来的张廷范，他对朱全忠道："行密未可图也。"不久，李璠也逃了回来，称前面道路已被徐州感化军遮断，朱全忠只得退兵，次月任命杨行密为淮南节度留后。这年四月，孙儒派兵攻打扬州，杨行密听取袁袭建议退守庐州，以图再举。

杨行密回到庐州老家后，害怕孙儒继续进逼，便准备轻兵袭取洪州作为根据地，但被袁袭所谏止。袁袭认为，钟传在江西已经站稳脚跟，兵精粮足，一时间难以仓促攻取，还不如将目标指向宣州。赵锽占据宣州时间不长，为人又十分残暴，众心不附，此时应当卑辞厚币，说服和州孙端、上元张雄两人出兵，先派兵从采石渡江侵入其境，当赵锽派兵迎战时，再从铜官渚一带渡江发起进攻，这样"破锽必矣"。

八月，孙端、张雄两人在接受杨行密重金贿赂后，果然出兵与赵锽相争，但是两人出师不利，均被赵锽击败。杨行密方面，除部将蔡俦留守庐州外，其余诸将均在杨行密亲自统领下在无为县糁潭镇一带渡江，急趋宣州当涂县西南的曷山，先是坚壁不出，示敌于弱，在成功懈怠守军后，突然出兵，大破敌军两万余人，成功合围宣州。赵锽兄长赵乾自池州率军来援，行至九华山时，被杨行密部将陶雅所败。赵乾狼狈出奔江西，陶雅乘胜取得池州，被杨行密任命为池州制置使。

龙纪元年（公元889年）

▲五代龙泉窑碗

六月，被围困三百多天后，宣州城中食尽，以至于人相食，指挥使周进思发动兵变，据城逐赵锽，赵锽在投奔孙儒途中为田頵所擒，后被杨行密下令处死。不久后，周进思也被饥饿的将士抓了起来献于杨行密，宣州城破。杨行密进入宣州后，招揽了周本、李德诚等人，又上表朝廷，获得了宣歙观察使的任命。宣州在唐代也是以富饶著称的重要城市，人口众多，工商业和矿业均十分发达，号称"为天下沃饶""较缗之数，岁不下百余万"。杨行密的势力因此有了极大增长。

不过，杨行密的危机并未消除，先是心腹谋士袁袭突然病卒，他哀叹道："天不欲成吾大功邪，何为折吾股肱也！吾好宽，而袭每劝我以杀，此其所以不寿与！"随后，孙儒军突然南下，留守庐州的蔡俦献城出降。田頵虽一度攻下邻镇钱镠所属的"江左大郡"常州，但不久后也被孙儒击败，失去了该地控制权。大顺元年（公元890年）正月，汴军大将庞师古以救杨行密为名率军渡过淮河，大举南下，所部号称十万大军，他先克天长，后下高邮，一度深入淮南，但在陵亭一战中也被孙儒击败。一时间，孙儒威名达到顶点。

汴军的南下减轻了杨行密的压力，二月，他以马敬言为将，乘虚袭据润州，又命李友率军两万屯于青城，准备攻打常州。孙儒大将刘建锋率军来战，为安仁义等人败于武进，杨行密军遂乘胜攻下常州。此时，朝廷下诏赐宣歙军号宁国，杨行密成了首任宁国节度使，这一年，他三十八岁，从戍边的士卒到成为一镇节度使，他花了近十年的时间。八月，李友又攻下苏州，但孙儒很快便发起凌厉的反击；闰九月，刘建锋再次引兵前来，先陷常州，杀守将张行周；十一月，他又连破望亭、无锡诸屯，并于十二月攻下苏州，守将李友战死。安仁义等人得知苏州失陷的消息后，不敢撄其锋芒，连夜放火烧毁润州庐舍，逃出城去。

次年正月，孙儒尽举淮、蔡之兵渡江南下，连破田頵、安仁义等军，杨行密戍守各地的军队多望风崩溃，不久后，孙儒先锋李从立至宣州东溪。当时事起仓促，守备未固，溪西只有台濛统领的五百人马，幸亏台濛灵机一动，命士卒往返传呼，装出大量士兵正在集结的样子，诳得李从立退兵。大将李神福又在一场夜袭中击破孙儒军一部，俘斩千人，这才稳定了战线。四月，杨行密命大将刘威、朱延寿两人率主力三万人发起反击，但在黄池一战中大败而归。

正当宣州危在旦夕之际，上天再次眷顾了杨行密。五月间，江水突然暴涨，冲垮了堤坝，宣州城外化作一片泽国，驻扎在城外的孙儒军诸营皆没，无数精锐俱化作鱼鳖之食。孙儒只得含恨退回扬州，只留下康暀、安景思两军分别驻守和州、滁州。杨行密见孙儒主力远去，很快便派兵夺取了和、滁二州，康眰降于杨行密，安景思则逃归扬州。

杨行密又与朱全忠结成联盟，两人约定共击孙儒。当时孙儒兵力仍颇为强大，因此十分骄横，准备先灭杨行密，随后再破朱全忠。出兵前，孙儒移檄藩镇，称自己在平定宣、汴两镇后，将引兵入朝，"除君侧之恶"，随后便下令"悉焚扬州庐舍，尽驱丁壮及妇女渡江，杀老弱以充食"。杨行密部将张训、李德诚见孙儒率军离去，遂率部疾行潜入扬州，将余火灭掉，并将孙儒来不及带走的数十万斛粮食赈济饥民。

孙儒率大军离开扬州后一路南下，自苏州出屯广德，杨行密拒战不利，被围困于寨中，幸赖李简率百余人挺身而出，突入敌阵，从外面打破栅墙，将杨行密救出，他才脱出困境。十二月，孙儒在焚掠苏、常二州后，再次引兵进逼宣州，当时其所部军容甚盛，号称拥兵五十万，旌旗辎重绵亘百余里。杨行密屡战屡败，只得向邻镇钱镠求救。钱镠虽与杨行密有旧怨，但此时面对共同的敌人捐弃前嫌，以兵食相助。

景福元年（公元892年）正月，孙儒军逼近宣州，杨行密欲退守铜官，被幕僚戴友规等人谏止。在交锋过程中，杨行密发现了孙儒的弱点，孙儒所部虽然战力强悍，但其放弃扬州后，没有了稳固的根据地，一旦失利，粮草便成问题，同时孙儒一路烧杀抢掠，被其裹挟的淮南人也不愿为其效力，而是渴望能够回归故里。杨行密遂下令坚壁清野，时不时派出轻骑抄掠孙儒军辎重；对淮南人，则派兵护送他们回乡，让他们重建家园。孙儒军欲战不得，军粮又难以及时供给，军心开始动摇，不少人起了思归之心。

孙儒几乎押上了所有本钱，原来派驻各地的守将均随其一起行动，但在杨行密部将张训等人再次夺取常、润二州后，他们的粮道被切断了。不久后，孙儒军粮尽，军营中又疫病丛生，每日均有饿死、病死者，孙儒只得命刘建锋、马殷等人分兵劫掠附近诸县。至六月，连孙儒都得了疟疾，杨行密知道破敌时机已至，决定发起总攻。戊寅日，大雨晦暝，杨行密下令全军出动，安仁义一马当先，连破孙儒五十余寨，孙儒军大溃，其本人在阵中被田頵所擒，后被杨行密下令处斩，传首京师，部众大多投降，只有在外的刘建锋、马殷等七千余人逃脱后南走洪州，随后进入潭州，最后这支人马建立了五代十国中的马楚政权。杨行密则在孙儒降兵中挑选尤为勇健者五千人，专门组成一支部队，因其甲外均着黑衣，故被命名为"黑云都"。这支军队日后成为杨行密的王牌部队，每次作战都率先冲锋陷阵。由于"黑云都"战力强悍，淮南周边割据政权都颇为畏惧这支部队。

▲ 錾刻伎乐飞天纹金栉

景福元年（公元 892 年）七月，杨行密再次进入了暌违近四年的广陵城，终于成为这座城市的主人。次月，他接到朝廷诏书，正式就任淮南节度使。自毕师铎起兵以来，扬州历经兵火洗劫，残破不堪，早已不复昔日繁华，诗人韦庄一次路过此地，看到一片萧条景象，哀咏道："二十四桥空寂寂，绿杨摧折旧官河。"江淮之间，更是东西千里间仿佛被扫帚扫过了一遍，管内八州，一片荒凉景象。面对严峻的形势，杨行密听从掌书记高勖的建议，充分发挥商业作用，用淮南的特产换取各类军需用品，并招抚离散，选拔贤能的基层官员，勉励督促百姓发展农业和丝织等手工业。在其轻徭薄赋的政策下，不数年，"公私富庶，几复承平之旧。"

当时，江淮各地的社会秩序仍然十分混乱，各地都活跃着小股的盗贼集团劫掠乡里，威胁着杨行密在当地的统治，也影响着工商业和农业生产的恢复。杨行密遂采取严刑峻法，力求迅速安定地方。当时江都地区盗贼很多，"令虽严，莫能禁止"，杨行密的部将李简每抓到一人，必定详细询问其姓名和所抢劫的财物情况，然后将这些情况全部刺在脸上，并涂上颜色，盗贼们害怕他的手段，很快全部收手。在北边的霍邱一带，杨行密起用了"骁壮有胆略"的当地人朱景，命其负责防备盗贼。朱景招揽了许多无赖少年，从中又选拔出有才技过人的一百多人，每天和他们一起打猎游玩，晚上又一起巡逻各处。相处一个多月后，这些人里没有一个人的才能可以超过朱景，因而都对朱景十分服气，为他尽心效力，淮河沿岸的盗贼从此以后没有敢进犯的。

据守庐州的叛将蔡俦见孙儒败死，心中悔惧交加，为表示与杨行密势不两立，他派人挖开了杨行密祖父、父亲的坟墓，并与舒州刺史倪章连兵，企图抗拒杨行密的进军。此外，他还派遣使者至汴州，向朱全忠送去刺史印绶，希望他能出兵相救。但朱全忠也讨厌蔡俦的为人反复，在收下印绶后，不但没派出救兵，反而移牒报知杨行密。杨行密遂命李神福率兵征讨蔡俦，蔡俦据城死守，战事颇为激烈。杨行密亲自带兵增援，宣州留后田頵也率兵来援，至七月方才攻克庐州，夺回了他的起家之地。蔡俦被擒，后被杨行密下令处斩。舒州刺史倪章见蔡俦败死，也弃城而逃，李神福又率兵收复舒州。

▲ 唐鎏金铜铺首

宁国节度使的另一辖地歙州也被杨行密夺取，最初他派宣州大将田頵率兵两万进攻歙州，刺史裴枢坚守不降，田頵屡攻不克，屯兵城下。当时诸将皆残暴，只有池州刺史陶雅为政宽厚。歙人曰："得陶雅为刺史，请听命。"杨行密立即让陶雅任歙州刺史，歙州于是开城。

乾宁元年（公元894年）三月，武昌节度使杜洪部将黄州刺史吴讨举州降于杨行密，杜洪率军来争，杨行密遣行营都指挥使朱延寿等救之。吴讨畏杜洪军进逼、纳印请代，杨行密遂以先锋指挥使瞿章镇守黄州。十一月，泗州刺史张谏因朱全忠使者凌慢，也举州

▲ 彩绘陶天王俑

降于杨行密，为此，汴、淮两镇开始交恶。乾宁二年（公元895年）二月，杨行密又攻克濠州，进逼寿州。寿州乃"淮海内屏，地雄人富"，州兵不下万人，刺史江从勖竭力抵抗，杨行密见濠水深阔，一时难以攻下，下令退兵.大将朱延寿不忍功亏一篑，请求再攻一次看看，黑云都指挥使李简将重甲提在手中，嘴里衔着大刀，率先泅渡过了濠水，随后跳上敌军壁垒，率先打开了一个突破口，其余诸军迅速跟进，最终攻克了这一军事重镇。战后，杨行密论功行赏，任命朱延寿为权知寿州团练使。不久后，汴军数万人来争寿州，朱延寿命黑云队长李厚率两百五十骑拦截汴军，结果不胜而还，朱延寿大怒，欲斩李厚，李厚称刚才战败是因为兵力太少，请求增派人马再去拦截，如果失败再处死自己不迟。都押牙柴再用也为他求情，朱延寿这才给他增加了一百二十五骑。接下来的战斗中，李厚率部死战不退，柴再用率部相助，将汴军牢牢阻击在城外，朱延寿也把握战机，命令全军出击，击退了此次汴军入侵。

柴再用最初也是孙儒的部下，本名柴存，为人沉毅有断，因面黑如铁，故被称作"柴黑子"。他擅长骑射，有次他出战归来，因劳累沉沉睡去，醒来时发现战马逃脱，因军中规定亡马者斩，他一路追去，在树林中遇到一伙盗贼，"环树而射，一发人树俱贯，贼畏走，遂夺马而还"。一次，与其结为死友的一名军中小校因被人告发谋叛，被孙儒下令处死，柴再用也被连坐。孙儒问他为何谋叛，柴再用不答，处斩前孙儒再次发问，他这才道："某与彼相结为死友，则某反矣，公既诛之，复何问焉？"孙儒奇之，道："汝果不反，吾再用汝。"遂改名为柴再用。孙儒覆亡后，他投奔杨行密，被授予先锋马军指挥使，随后又被朱延寿辟为牙将，其后又在淮南政权历任光州刺史、左龙武统军、武昌节度使等要职。

乾宁二年（公元895年），杨行密派遣田頵等部将四处出击，攻取了淮河以南、长江以东的大批州县，淮南之地从此全部落入其手。昇州刺史冯弘铎以举州来附。在全取淮南的同时，杨行密以援助威胜军节度使董昌为名，向苏南地区挺进，与镇海节度使钱镠开始交兵。大约此时，杨行密被朝廷授予检校太尉、同中书门下平章事，封弘农郡王，这一年，杨行密四十三岁。

董昌是杭州临安人，最初以土团军起家，以军功迁石境镇将，后拥兵驱逐刺史路审中，自领州事，被镇海节度使周宝表为杭州刺史。随后，他派麾下大将钱镠击败刘汉宏，夺取浙东诸州，被朝廷任命为义胜军节度使，因其贡献颇勤，累拜检校太尉、同中书门下平章事，爵陇西郡王。后来，董昌因向朝廷求封越王不得，竟自

▲ 钱镠金书铁券

立为帝，建国号为大越罗平国，改元顺天，自称圣人，又任命钱镠为两浙都指挥使。钱镠是董昌的同乡，乾符年间，他追随董昌进入军中，任偏将，董昌在杭州团诸县兵为八都，钱镠又成为靖江都将。击败刘汉宏后，董昌占据浙东，钱镠则接手了杭州地盘。杭州作为东南重镇，"咽喉吴越，势雄江海"，商业繁荣，人口众多，有"骈樯二十里，开肆三万室"之称，钱镠以此为根据地，开始独立发展，并利用淮南大乱夺取了苏、常等州，历任武胜军都团练使、苏杭观察使、镇海节度使。

董昌不久后即在钱镠的压力下称将自请待罪天子，朝廷也认为"董昌有贡输之勤，今日所为，类得心疾，诏释其罪，纵归田里"，但钱镠将董昌此举作为吞并浙东的大好时机，上表称董昌僭逆，不可赦。朝廷后来也改变主意，下诏削董昌官爵，以钱镠为浙东招讨使，命其率本道兵讨之。董昌遂求救于杨行密，杨行密不愿钱镠吞并浙东后坐大，更想利用董昌来牵制钱镠，遂兵分两路，一路由泗州防御使台濛统领，攻打苏州；另一路由宁国节度使田頵、润州团练使安仁义两人统领，攻打杭州，企图迫使钱镠回救；董昌也从湖州出兵策应，会合淮南军进围嘉兴。乾宁三年（公元896年）二月，昭宗又因杨行密之请赦免了董昌，复其官爵，但钱镠拒不奉诏，继续命大将顾全武等人攻打余姚等地。四月，淮南军在皇天荡一战中击败镇海军，遂进围苏州。该年夏天，淮南大将朱延寿又先后攻下蕲、光二州。当时，"钱镠、钟传、杜洪畏杨行密之强，皆求援于朱全忠"，朱全忠派遣许州刺史朱友恭将兵万人做出渡淮态势，以此减轻钱镠等人压力。

顾全武等人屡败董昌兵，很快便攻至越州城下，为了激励士气，董昌亲自阅兵于五云门，又几次出兵反攻，但均未得逞。淮南军则在苏州常熟镇使陆郢的内应下攻下了苏州，俘苏州刺史成及。钱镠听闻苏州失陷，方寸大乱，急召顾全武回援，命其急趋西陵以备杨行密，但顾全武认为："越州贼之根本，奈何垂克而弃之！请先取越州，后复苏州。"钱镠随后也醒悟，认为杨行密目标是夺取苏南，并没有全力援救董昌的计划，因此命顾全武速速攻下越州。顾全武遂集中兵力急攻越州，很快便攻克了外城，董昌在牙军保护下退守内城。钱镠派遣董昌故将骆团入城劝降，诡称"奉诏，令大王致仕归临安"，董昌虽明知有诈，但还是抱有侥幸心理，认为钱镠会念旧情，便开城出降。顾全武命武勇都监使吴璋率兵用船护送董昌到杭州，半途斩之，同时尽杀其家三百余人以及宰相李邈、蒋瑰等以下百余人。

董昌未败前，曾有人在旗亭客舍题诗道：

> 日日草重生，悠悠傍素城。
>
> 诸侯逐白兔，夏满镜湖平。

这首诗中的"草重"为"董"，"日日"为"昌"，素城指越州，因隋朝越国公杨素所筑得名，白兔是董昌的生肖，诸侯之侯即"猴"，则是钱镠之生肖，此时众人才明白这首诗的意思。这首诗或许是后人的附会，但也可能有人早已看出钱镠的野心，想要提醒董昌，只是董昌未能参透这一玄机。

钱镠讨灭董昌后，又于乾宁四年（公元897年）三月命顾全武等人率兵三千自海道救嘉兴。顾全武可以说是淮南军克星，他先在城下大破淮南军，随后又连破淮南十八营，俘获淮南将领魏约等将士三千人，乘胜逐淮南大将田頵于湖州。击败田頵后，顾全武继续高歌猛进，先取苏州，随后又连拔松江、无锡、常熟、华亭等县。湖州刺史李彦徽见状不妙，连忙逃奔扬州，都指挥使沈攸则开城投降。至此，杨行密的南线攻势彻底失败。

六 决战清口

但杨行密此时已顾不上南线的溃败，因为此时中原的霸主朱全忠已经大举南下，欲一举夺取淮南。朱全忠早就对淮南虎视眈眈，但因他先与秦宗权鏖战连年，后又与朱瑄、朱瑾兄弟争夺天平、泰宁二镇，一时难以分兵，故最初只能选择与杨行密暂时言和。

这里简单介绍一下朱瑄、朱瑾兄弟的情况。朱瑄出身于宋州一个"里之豪右"的家庭，从小随父亲"攻剽贩盐"，其父后来因此伏法，朱瑄也受了笞刑。他衣食无着，遂投入平卢军当了一名小校，后隶属平卢大将曹全晸麾下，随其讨伐黄巢。乾符六年（公元879年）三月，天平军节度使张裼病死，牙将崔君裕自知州事，被曹全晸攻杀，曹全晸遂自称天平留后，并以朱瑄为濮州刺史、郓州马步军都将。曹全晸后来战死于讨伐黄巢的战事中，其侄子曹存实遂为留后。中和二年（公元882年）十月，曹存实在军阀混战中，为魏博节度使韩简所败，战死阵中。朱瑄收拢余部，婴城拒守，击退了韩简的进攻，他也因此夺取了天平节度使的节钺。朱瑾是朱瑄的从父弟，史称其"雄武绝伦"，朱瑄得志后，用其为牙将。当时的泰宁节度使齐克让"爱其为人"，准备将女儿嫁给他，他却挑选壮士，"盛饰车服，私藏兵甲以赴之"，在迎亲那晚一声令下，假扮成车夫的壮士们一拥而上，杀散了泰宁牙军，齐克让狼狈逃走，朱瑾遂占据了兖州，其后被朝廷任命为泰宁节度使。

天平节度使下辖郓、曹、濮三州，泰宁节度使则下辖兖、海、沂、密四州，两镇掎角相倚，是当时让天下英豪都不敢小觑的势力。朱全忠刚刚就镇汴州时，兵力弱小，数为秦宗权所困，幸得朱瑄兄弟出兵相助才渡过危机。其后，汴军渐强，朱全忠谋划吞并诸镇，便以兖、郓两镇诱亡宣武将士为名，向朱氏兄弟开战，昔日盟友遂成敌国，双方先后交战十余年，大小数十战。乾宁四年（公元897年）初，朱瑄败走中都，为汴军大将葛从周所擒，被斩于汴桥下；朱瑾则投奔了淮南，李克用派去援助朱氏兄弟的骑将李承嗣、史俨因归路断绝，也率部随朱瑾来到淮南。朱瑾骁勇善战，同时又带来了一支规模不小的强悍骑兵，"淮南旧善水战，不知骑射，及得河东、兖、郓兵，军声大振"，杨行密十分高兴，亲自来到高邮迎接朱瑾一行，不但解下随身玉带赠予朱瑾，还"表瑾领武宁军节度使，以为行军副使"。杨行密对待李承嗣及史俨两人也十分优厚，赏赐给他们的宅邸、姬妾都是最好的，两人因此对杨行密感恩戴德，十分尽力，屡立功勋。

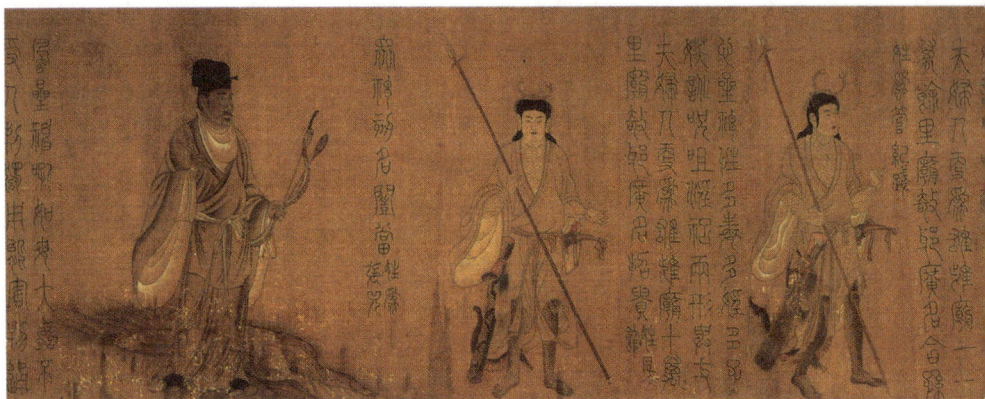

▲《五星二十八宿神形图》中的唐代兵器

朱全忠占领天平、泰宁两镇后，势力大盛，此时中原地区除平卢镇外，均已被其收入囊中，他便将视线投向了觊觎已久的淮南，先后任命葛从周为泰宁留后、朱友裕为天平留后、庞师古为武宁留后，调兵遣将，准备借平定兖、郓两镇的余威，一举平定淮南。

战事首先在泗州、黄州一线打响。乾宁四年（公元897年）四月，朱全忠以救武昌节度使杜洪为名，分别遣聂金掠泗州，朱友恭攻黄州。杨行密得知消息后，立即派出右黑云都指挥使马珣、张训、吕师造等将率军救黄州。黄州刺史瞿章得知汴军前来，弃城而走，拥众保武昌寨。朱友恭跨江架设浮桥直抵樊口，在击败淮南援军后，一举攻破了武昌寨，瞿章被俘，黄州城遂被汴军攻克。马珣等人收残部三百人从间道逃出，经过抚州时，割据该地的军阀危全讽于路中设伏，阻其归路，马珣等人力战破之，这才回到广陵。

乾宁四年（公元897年）九月，汴军大举出击，一路以庞师古为统帅，其率徐、宿、宋、滑之兵七万由徐州直趋淮河北岸，驻于清口，准备渡淮南下，直取扬州；另一路则由葛从周为统帅，其率兖、郓、曹、濮之兵三万屯驻安丰，目标是淮上重镇寿州，朱全忠则自领大军驻扎宿州，策应两路人马。一时间，位于前线的寿州、楚州等地纷纷告急，"淮南震动"，杨行密面临其起兵以来最大的一次挑战。当时汴军强于天下，淮南军队则号称轻弱，强弱之比一目了然。汴军统兵大将又都是百战宿将，庞师古任偏将时"援陈破蔡，累有战功"，任都指挥使时则"沿淮转战，所至克捷"，其后取代朱友裕任方面大将时更是斩时溥、擒朱瑄，战功卓著，威名显赫；葛从周更是一员骁将，每次出战，迅疾如飞，到处都是他的身影，仿佛是天神下凡一般，作为汴军最大对手的河东军称赞其为分身将，威名著于敌中，当时谚语有"山东一条葛，无事莫撩拨"之说。

面对汴军的大举进攻，杨行密及其淮南政权已无退路，必须倾其全力殊死一战。在危局中，杨行密亲临前线，与部将仔细筹划破敌之策，与汴军有长期作战经验的朱瑾及李承嗣、史俨等将领也纷纷献计献策。最初，杨行密准备在寿州迎战汴军，行军副使李承嗣力请先于清口迎战。最终，杨行密决定在清口集中兵力吃掉威胁最大的庞师古部。杨行密知道，汴军虽强，但此次出兵所用的军队多为武宁、天平、泰宁等镇的降兵，归附时间较短，战斗力不强，朱全忠的首席谋士敬翔便反对立即用兵淮南，他认为"以谓新胜之兵，宜持重以养威"，须等待时机再行南征。同时，朱全忠虽然已经平定河南，与河朔三镇也处于通好状态，但河东李克用始终在其背后虎视眈眈，随时准备发起进攻，使得朱全忠不得不部署重兵以做防备，导致汴军不可能倾力南下。而淮南军则早已不是昔日那支弱兵，经过收编整顿后，淮南已拥有"黑云都"这样的强兵，此次又得到了朱瑾所部及河东骑兵的支援，战斗力有了极大提升，足以与南下的汴军一决短长。

清口位于淮河、泗水交界处，历来是兵家必争之地，南方政权欲固下游，必守淮、泗，而清口则是淮东要害。吴楚七国之乱时，汉军便在这里截断了叛军粮道，致使叛军粮绝而败；魏晋南北朝时期，南北双方也曾多次在此交战，刘裕伐南燕时，便在此地率舟师自淮入泗，南陈大将吴明彻北伐，亦是在这里被北周大将王轨用铁

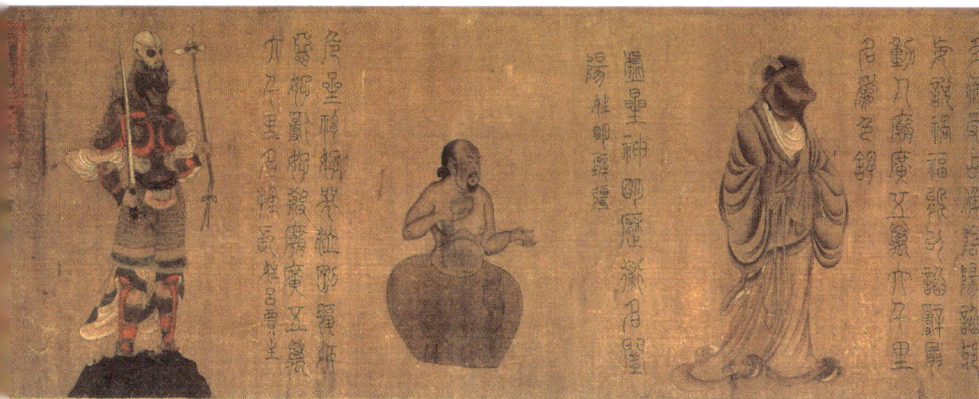

▲《五星二十八宿神形图》中的唐代铠甲

锁贯车轮截断归路，最后兵败被擒。楚州则位于清口对岸，如汴军攻占楚州，便可沿大运河南下，直抵广陵城下，因此杨行密迅速与朱瑾率主力三万赶至楚州布置防务，又以涟水镇将张训为先锋，伺机主动出击。

庞师古此人从履历上来看，"援陈破蔡，累有战功"，可以说是颇具名将本色，但其缺点也十分明显，就是过于谨慎，应变能力不足，史称其长期跟随朱全忠，从未离开其左右。即使作为大将出征，也必定是坚决执行朱全忠所授予的方略，如果没有朱全忠的命令，从不轻举妄动。当时，军中有人指出清口这一带地势低洼，乃是兵书中所谓的绝地，不宜屯驻大军，应该驻扎在地势高处，但庞师古认为朱全忠战前指示中并没有这方面的要求，遂没有听从这一意见。此外，庞师古由于之前屡战屡胜，破敌杀将几无败绩，骄气十足，自恃兵力强大，十分轻敌，认为淮南军不堪一击，对军务也不怎么上心，整日在军营中下棋作乐，只待朱全忠一声令下，便杀向楚州。

杨行密观察庞师古的屯驻情况后，立刻发现了其弱点所在，他决定以水攻破敌，于是派朱瑾率部壅塞淮河上流，准备水灌汴军。有人向庞师古报告淮南军的动向，但庞师古却认为此人妖言惑众，反而将其处斩。

十一月，癸酉日，朱瑾与部将侯瓒率领轻骑五千悄然渡过淮河，他们先是打着汴军旗号，从北方直插汴军主帅大营；淮南先锋将张训也趁机发起进攻，率先突破汴军营寨。正当庞师古率部仓皇迎战时，因壅塞而决堤的淮河水汹涌而至，瞬间冲毁了汴军营寨。面对奔腾的大水，汴军惊慌失措，乱成一团，任庞师古如何指挥，也无法收拢部队。杨行密见时机已到，也亲率大军主力渡过淮河，与朱瑾所部骑兵前后夹击。战场上，朱瑾与侯瓒等人突入汴军阵中，"舞槊而驰，嚣声雷沸，梁兵皆殒眩不能举"，遂当场阵斩庞师古。此役，汴军将士战死一万多人，余众均四散逃亡。

汴军另一大将葛从周所部最初屯于寿州西北，此时也被寿州团练使朱延寿击破，正当葛从周退屯濠州之时，庞师古大败的消息传来，他当机立断，决定立即撤军。但为时已晚，杨行密在击破庞师古后，与朱瑾等人立即奔赴寿州，会同朱延寿部后一路乘胜追击，很快便在淠水边追上了撤退中的葛从周所部。此时葛从周正率部渡河，在半渡之际，淮南军突然发起了进攻，汴军再次大败，被淮南军杀溺殆尽，死于河中的有万余人，葛从周好不容易才杀出重围。面对追击的淮南军，汴军遏后都指挥使牛存节弃马步斗，这才确保其余部队渡过淮河。当时天降大雪，天气寒冷，溃败的汴军连续四天未得到给养，一路上冻死、饿死的不计其数，最后撤回的不满千人，"自古丧师之甚，无如是也"。

朱全忠听说前线大败，亦从宿州率军撤回汴州。半路上，他收到了杨行密寄给他的一封信，信中写道："庞师古、葛从周，非敌也，公宜来淮上决战。"与此同时，杨行密则置酒大会诸将庆祝胜利。朱全忠虽不甘失败，但河东李克用始终为患于河北，汴军实力受损，难以支持两线作战，因此他只能吞下失利的苦果，将进攻方向转为北方，在两淮沿线则采取守势。史称，淮南军于清口大胜汴军后，"行密由是遂保据江、淮之间，全忠不能与之争"。山南东道节度使赵匡凝听说朱全忠在清口大败，遂秘密归附了杨行密，并和杨行密约定联合奉国节度使崔洪、河东节度使李克用等藩镇联兵进攻朱全忠，安州刺史武瑜也偷偷与淮南联络，图谋对抗汴军，杨行密则命朱瑾为大将，令其率淮南军连年攻打徐、宿等州，成为朱全忠东南方面的大患。

光化二年（公元899年）正月，杨行密与朱瑾率兵数万攻徐州，屯于吕梁，朱全忠连忙命骑将张归厚率军去救。此时，蔡州亦发生变故，两个月前，朱全忠发现奉国节度使崔洪与杨行密暗中相通，遂命张存敬率军攻打蔡州，崔洪不敢与汴军交战，交出了弟弟都指挥使崔贤为人质，并称麾下将士中不少人都是凶悍顽劣之辈，暗通杨行密都是他们自行其是，与本人无关，他愿意派出两千兵马至汴州跟随汴军作战。朱全忠见崔洪服软，便撤回了张存敬所部。随后，朱全忠将崔贤放回蔡州，命他挑选两千蔡军赴汴州，蔡军不愿赴汴，大将崔景思等人发动兵变，先杀了崔贤，后又劫持了崔洪，并"悉驱兵民度淮奔杨行密"，但大部分人都不愿背井离乡，纷纷逃归，等抵达扬州时还不满两千人。朱全忠听闻蔡州生乱，连忙命许州刺史朱友裕入城安定人心，并准备亲率大军救援徐州，杨行密听说朱全忠有准备，只得退兵。

七月，朱全忠海州戍将陈海宾请降于杨行密，淮海游奕使张训认为陈海宾"心未可知"，遂会合涟水防遏使王绾率两千人直取海州，入城据之，杨行密后任命台濛为海州刺史。九月，平卢节度使王师范属下的沂、密二州突然叛乱，但平卢兵力不足，遂向杨行密求援，杨行密以台濛、王绾将兵助之，很快便攻下密州，将该城归还给王师范。但在进攻沂州时，他们却发现城中偃旗息鼓。王绾认为敌军必定有所准备，他们的救兵肯定会马上赶至，要内外夹攻我军，我军应该及时撤军。其余诸将均认为"密已下矣，沂何能为！"王绾不能阻止，只得伏兵林中以待之。果然不久后救兵来到，诸将只得率部撤退。沂州守军趁机追击，被王绾伏兵击败。

天复元年（公元901年），杨行密与老对手钱镠实现了暂时和解。淮南、两浙连年交兵，淮南军从未占过上风，顾全武更是淮南军的克星，淮南大将田頵、周本、台濛、安仁义等人均是其手下败将。二人之间屡动干戈，互为仇雠，杨行密曾让人用大索做成穿钱的绳子，称为"穿钱眼"；钱镠也不甘示弱，让人用大斧子砍柳树，称为"斫杨头"。这年八月，有人密报杨行密，称钱镠被盗贼所杀，两浙无主，杨行密听后十分高兴，认为此乃夺取两浙的大好时机，也不待核实情况，便命步军都指挥使李神福率军直取杭州。两浙方面，淮南军的老对手顾全武再次披挂上阵，他统兵屯驻八寨，以拒淮南入侵。

李神福是淮南军中最擅长用计谋的将领，两军相持至十月间，他见顾全武防守滴水不漏，很难以力破之，便对麾下将领们道："杭兵尚强，我师且当夜还。"很快这一消息便满营皆知。不久后，属下来报，称俘获的一名敌方士卒逃了出去，众将以为消息泄露要派人追赶时，却被李神福阻止，原来这是他计谋中的重要一环。等到晚上，李神福下令老弱者先行出发，自己则亲率精锐殿后，又命行营都尉吕师造伏兵青山下。此时，那名士卒也逃至顾全武营中，将打探来的消息禀告顾全武。顾全武因过去屡胜淮南军，对李神福有所轻视，听说淮南军撤军的消息后，立刻点齐兵马，准备蹑其背后，一举击破对手。当顾全武行至青山脚下时，山谷两岸突然杀声四起，李神福、吕师造前后夹击，浙兵大败，五千人战死，顾全武本人也被淮南军俘获。钱镠听说顾全武被俘，惊泣道："丧我良将！"随后，李神福乘胜直逼临安，浙将秦昶率众三千来降。

李神福虽大胜浙军，但当他得知钱镠未死的消息后，知道两浙难以图谋，便考虑撤军之事，但害怕被钱镠邀击，便做出姿态，"乃遣人守卫镠祖考丘垄，禁樵采，又使顾全武通家信。镠遣使谢之"。他又命人在交通要道张满旗帜，做出援军马上就要来到的假象，钱镠信以为真，以为淮南援军即将赶来，遂向李神福请和。李神福撤军前，还敲了一笔竹杠，从钱镠手中拿到不少犒赏。顾全武不久后被杨行密下令遣归杭州，用来交换之前被俘的淮南将领秦裴。秦裴是杨行密起兵时便已跟随的故人，少年时爱好鹰隼，曾道："天上黄鹰，地上黄金，余不足贵也。"乾宁五年（公元898年），他率军守昆山镇，因内外援绝，力屈而降，此时已在杭州三年，终于借此机会回到了淮南。

七 平定三叛

天复二年（公元902年）四月，困在凤翔城内的唐昭宗任命左金吾将军李俨为江、淮宣谕使，"书御衣赐杨行密，拜行密东面行营都统、中书令、吴王，以讨朱全忠"。因此，杨行密建立的政权后来被称作吴国，历史上又称"杨吴"。同时，朝廷还任命杨行密麾下的朱瑾为平卢节度使、冯弘铎为武宁节度使、朱延寿为奉国节度使。平卢、武宁、奉国三镇当时皆在朱全忠控制下，如要实任，就必须出兵讨伐。

李俨来到淮南后，一直以忠于唐室自居的杨行密便在扬州建制敕院，凡是任命官吏，都会先告知李俨，再在紫极宫供奉的唐玄宗画像前陈说缘由，最后才会颁发命令，以示自己对淮南统治的合法性。但杨行密的统治也有隐忧，他并没有消除藩镇割据的基础，随着淮南政权控制区域的不断扩大，他不得不将一些重要地区交由大将统治，这些大将掌握地方兵权、财权、人事权，专断一方，实际上也是一路藩镇，很容易形成滋生叛乱的土壤。

杨行密一度欲乘胜渡淮北上，但最终还是不敌朱全忠而南撤，这使他认识到自己的力量还难以与汴军抗衡。最终，南方政权与中原政权的分界线长期在淮河一线，形成了南北对峙的基本格局，直至周世宗征淮南，取得江北十四州，南唐俯首称臣才被打破。

天复三年（公元903年）正月，杨行密任命昇州刺史李神福为淮南行军司马、鄂岳行营招讨使，舒州团练使刘存为副将，向上游进军，攻打割据鄂州一带的武昌节度使杜洪。他们很快便攻下了永兴县，兵围鄂州，杜洪急忙向朱全忠求救。当时鄂州城中储存了大量芦苇，堆积如山，一天，李神福对众将说："今夜焚此。"众将一开始都不明白什么意思。这天晚上，李神福派人驾船载满火炬来到溾口，点燃岸边的树木，一时间望去满是点点火光。杜洪以为汴军来援，也连忙燃烧芦苇以应之，烧了个一干二净。朱全忠命部将韩勍率兵万人屯于溾口，以做声援。同时，又派遣使者，檄荆南节度使成汭、武安节度使马殷、武贞节度使雷彦威三镇共同出兵。成汭首先响应，率领舟师大举东下，没料到老巢却被马殷、雷彦威乘虚攻入，历年积蓄的财货全被掠去，以至于将士斗志全无。李神福抓住战机，在君山附近逆击荆南军，大破其舟师，成汭投水自尽，韩勍听说败讯，也撤军而走。正当李神福欲乘胜一举攻破鄂州时，淮南却传来了田頵叛乱的消息，杨行密急招李神福回军平叛。

田頵可以说是杨行密手下最为重要的大将，他与杨行密生于同里，两人自小便约为兄弟，其后又一起从军屯边，感情颇为深厚。杨行密在庐州起兵后，田頵首先响应，跟随杨行密转战四方，平秦彦、毕师铎、擒赵锽、灭孙儒，屡立战功，名冠军中，积功升至宁国军节度使。田頵为人"沉果有大志"，担任宁国军节度使后，他认为当年戍边回来时便与杨行密同为八营主将，现在也同样建节开府，为一镇节度使，理应与杨行密平起平坐，但实际上仍要受杨行密指挥，他不甘心久居其下，渐渐起了异心，招募了死士数百人，号"爪牙都"，还招揽了杜荀鹤等人为谋主。

两人矛盾起源于歙、池二州的归属，宁国军本来辖有宣、歙、池三州，但杨行密夺取扬州后，却将歙、池二州划归淮南，使宁国军只剩下一州之地。田頵屡次要求收回二州，均被杨行密驳回，田頵在击败昇州刺史冯弘铎后，再次提出恢复宁国军原有辖区的要求，再次被杨行密否决。田頵认为杨行密此举是因忌惮他而故意削弱宁国军实力，心中怨愤。

后来两人因昇州地盘又产生矛盾，昇州的统治者原为武宁节度使冯弘铎，他是泗州涟水人，早年间与同乡张雄都在位于徐州的武宁军中担任偏将，后来由于受到节度使时溥的猜疑，二人惧祸，遂率领部下三百人南渡长江，乘着天下大乱在白下建立营垒，又夺取了苏州，号称"天成军"，兵力据说多达五万，有战舰千艘。后来，天成军被高骈部将徐约击败，两人率残部退居海上，又命部将赵晖占据上元，不久后，他接受毕师铎邀请，屯兵于东塘。张雄后来击杀了赵晖，自己占据上元，朝廷以上元为昇州，任命其为刺史。张雄死后，冯弘铎继任，因杨行密势力强大，冯弘铎遂举州依附，被杨行密表授为武宁军节度使。昇州处于淮南、宁国两镇之间，冯弘铎名义上依附于淮南，实际上具有极强的独立性，自恃楼船水师强大，对杨行密、田頵两人并不服气。有一次他派人向杨行密求取润州，杨行密没有答应，使者还威胁道："公不见听，但恐不敌楼船耳。"

田頵也早就看中了昇州这块地盘，他在宣州募集工人建造战舰，准备夺取冯弘铎的地盘。冯弘铎知道后，决定先下手为强，以攻打洪州为名出兵宣州，结果在曷山一战中大败，他不敢回昇州，准备率残部沿江而下，逃入海中。杨行密害怕他成为后患，连忙遣使犒军，并对冯弘铎道："公徒众犹盛，胡为自弃沧海之外！吾府虽小，足以容公之众，使将吏各得其所，如何？"成功说服他来到扬州，又任命他为淮南节度副使。昇州刺史则改由李神福担任。

天复二年（公元 902 年）七月，浙西发生兵变，孙儒败亡后，其残部除被杨行密收编外，另有一部投奔了钱镠，钱镠爱其悍勇善战，便将他们收作中军，号"武

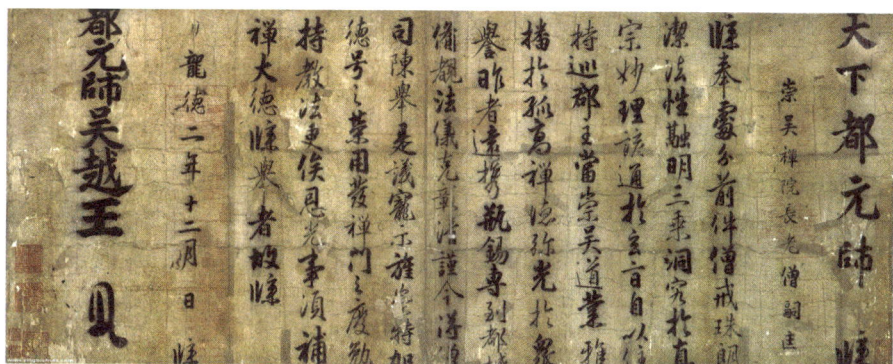

▲ 钱镠、钱俶批牍合卷

勇都"，并在击灭董昌的战事中发挥了重要作用。当时，钱镠正在老家临安"衣锦军"，他命令扈从左右的武勇右都指挥使徐绾带领部下疏浚沟洫，但淮蔡军人素来骄纵，怎愿意操此重役，几天体力活干下来，怨声载道，徐绾利用骄兵悍将们的异志，策动兵变，企图夺取两浙。他先是欲刺杀钱镠，趁乱夺权，但未曾得手，随后便在回杭州的路上发动了兵变，在与武勇左都指挥使许再思所部会合后，急攻杭州牙城。钱镠闻变，连夜走水路急趋城下，入城据守。当时有人建议钱镠渡过钱塘江，东保越州，杜建微、顾全武等大将则认为万万不可，他们认为"孙儒之难，王尝有德于杨公，今往告之，宜有以相报"，建议向杨行密求救。钱镠遂命顾全武为使者，告急于杨行密，并将儿子钱传璙一起送往淮南，名为求婚以缔结儿女婚约，实则将他作为人质，换取杨行密出兵相助。

徐绾等人认为自己兵力不足，便向田頵求助，田頵认为这是将自己地盘扩展至浙东的好机会，遂引兵赴之，并"筑垒绝往来之道"。此时，顾全武也来到了扬州，他对杨行密道，如果田頵得志，必然成为大患。杨行密对田頵早就不满，自然不愿看到这样的局面发生，他权衡利害，认为还不如与钱镠交好，别图进取，当即决定将女儿嫁给钱传璙，并劝说田頵不要出兵两浙。为防止田頵拒命，杨行密带话道："不还，吾且使人代镇宣州。"田頵害怕失去根据地，只得下令撤军，与徐绾、许再思一起回到宣州。不过，他此次出兵也并不是一无所获，除临走前向钱镠敲诈了二十万缗犒军钱外，钱镠的另一个儿子钱传瓘作为人质也被带到了宣州。

田頵两次对外扩张均被杨行密阻止，他实在咽不下这口气，便写了一封信给杨行密。信中写道："侯王守方，以奉天子。譬百川不朝于海，虽狂奔渲漫，终为涸土，

▲五代告水府文银简

不若顺流无穷也。东南扬为大，刀布金玉积如阜，愿公上天子常赋，请悉储峙，单车以从。"意思是不该与钱镠议和，同时还讥讽杨行密不向朝廷输送常赋的行为。杨行密则回信说道："贡赋由汴而达，适足资敌尔。"意思是朝廷已被朱全忠控制，现在输送常赋不是壮大朱全忠的实力吗？一番争吵后，田頵决定与杨行密正式决裂，他大肆招募兵马，准备起兵。

天复三年（公元903年）八月，田頵联合润州团练使安仁义起兵作乱，又派杜荀鹤为使者至寿州，约奉国节度使朱延寿一同举兵。杜荀鹤随后又至汴州向朱全忠求援。朱全忠听说淮南内乱，大喜，派遣人马屯驻宿州以呼应声援。

安仁义、朱延寿都是杨行密属下以跋扈闻名的大将，猛鸷骁勇，战功卓著，杨行密害怕两人实力强大后难以压制，经常约束他们，因此他们对杨行密十分不满，遂有连兵作乱之举。

安仁义是沙陀人，他本是李克用的父亲李国昌部下，因犯卜过错逃往中原，投入秦宗权军中，为马军指挥使，后又隶属秦宗权的弟弟秦宗衡，随其率军攻打淮南。秦宗衡被孙儒杀掉后，他又转投杨行密。当时杨行密缺乏骑兵将领，对来自沙陀的安仁义十分器重，命其统领骑兵，后又出任润州刺史。安仁义武力绝伦，尤擅弓箭，当时淮南军中公认朱瑾马槊第一，米志诚射术第一，但安仁义却经常对别人道："志诚之弓，不当瑾槊之一，瑾槊之十，不当仁义弓之一。"

朱延寿则是杨行密的妻弟，未冠时便跟随杨行密南征北战，每战"皆以摧坚陷阵受赏"，杨行密倚之为干城。他在镇守寿州期间，汴军屡寇淮上，都被他击退，可以说是战功赫赫。朱延寿"善用兵，有铃略，好以寡击众"，又治军严厉，令出必行，每次得到赏赐都分给将士，杨行密对他十分忌惮。杜荀鹤来到寿州时，朱延寿因当年杨行密对他有过"狎侮"的行为，心中一直怨怒，立即表示愿意响应，称

"公有所为，我愿执鞭"。杨行密得知朱延寿也要反叛的消息后忧形于色，思来想去，认为只能以计擒之。他装作突然间得了眼疾，什么都看不清，面对朱延寿派来打听虚实的使者，杨行密更是演得逼真，甚至在走路时一头撞在柱子上，当场昏迷不醒，过了好久才苏醒过来。成功骗过枕边人朱夫人后，杨行密对妻子道："吾不幸失明，诸子皆幼，军府事当悉以授三舅。"朱夫人信以为真，屡次催促朱延寿前来，朱延寿不疑有诈，遂赶往广陵准备接管淮南军政，没想到刚被杨行密迎至府内，早已埋伏好的甲士便突然杀出，他被当场刺杀，时年三十四岁。其后，朱夫人也被杨行

▲ 杨行密之女浔阳公主木棺

密改嫁他人。朱瑾入贺时，杨行密一语道破天机："彼二大贼不足忧，惟忧此小贼，今得知无事矣。"

安仁义举兵后，先是纵火将停泊在东塘的战舰全部烧毁，随后又突袭常州，常州刺史李遇率兵逆战。交战时大骂安仁义，安仁义认为李遇是故意要激怒他，肯定有伏兵安排，连忙引兵退去。果不其然，见安仁义要退去，伏兵便杀了出来，安仁义且战且走，由于安仁义骁勇名声在外，追兵也不敢进逼过紧，使其顺利撤回润州。杨行密下令以王茂章为润州行营招讨使，会同都知兵马使徐温所部攻打润州，但安仁义"每与茂章等战，必命中而后发，以此外军畏之，不敢近"。杨行密对安仁义念旧情，派使者入城劝说，称只要安仁义出城投降，还可以做行军副使的闲职，只是不能再带兵了。安仁义听后犹豫不决。

此时，田頵已攻下昇州，擒获了李神福的妻儿，他欲以此招降李神福，称愿意和李神福分地而王，如李神福不答应，就将其妻儿祭刀。李神福不为所动，"斩使者而进，士卒皆感励"，田頵遂命部将王坛、汪建率水军迎战，两军在吉阳矶相遇，刚一接战，李神福便假装败北，命战舰向上游退去，王坛、汪建连忙催促部下追击，阵型开始混乱。李神福见战机已到，下令战舰掉头顺流击之，当时江面上风势甚猛，

王坛、汪建的楼船上又都布满火炬，李神福命令将士们对着火炬猛击，火炬倒下后很快便点燃了战舰，王坛、汪建部下忙着救火，乱成一团，李神福又"因风纵火，焚其舰，坛、建大败，士卒焚溺死者甚众"。次日，李神福在皖口再次大败敌军，王坛、汪建仅以身免。徐绾也被擒，杨行密将他囚在槛车内，当作一份大礼送给了钱镠，后被钱镠下令处死。

田頵见前线大败，自率水军前来迎战。李神福闻之大喜："贼弃城而来，此天亡也！"遂下令沿着江岸扎下营寨，坚壁不战，又派人报告杨行密，请求速派步兵断其归路。杨行密立即下令，命涟水制置使台濛即刻率兵南下，又命王茂章先从润州战场撤退，会同台濛全力攻打田頵。田頵听说台濛前来，遂自领一支兵马前去迎战，准备先击破台濛，再与李神福决战。为防李神福顺流而下，他又命部将郭行悰领精兵两万和王坛、汪建水军屯于芜湖。十月，两军于广德相遇，台濛突然拿出据说是杨行密写给田頵部将们的信，说是杨行密有话对大家说，诸将虽然跟着田頵反叛，但对杨行密还是十分敬重，便纷纷下马拜受，台濛却趁机纵兵出击，田頵军大败。随后，台濛又在黄池以伏兵计再败田頵。田頵一再受挫，只得奔还宣州，芜湖守军也被隔断，不久后，郭行悰、王坛以及当涂、广德等地的守将全部率本部人马出降。

田頵坚守至十二月，见内外援绝，只得亲率数百死士出战，台濛假装退却，示敌以弱，田頵认为这是大好战机，连忙催促部下翻越壕沟，就在此时，正在撤退的台濛所部停下脚步，发起了反击。田頵死士虽悍勇，但毕竟兵力单薄，渐渐不敌，田頵在撤退途中因桥陷而坠马死于乱军之中，其部下看到田頵首级后停止了抵抗。

此后不久，李神福、台濛两员大将先后病死，杨行密以舒州团练使刘存代李神福为鄂州招讨使，又以长子杨渥为宣州观察使。当时，安仁义已成孤军，但他勇敢果决，很得军心，以至于润州过了一年多都未被攻下。天祐二年正月，王茂章掘地道入城，终于攻克润州。安仁义举族退于一座高楼上，攻城将士因忌惮安仁义神射，不敢过分相逼。安仁义知道大势已去，他起兵叛乱后，攻城诸将每次见到他出现，都极尽侮辱之语，只有李德诚对他以礼相待，他决定成全李德诚的一场功劳，便召他上楼，言道："汝有礼，吾今以为汝功。"又以爱妾相赠。言毕，安仁义长叹一声，掷弓于地，随李德诚下楼束手就擒，后与其子一起被送至广陵斩首。

"三叛"平定后不久，刘存又攻克鄂州，俘杜洪父子及汴军将领曹延祚等人，占据了这座长江中游的重镇，进可威胁襄阳、江陵，退可屏障下游，进一步稳固了淮南的形势。但此时杨行密也已走到了生命的尽头，这年秋天，他便得了重病，他命节度判官周隐召长子杨渥回广陵。但周隐却认为杨渥容易听信谗言，又喜好打马球、饮酒甚于政事，不是能够保全基业之人。杨行密其余几个儿子又太小，根本无法驾驭那些大将，不如让庐州刺史刘威权领军府，主持大政，等到杨行密的其余几个儿子长大成人后，再从中挑选一个适合的继位。杨行密自然不愿将权力拱手相让他人，二十多年来，他出生入死，亲冒矢石，就是为了给子孙打下一片基业，他也知道身处乱世，一旦失去权柄，必然会成他人俎上鱼肉。他在幕僚严可求、左右牙指挥使徐温、张颢等人的支持下，临终前终于从宣州召回了杨渥，又强撑病体，以朝廷名义承制授杨渥淮南留后，明确了他的继承人地位。

天祐二年（公元905年）十一月，杨行密病死，终年五十三岁，临死前留下遗嘱，让用葛布当寿衣，桐木和陶器作为棺材，乘着夜色埋在山谷中便是了。由于下葬时十分隐秘，无人知晓这位枭雄最后葬在了哪里。部下为杨行密上谥号曰武忠，杨吴正式立国后，又追封为太祖武皇帝。其子杨渥正式嗣位，继任淮南节度使、东南诸道行营都统，兼侍中、弘农郡王。不过杨行密临死前，并未完成藩镇体制向王国体制的转变，留下了一个极其松散的军事、政治联合体。杨渥与其说是一国之主，还不如说是几个藩镇的盟主，"与诸将皆为节度使，虽有都统之名，不足相临制"，"诸将分守郡府，虽尊奉盟主，而政令征伐，多便宜从事"。在外，刘威、陶雅、李遇等旧将占据了庐州、宣州、歙州等重镇，各自握有重兵；在内，徐温、张颢等人又掌握了至关重要的牙兵，直接控制了其人身安全。另外，杨行密起自行伍，虽然骑射及武艺都很一般，但他为人宽厚，考虑长远，善于安抚将士，与他们同甘共苦，推心置腹，无所猜忌，又深知民间疾苦，秉持勤俭足用的理念，每次给属下将士官吏的赏赐帛不过数尺，钱不过数百，不是公务宴请，从不使用乐伎。即使成为藩王后，还把以前穿的旧衣服带在身边，以示不忘本。反观杨渥却是生长于安乐，居丧期间仍然昼夜饮酒作乐，又在晚上点起五尺口径的巨烛用来照明，供打马球所用，一根蜡烛的花费就要好几万钱，又从未独自参与过军国重事，既无才干，又缺威望，在军中毫无基础，"素无令誉，军府轻之"，不久后便在徐温、张颢策划的政变中被杀。后来杨行密的另外两个儿子虽依次登上王位，公元927年，其四子杨溥更是被拥立称帝，但杨氏的权柄早已旁落，徐温及其养子徐知诰先后控制吴国朝政，所谓的吴国皇帝不过是一块牌位而已。

公元937年，徐知诰废吴帝杨溥，登上皇位，建国号为大齐，次年他改姓名为李昪，改国号为唐，是为南唐。杨溥在被废后不久便被徐知诰派人刺杀，其家人尽被幽禁于泰州永宁宫。公元956年，后周世宗兵发淮南，为摇动南唐统治，他下诏安抚杨氏子孙，南唐中主李璟闻之颇惧，命亲信迁杨氏子孙于润州，半途尽杀杨氏男裔，只以女子二十余人渡江。杨行密一生辛劳，最后基业尽被外人夺取，正所谓"不论平地与山尖，无限风光竟被占，采得百花成蜜后，为谁辛苦为谁甜"。

代北风——李克用的崛起与河东形势的失控

英雄立马起沙陀，奈此朱梁跋扈何。

只手难扶唐社稷，连城犹拥晋山河。

风云帐下奇儿在，鼓角灯前老泪多。

萧瑟三垂冈下路，至今人唱《百年歌》。

这一首《三垂冈》乃是清代诗人严遂成所作，讲的是唐藩镇混乱时期，河东节度使李克用在邢州大败昭义节度使孟方立后还军潞州，置酒三垂冈宴请立功诸将之事。宴席上，伶人们唱起西晋诗人陆机所作的《百年歌》助兴，这组诗歌一共十首，每十岁一首，吟唱人从幼年到老年一生的景况，当伶人们唱至衰老之际时，"声甚悲，坐上皆凄怆"。李克用却是"慨然捋须"，指着身旁年方五岁的儿子李存勖道："吾行老矣，此奇儿也，后二十年，其能代我战于此乎！"

十八年后，梁军兵围潞州，"更筑重城，内以防奔突，外以拒援兵，谓之夹寨"，在此危急时刻，李克用却又因疽发于首而病死，刚刚袭位的李存勖戴孝出征，伏兵三垂冈下，后乘着大雾直逼夹寨，大破梁军，一战奠定了称霸中原的基业，也开启了沙陀三王朝的序幕。

一 沙陀崛起之路

　　崛起于代北地区的沙陀族，是唐末五代一系列重要事件的参与者，涌现了许许多多历史上叱咤风云的人物，并一度成为中原的主宰。五代中后唐、后晋、后汉三个王朝均是由该部族所建，而这一以沙陀军人为主的军事集团的奠基者便是李克用。

　　按照《新唐书》《新五代史》等史书的说法，沙陀出自西突厥，《新唐书·沙陀传》更是明确指出："沙陀，西突厥别部处月种也。"最初，作为沙陀前身的处月部只是西突厥中极小的一支，力量十分弱小，"当是时，西突厥有铁勒、延陀、阿史那之类为最大；其别部有同罗、仆骨、拔野古等以十数，盖其小者也；又有处月、处密诸部，又其小者也"。其活动范围在"金娑山之阳，蒲类之东"（今新疆阿尔泰山东南，巴里坤以东地区），因当地有大碛，名沙陀，故号沙陀突厥。

　　唐太宗贞观十六年（公元 642 年），处月部跟随西突厥乙毗咄陆可汗攻打伊州，被安西都护郭孝恪击败，处月俟斤之城也被唐军攻占。西突厥叶护[1]阿史那贺鲁与处月部首领朱邪胭埃斤阿厥两人见势不妙，率众归降，阿史那贺鲁被封为瑶池都督，其部落则被迁徙至庭州之莫贺城。唐高宗永徽三年（公元 652 年），阿史那贺鲁实力渐渐恢复，遂再次起兵反叛，处月首领朱邪孤注也同时起兵，杀招慰使果毅都尉单道惠，并引兵据牢山。次年，唐军发起反击，以梁建方为弓月道总管、契苾何力为副，命两人率军平叛，唐军很快便击败叛军：阿史那贺鲁被擒、朱邪孤注战败被杀、处月部九千人被俘。唐军获胜后，便在处月部领地设置了金满、沙陀二羁縻州，隶属于北庭都护府。

　　其后一段时间内，处月部的首领开始以沙陀为姓，其部落也渐渐以沙陀为名。高宗龙朔年间，沙陀首领沙陀金山随同薛仁贵征讨铁勒，被授予墨离军讨击使，其部落也随同被迁徙至瓜州一带，直至三十多年后的武周

▲ 沙陀人行猎图

---

　　[1] 一种贵族头衔，地位仅次于可汗，由可汗的子弟或宗族中的强者担任。

长安二年（公元702年），因沙陀金山被授予金满州都督一职，他们才回到故土。数年后，沙陀金山病死，其子沙陀辅国袭位。玄宗先天年间，吐蕃强盛，势力进入西域，沙陀部为避其锋芒，遂迁徙至庭州一带，依附于北庭都护，直至开元二年（公元714年），他们才再次回到故土。

开元二十二年（公元734年），因北庭都护刘涣"处置狂疏"，沙陀再次迁徙，进入伊州地带。不久后，刘涣因擅杀突骑施①使者，导致突骑施首领苏禄可汗起兵反叛，玄宗大怒，遂以谋反为名诛杀刘涣，以安抚突骑施。对于沙陀，玄宗则命伊州刺史、伊吾军使张楚宾向他们宣布朝廷的旨意，以安抚、引导他们再次回到原驻地。沙陀辅国死后，其子沙陀骨咄支袭位，安史之乱爆发后，他曾率部入援，因功拜特进、骁卫上将军。

"天宝未乱犹数载，狼星四角光蓬勃。中原祸作边防危，果有豺狼四来伐。"安史之乱爆发后，随着河西、陇右、安西、北庭等镇唐军主力入援平叛，原本与之长期在西域角逐的吐蕃遂大举进击，很快便攻陷了河西、陇右大部分军镇，隔断了安西、北庭与中原的联系，当时沙陀部落有六千余帐，与北庭留守唐军相依，并联合回鹘继续抗击吐蕃，使得吐蕃久攻不下。德宗贞元六年（公元790年），吐蕃再次大举入侵，北庭都护陷落，沙陀七千余帐降于吐蕃，"安西由是遂绝，莫知存亡，而西州（高昌）犹为唐固守"。安西都护则一直坚守到宪宗元和三年（公元808年）前后，才最终被吐蕃攻陷。

由于"沙陀劲勇冠诸胡"，吐蕃便将其举族迁徙至甘州，并让他们充当攻坚克锐的马前卒，"每战，以为前锋"。史书记载，沙陀骑兵骑射本领比吐蕃人更强，吐蕃倚仗沙陀人的武力，经常入寇边疆。不过在元和三年（公元808年）与回鹘的战事中，吐蕃军败北，重镇凉州被回鹘夺取，吐蕃怀疑沙陀"贰于回鹘"，准备将他们迁徙至河外。沙陀整个部落都因此担忧害怕，酋长朱邪尽忠与其子朱邪执宜商议："我世为唐臣，不幸陷污，今若走萧关自归，不愈于绝种乎？"决定脱离吐蕃控制，谋划再次回归大唐。这年六月，他们率领沙陀部众三万人，沿着乌德犍山一路东行，准备投靠镇守朔方的有"当世赵充国"之称的名将范希朝。吐蕃得知后立刻派出追兵，沙陀部众且战且走，从洮水一路转战至石门，先后数百战。在战斗中，

---

① 突骑施是中国唐代时期一边远部落，属于西突厥。

朱邪尽忠战死，朱邪执宜也受了伤，士众死者大半。等到灵州时，沙陀只剩下一万多人的残部，其中有战斗力的只剩三千骑。范希朝得知沙陀内附的消息后，亲自率领部众迎于塞上，将沙陀残部安置在盐州附近，并购买了大量牛羊送给沙陀人，让他们放牧生产，休养生息。不久后，另一支沙陀残部七百多人也在朱邪尽忠的弟弟朱邪葛勒阿波的带领下杀出重围，来到盐州附近。朝廷又在盐州设置阴山府，朱邪葛勒阿波被任命为阴山府都督，朱邪执宜被任命为兵马使。得到沙陀效忠后，灵盐节度使每次有征讨任务，都会使用沙陀军，而且都会获得胜利，灵盐军战力得到明显提高。

元和四年（公元809年），范希朝转任河东节度使，受命镇守太原，如何处置内附的沙陀再次摆上议事日程。"朝议以沙陀在灵武，迫近吐蕃，虑其反复，又部落众多，恐长谷价，乃命悉从希朝诣河东。"沙陀部遂再次迁徙至河东地区，一部分被安置在定襄川，另一部分被安置在神武川之黄花堆。范希朝还在沙陀部中拣选精锐一千二百骑，号沙陀军，这支部队很快便在讨伐成德节度使王承宗的战事中立下功劳。

当时，宪宗以大宦官吐突承璀为招讨安慰使，统领神策左右军及河中、河阳、浙西、宣歙等道兵马，由于其为宦官出身，本无战功，也没有什么统兵才能，自然不能服众，"威令不振"，结果屡战屡败，连骁将左神策大将军郦定进也战死，一时间官军将士们都失去了锐气。

另一路官军由河东、河中、振武、义武等镇兵马组成，是为恒州北道招讨。范希朝受命出征后，以朱邪执宜所部七百人为先锋一路前行，朱邪执宜行至木刀沟时，与埋伏在此地的王承宗所部两万人狭路相逢，朱邪执宜率部冒着敌军密集的箭矢直扑敌阵，竟横贯而出，河东军大将李光进、李光颜兄弟趁机跟进掩杀，义武节度使张茂昭所部两翼出击，绕至敌后，截断了敌军退路，遂大败敌军，斩首万级，连王承宗也差点被俘。

但由于官军之间号令不一，战事陷入胶着状态，魏博、淄青两镇也蠢蠢欲动，最后朝廷因师久无功，只得下诏赦免王承宗，并悉罢诸道行营。不久后，范希朝因老病不能立大功，部队损失也较大，许多人马都被打散了，朝廷让其还朝改任左龙武统军，河中节度使王锷成为新一任河东节度使。王锷到任后，河东全军兵不满三万人，马不过六百匹，他担心不能控制战力强悍的沙陀部，便向朝廷建言："朱邪族孳炽，散居北川，恐启野心，愿析其族隶诸州，势分易弱也。遂建十府以处沙陀。"此举本意是要削弱沙陀，但分散为十府的沙陀依然聚族而居，反而获得了更为广阔的生存发展空间。

除此之外，河东节度使还采用订立盟约、交出贵族子弟为人质的手段对沙陀进行防范和控制，并一度在朔州设置兴唐军沙陀三部落防遏都知兵马使，由牙将出任当地刺史及军使，防备之心始终不减。

当时，在云州、朔州一带还有为数不少的粟特人，即所谓的昭武九姓胡。这些粟特人原来臣属于突厥，突厥被唐灭亡后，他们被安置在灵州、夏州以南的鲁、丽、含、塞、依、契一带，世称之为"六州胡"。唐德宗贞元二年（公元786年）十二月，吐蕃大举进犯盐州，"六州胡"惧怕吐蕃袭击，遂向东迁徙至石州，后被安置在云、朔一带，朝廷在其聚居区内分别设萨葛、安庆两府以治之，以其首领为都督。这两部在沙陀来到河东后，因过去同属于突厥，因此很快便走向了联合，后来形成的"沙陀三部落"中萨葛、安庆两部。

在随后的二十年时间里，沙陀军又参与了防御回鹘入侵、讨伐淮西吴元济、成德王廷凑的战事，均立下战功，给朝廷留下了极好的印象。

文宗太和四年（公元830年），刑部尚书柳公绰出任河东节度使，他认为"陉北沙陀素骁勇，为九姓、六州胡所畏伏"，便上奏朝廷建立阴山都督府、代北行营，以朱邪执宜为阴山都督、代北行营招抚使，让他们居住在云、朔两州的边塞，守护北方边境。当时塞下有过去废弃的堡垒十一座，朱邪执宜重新修葺完整，从部落中挑选了三千人分别驻守其中，从此杂虏便不敢进犯边塞。这对沙陀的发展来说极其重要，标志着这一部族正式获得了代北一地的地方权力，从而掌握了恒山山脉下广袤的牧场。

朱邪执宜死后，其子朱邪赤心袭位，他在历史上首次出场便促使了强盛一时的回鹘汗国的衰亡。唐文宗开成四年（公元839年），回鹘内乱，彰信可汗杀死了阴谋作乱的宰相安允合、特勒①柴革两人。另一宰相掘罗勿在外带兵，幸免于难。掘罗勿以骏马三百匹贿赂朱邪赤心，让他派兵相助。在沙陀铁骑的支援下，掘罗勿很快便击败了彰信可汗，迫使其自杀。内乱过后，又遇到了疫病和大雪，饲养的羊和

---

① 一种官名，内典机要，外理邦交，常奉使谈判军国大事。

▲ 晚唐胡人牵马砖雕

马死了很多，回鹘从此以后便衰落了。唐武宗会昌三年（公元843年）正月，朱邪赤心又隶属振武节度使刘沔麾下，在杀胡山大破回鹘，乌介可汗受伤逃去，其后，回鹘汗国被原属部黠戛斯所亡。

　　不久后，昭义节度使刘从谏去世，他死前欲效仿河朔故事，将帅位传给侄子刘稹。武宗在宰相李德裕的支持下，决议讨伐昭义。在这场讨伐战争中，朱邪赤心率领沙陀骑兵三千先是作为晋绛行营节度使石雄所部前军，助其攻破石会关；后又助忠武节度使王宰攻破了昭义军倚赖的天险天井关。会昌四年（公元844年）正月，河东都将杨弁作乱，占据了太原城，并与刘稹约为兄弟，河东节度使李石出奔汾州。此次战事对作为官军重要后方基地的河东来说不容有失，朱邪赤心又受命星夜驰援，会合戍守榆社的河东军很快便平定了叛乱。昭义平定后，朱邪赤心因功升迁为朔州刺史。

　　唐宣宗大中元年（公元847年），吐蕃论恐热乘武宗去世之际，诱使党项和回鹘入寇河西，朝廷下诏命河东节度使王宰率领代北诸军击之，沙陀军再次作为前锋作战，为唐王朝立下汗马功劳。沙陀军经常深入敌阵，勇冠诸军，史称："赤心所向，虏辄披靡，曰，'吾见赤马将军火生头上。'"

　　唐懿宗咸通九年（公元868年）七月，位于西南边陲的桂林发生戍卒兵变。最初作乱者不过八百余人，朝廷认为不过肘腋之患，没料到这星星之火不久后竟迅速蔓延，以至于大唐的天下从此便土崩瓦解。

　　六年前，徐州武宁军发生兵变，驱逐了节度使温璋。武宁军素来以骄悍难制著称，当年王智兴节度徐州时，招募了勇悍之士两千人，分为银刀、雕旗、门枪、挟马等七军，经常有三百多人在左右侍卫，携带武器坐在堂下两边廊屋的帷幕后，每月轮值一次。后来的节度使多是文官，难以压制这些骄兵，稍有不如意，骄兵们便大喊大叫，遇到这种情况，节度使只得从后门逃走。兵变发生后，朝廷急调刚刚讨平了裘甫之乱的浙东观察使王式接任武宁节度使，命其统领忠武、义成两镇兵前往徐州镇抚。

王式到任后，先是犒赏忠武、义成两镇兵马，说是让他们先回转，以迷惑乱军，等到对方放松警惕后，突然下令部下拿起武器将骄兵团团围住，全部处死。当时正逢南诏寇边，攻陷安南都护府，都护蔡袭战死，朝廷遂在徐州招募了两千人前往西南戍边，一方面强化边防，一方面消除乱源，可以说是一举两得。这支武宁军有八百人戍守在桂林，最初约定戍边三年，但徐州方面害怕这批人回来后难以制约，遂迟迟不派兵前去轮换，到第六年时，桂林戍卒再次提出轮换，却又被时任徐泗观察使崔彦曾拒绝，说是现在军帑①空虚，再次派兵到桂林花费实在太多，承受不起，让戍卒们在桂林再干上一年。戍卒家人飞书桂林，戍卒们得知该消息后大怒，遂杀死了都将王仲甫，推粮料判官庞勋为主，劫走武库的武器后便往北踏上了回乡之路，一路上烧杀抢掠，沿途州县无力抵御，纷纷告急。

朝廷采取姑息政策，遣张敬思为使，宣布赦免戍卒兵变之罪，送归徐州，戍卒乃停止剽掠。在一路监视下，戍卒们先北上至长江，再沿江东下，过浙西、入淮南，最后来到武宁镇内。庞勋此时起了野心，准备效仿武宁骄兵的始作俑者王智兴，过一把节度使的瘾，便诡称朝廷已颁下密敕，准备诛灭戍卒及家族，以煽动戍卒。有当年王式诛灭银刀军的前车之鉴在，戍卒们自然相信庞勋所言，很快便做好了再次兵变的准备。

徐州方面，见戍卒即将到来，全城军民都十分害怕，都认为桂州戍卒那么猖狂，如果放他们入城，肯定会作乱。崔彦曾遂命都虞侯元密率部三千人讨伐庞勋，又命宿州兵马扼守符离、泗州兵马扼守虹县阻击戍卒。元密准备等戍卒们来到任山驿馆时伏击对方，结果被庞勋发现。庞勋下令制作了一批手持旗帜的假人，将它们排列在山下迷惑官军，自己则率部众悄悄撤离，官军等到晚上才发现庞勋已率部离去。庞勋脱身后，在濉水遇到前来镇压的宿州兵，结果刚交战宿州兵便望风奔溃，庞勋遂乘胜攻陷宿州，募得数千兵马，自称兵马留后。随后，庞勋又击败前来追击的元密部，遂直取徐州治所彭城，在当地百姓支持下一鼓而下，俘崔彦曾等人。

---

① 军用的库藏。

攻克彭城后，庞勋向朝廷表求节钺："伏乞圣慈，复赐旌节。不然，挥戈曳戟，诣阙非迟！"同时，又命旧将刘行及率一千五百人屯于濠州，李圆率领两千人屯于泗州，梁丕率领一千人屯于宿州，其余要害县镇都加强了城防，并派兵驻守。当时，徐州及周边州县之人都认为朝廷肯定会向庞勋妥协，庞勋最多一个月就会等来朝廷的旌节，因此为庞勋效力献策的人不断聚集，以至于光、蔡、淮、浙、兖、郓、沂、密等州的盗贼也兼程前来投靠，不多久便发展至二十万人。

但庞勋等来的不是朝廷颁下的节钺，而是讨伐的诏书。朝廷下诏以右金吾大将军康承训为义成节度使、徐州行营都招讨使，神武大将军王晏权为徐州北面行营招讨使，羽林将军戴可师为徐州南面行营招讨使，大发诸道兵以隶三帅，讨伐庞勋。康承训为德宗朝名将康日知之孙，任天德军防御使时，因军中缺少马匹，在与回鹘的多次作战中均失利，于是大量购买马匹，提升天德军的实力，最终击败回鹘，所以深知骑兵的重要性。同时，他长期在边关效力，对沙陀军的骁勇善战也早有耳闻。因此在出兵前，他向朝廷上奏请求派遣沙陀三部落使朱邪赤心及吐谷浑、达靼、契苾等部酋长各率部众前来助战，朝廷自然应允，朱邪赤心遂再次踏上征程。

当时的形势是：庞勋除徐州外还占据了濠州、宿州等地，但重镇泗州在淮南等地援军的支援下仍被官军控制着。当时形势仍十分危急，各道增援的兵马不过万人，前来援救泗州的镇海军又大败于城下，都头翟行约所部四千人全军覆灭，叛军遂乘胜渡淮，攻克淮南军据守的都梁城，占据淮口，断绝了江淮通往两京的漕路及驿路。康承训见叛军势大，众寡不敌，自新兴退屯宋州。庞勋遂命部将南寇舒、庐，北侵沂、海，连破沭阳、下蔡、乌江、巢县等地，攻陷滁州，杀刺史高锡望，又攻下和州，大掠城中，杀士卒八百余人。徐州南面行营招讨使戴可师欲先夺淮口，后救泗州，结果因"恃胜不设备"，被叛军大将王弘立大败于都梁城下，所部三万人几乎全军覆没，逃出来的只有几百人，损失的器械、资粮、车马难以计算，戴可师及监军均战死。庞勋又乘胜围寿州，在断绝汴州漕路后，再次断绝了转道寿州的诸道贡献。

次年正月，各地援军终于集结完毕，康承训率领诸道军七万余人屯于柳子寨之西，"自新兴至鹿塘三十里，壁垒相属"。接替王晏权为徐州北面招讨使的泰宁节度使曹翔所部进至滕、沛两地，魏博大将薛尤所部进至丰、萧两地。朱邪赤心率领的三千沙陀骑兵已赶至战场，作为讨伐军的前锋，沙陀骑兵"陷陈却敌，十镇之兵伏其骁勇"。

康承训有次率领麾下千人渡涣水的时候，被叛军围困，在危急时刻，只见朱邪

▲唐代披铠的步兵及骑兵

赤心率五百骑突入重围，当者披靡，将他救下，随后又转身再次杀入敌阵，与康承训所部并立作战，大败叛军。敌将王弘立自矜淮口之捷，认为官军不足为惧，率所部三万人渡过濉水，将官军前哨鹿塘寨团团围住。王弘立与诸将在远处望着，自以为马上便可建功。沙陀军再次来援，左右突围，出入如飞，势不可挡，叛军见势不妙，四处逃窜，"沙陀纵骑蹂之，寨中诸军争出奋击，贼大败"。官军一路追赶至濉水，叛军走投无路，跳入河中溺死的不可胜数，"自鹿塘至襄城，伏尸五十里，斩首二万余级，弘立单骑走免"，"委弃资粮、器械山积"。

三月，康承训击破王弘立所部，进逼宿州北部的柳子寨。接下来的一个月间，其与叛军大小数十战，遂围柳子寨。一天，大风刮起，官军抓住机会四面纵火，柳子寨很快成为一片火海，叛军纷纷弃寨而走，沙陀军趁机掩杀，将溃兵屠杀殆尽，自柳子至芳城，死者相枕。庞勋听说柳子寨被克，大惊失色，连忙下令诛杀崔彦曾及监军张道谨等人，以绝人望。同时，庞勋自称天册将军，又下令大索城内，拣选丁壮，准备与官军决一死战。

五月，庞勋率所部三万人自徐州出兵，先急趋丰县，击败魏博军一部，杀官军两千人。此时的魏博军早已不复当年骁勇，见庞勋亲自带兵前来，无心恋战，"诸寨皆宵溃"。曹翔听说魏博军败走，也撤滕县之围，引兵退保兖州。庞勋在丰县停留数日后，决定乘胜进军，他下令襄城、留武、小睢诸寨兵共计五六万人会攻柳子寨。有一名淮南败卒当时陷入叛军中，他找到机会逃脱，向康承训报告了叛军的行动计划，康承训得以抢先做好准备，整顿兵马，设下埋伏。襄城等寨的叛军首先遇伏，大败而归，等到庞勋赶赴战场时，只见遍地都是战死士卒的尸骸。庞勋的部下目睹官军实力强大，皆不战而溃，康承训下令以骑兵断其前路，步卒追击于后，叛军大溃，以至于相互践踏，数十里范围内都是尸体，死者数万人。此战过后，庞勋元气大伤，等其收拾残部，归队的不过三千人。

此时泗州已经解围，官军遂乘胜长驱，连续扫平叛军外围各据点，叛军则分崩离析，各寨守军纷纷溃散逃离，在山林间结寨自保，庞勋派出去抄掠的人马也全部被杀。庞勋见此情形，忧愁万分，又不知如何应对，只得向神灵祈祷，又布施僧人，希望得到上天保佑。

八月底，康承训兵围宿州。庞勋收到宿州告急的消息后，引兵西出，准备先掠宋、亳之郊，迫使官军解围回援，再在半路设伏，与宿州守军夹击官军。但计划赶不上变化，庞勋出兵后不久，宿州守将张玄稔便诛杀了庞勋派来监军的亲信，举城投降。为骗过庞勋，宿州当天仍然像往常一样在傍晚点起了平安火，次日，张玄稔下令"积薪数千束，纵火焚之，如城陷军溃之状"，直趋苻离，赚开城门，斩其守将，收兵万人，遂直趋彭城。庞勋之父庞举直与谋主许佶等人婴城拒守，但守城士卒中弃甲投兵而下的络绎不绝。不久后，崔彦曾故吏路审中开门纳官军，庞举直等人率余党保子城，后见大势已去，便从北门逃出，张玄稔派兵追击，庞举直、许佶等人均被斩杀，徐州遂平。

庞勋当时已率部两万人攻破宋州南城，康承训得知此消息后，连忙率领主力去救，并再次以朱邪赤心所部数千骑为前锋。庞勋攻宋州北城不克，遂渡过汴水，准备南掠亳州，结果被沙陀骑兵追到，庞勋窘迫之下，只得沿着涣水向东而行，准备回彭城老巢，沙陀也不与其交战，只是一路跟随，使庞勋部连坐下来休息一会儿吃点东西的机会都没有，迫使其在蕲县以西陷入官军重围。沙陀军见庞勋陷入死地，遂会合其余官军纵击之，大破庞勋，此役共杀敌近万人，其余叛军多数淹死河中，庞勋亦死于乱军中。十月，叛军最后据点濠州被克，庞勋之乱遂被平定。康承训因功升迁为河东节度使。为表彰朱邪赤心的战功，朝廷特意升云州为大同军，任命其为大同军节度使，并赐国姓，入宗室，改其姓名为李国昌，属籍郑王一房。对沙陀部来说，其首领被赐予国姓、纳为宗室是极其荣耀的一件事，这意味着其摆脱了夷狄的身份。同样，李国昌家族的宗室身份不但扫除了汉族士大夫与其合作的心理障碍，也为日后建立的后唐王朝赢得了正朔称号。

庞勋之乱虽被平定，但这场动乱却掀开了唐王朝统治秩序崩溃的序幕，过去的动乱只是单纯的兵变或民变，在庞勋之乱时发生了叛军与民众合力攻打城池的现象，这是民众对唐王朝效忠心理减弱的象征，也暴露出了唐王朝对地方控制的虚弱。除此之外，各藩镇在平叛战争中的表现也十分不堪，战斗意志薄弱、战斗力不强。同时，由于出镇作战的粮饷全由朝廷提供，因此藩镇兵离开本镇作战时往往选择避开战斗，延长战事时间。上述问题正好被入援内地的沙陀注意到了，中原虚实尽被其掌握，"庞勋拥数万之众横行，殚天下之师武臣力，莫能挫抑，而沙陀以千骑驰突其，如薙靡草。固将睥睨而笑曰：是区区者而唐且无如之何，吾介马奔之而遽成齑粉，则唐之为唐可知矣"。

此外，庞勋虽然授首，但大量余部仍然散落各地，"徐贼余党犹相聚闾里为群盗，散居兖、郓、青、齐之间"，其势力仍十分强大，"州县不能禁"。黄巢起事后，这批人又纷纷投靠黄巢，构成其军事力量的主力，"黄巢之寇，本于徐方之余"。正因为如此，史家才这样评论道："唐亡于黄巢，而祸基于桂林。"

二 鏖战代北，避祸阴山

咸通十一年，因回鹘残部进犯榆林，袭扰灵、盐二州，又寇天德军，朝廷遂任命李国昌先后出任鄜延、振武节度使，率部与回鹘作战。但此时的李国昌尽知朝廷虚实，已不复当年的恭敬，在任上"恃功恣横，专杀长吏"。朝廷下诏命他为大同军防御使，李国昌称疾不赴。朝廷尚要倚赖沙陀骑兵，最终竟听之任之。

咸通十四年（公元873年）七月，唐懿宗驾崩，其子普王李俨（后改名李儇）被掌握神策军的左军中尉刘行深、右军中尉韩文约等权阉拥立为帝，是为唐僖宗，当时李俨年方十二岁。僖宗年少继位，专事游戏，常与内园小儿厮混在一起，又大肆挥霍，赏赐乐工、伎儿的钱每次都数以万计，政事则全部委托亲信宦官田令孜，甚至称呼其"阿父"。

唐朝政治自懿宗以来日趋糜烂，至僖宗时更是出现了这样的末世景象："上年少，政在臣下，南牙、北司互相矛盾。自懿宗以来，奢侈日甚，用兵不息，赋敛愈急。关东连年水、旱，州县不以实闻，上下相蒙，百姓流殍，无所控诉。相聚为盗，所在蜂起。州县兵少，加以承平日久，人不习战，每与盗遇，官军多败。"政治腐败、官吏无能、军人跋扈、社会动荡、经济残破，底层积压的怒火越来越炽烈，最终在僖宗继位后不久便全面爆发。乾符元年（公元874年），濮州人王仙芝聚众数千，在长垣起兵，从此敲响了唐王朝的丧钟。

王仙芝起兵后，很快便攻陷濮州、曹州等地，众至数万，天平节度使薛崇率部前来镇压，被其击败。冤句人黄巢亦聚众数千人前来会合。黄巢与王仙芝同是私盐贩子出身，此人善于骑射，爱好任侠，也曾读过一段时间书，但多次科举失利，遂断绝了学而优则仕的念头，决定一刀一枪打出个新天地。两人联合后横行山东，被苛捐杂税逼得没法活的百姓争相投向黄巢，仅仅数月，其部众就发展至数万人。当时有谚语道："金色虾蟆争怒眼，翻却曹州天下反。"各地形势逐渐糜烂。

朝廷最初称王仙芝、黄巢等人为"草贼"，以平卢节度使宋威为诸道行营招讨草贼使，又命河南方镇所遣讨贼都头都听从其指挥，以统一事权。但"草贼"们却越剿越多，除王仙芝、黄巢等人外，黄淮之间群盗蜂起，啸聚山林间的反抗者多则千余人，少则数百人，"剽掠十余州"，一直发展到淮南境内。乾符三年（公元876年），恐慌开始蔓延至南方地区，朝廷只得下敕福建、江西、湖南诸道观察、刺史开始训练士卒，又令天下乡村各置弓刀鼓板以备群盗。由于群盗威胁到了漕运安全，朝廷又下密诏，命令宣武、感化节度、泗州防御使挑选精兵数百人在辖区内巡逻，保卫漕运纲船，每五天上报一次钱米平安的情况。

朝廷虽然不断调兵遣将，前线亦不时传来大捷的消息，但王仙芝、黄巢攻陷的州县却越来越多，"屠陷五六州，疮痍数千里"。乾符三年（公元876年）九月，王仙芝攻陷汝州，东都大震，随后又南下，攻申、光、庐、寿、舒、通等州，淮南告急。朝廷无奈之下，只得祭出招安手段，任命王仙芝为左神策军押牙兼监察御史，王仙芝最初同意就抚，黄巢却坚决反对，一怒之下把王仙芝的头都打破了，王仙芝害怕引起众怒，便拒绝了此次招安。随后，"草贼"们攻陷鄂、郢、沂三州，杀天平节度使薛崇，又将宋威围困于宋州，不克而去。随后，王仙芝南下攻克随州，在击败山南东道节度使李福后，转掠复、郢二州，黄巢则在进军蕲、黄不利后，转攻濮州，陷之。乾符五年正月，王仙芝又攻克长江中游的重镇江陵，大掠而去。

正当朝廷被王仙芝、黄巢两路兵马搅得焦头烂额之际，代北地区几员武将也在策划着一场兵变。云州沙陀兵马使李尽忠与牙将康君立、薛志勤、程怀信、李存璋、王行审、盖寓等人密谋："今天下大乱，朝廷号令不复行于四方，此乃英雄立功名富贵之秋也。吾属虽各拥兵众，然李振武功大官高，名闻天下，其子勇冠诸军。若辅以举事，代北不足平也。"

被这些将领称赞"勇冠诸军"的乃是李国昌第三个儿子——时任云中守捉使兼沙陀副兵马使，戍守蔚州的李克用。大中十年（公元856年）七月，李克用出生在沙陀部聚居的神武川之新城，他的母亲分娩时难产，情况危急，其族人慌忙往雁门去买药，据说半路上遇到一个老叟，对他们言道："这种情况不是医生所能解决的，你们快些回去，然后将所有人集合起来，披上盔甲、手持旗帜，一边敲锣打鼓，一边骑马大喊，围着李国昌住的地方跑上三圈就可以了。"族人们连忙赶回依此行事，果然顺利分娩。李克用稍稍长大后便学得了一身骑射的好本领，即使在骁勇善战的沙陀部中也是佼佼者，"与侪类驰骋嬉戏，必出其右"。

李国昌率军征伐庞勋时，年仅十五虚岁的李克用也随军参战，表现不俗，一路上"摧锋陷阵，出诸将之右"，军中都称其为"飞虎子"，又因他一目微眇，故又称"独眼龙"，同时，他还有一个"鸦儿"的外号。李国昌担任振武节度使后，李克用也在云中当了一员牙将，其间留下了"一箭双雕"的轶事。有一次，他与达靼部人比试武艺，天空中正好飞过一对大雕，达靼人问道："你能一发中否？"但见李克用弯弓搭箭，一箭射去，连贯双雕，众人见了都啧啧称奇，真心佩服。李克用

▲ 京剧珠帘寨中的李克用

随后又担任了云中守捉使一职，其间，他和同僚早上聚集在防御使官署等待参见防御使支谟时，见支谟尚未到来，竟大摇大摆登上郡阁，坐在了支谟的位子上，支谟知道后也不敢诘问。防御使的官府厅座本是朝廷威严所寄，代表着防御使的权力，但李克用大大咧咧戏要踞座，防御使支谟连质问都不敢，由此可见唐末朝廷的颓风。

乾符三年（公元876年），段文楚被朝廷任命为代北水陆发运、大同防御使，成为李克用的顶头上司。段文楚的祖父是中唐的名臣段秀实，曾任泾原节度使等职，封张披郡王，后因谗言调长安任司农卿。泾原兵变时，段秀实因不愿附从叛将朱泚作乱而被害，被史书赞叹道："自古殒身以卫社稷者，无有如秀实之贤。"后来，他被追赠太尉，谥号忠烈，配飨唐德宗庙廷。段文楚以名臣子弟步入仕途，历任邕管经略使、威卫将军等职。他时运不济，当时代北连年饥荒、漕运不济，军需难以跟上，他只得缩减军士们的军衣军粮。同时，他严厉执行军法，这无疑引起军士们的怨怒，结果惹上了杀身之祸。彼时天下大乱，朝廷无力，各地武人都蠢蠢欲动，"诸部豪杰咸有啸聚邀功之志"，最好是可以像河朔藩镇般割据一方。段文楚克扣军粮，军法严峻，无疑给了他们作乱的借口。

史书称，当李尽忠派遣康君立到蔚州说服李克用起兵时，李国昌父子对密谋一无所知，但李克用一句"吾父在振武，俟我禀之"无疑露出了马脚。如果他们父子对朝廷尽忠，又何须禀报，直接拒绝便是了。李克用"俟我禀之"的态度至少可以说明李国昌曾经在他面前露出过作乱的想法。从参与的人员来看，李尽忠是李克用的叔父，其余将领也都是蔚、代等州人，或是代北地区粟特酋豪，或是世代为州之牙将，或是出身李氏帐中亲信，与代北地区的沙陀势力有千丝万缕的联系，因此可以判断兵变就是李国昌直接策划的，这些人也是李国昌早早埋在云州城内的钉子。

▲ 敦煌壁画武士像

李国昌虽然已经担任振武节度使成为一镇藩侯，但由于朝廷的防范和控制，沙陀在代北经营已久，却始终无法完全控制这一地区。朝廷不时调动其防区，又不断征发沙陀军戍守各地。此时，李国昌通过参与镇压庞勋的战事，看出了朝廷的虚弱，野心不断滋长，生起了兼有两镇的念头。正是有他的支持，康君立才会表态道："今机事已泄，缓则生变，何暇千里禀命乎！"

大同镇位于河东北部，乃是从河东镇中分出的藩镇。唐武宗会昌三年（公元843年），为防御回鹘南下，朝廷下诏由原河东节度使析出云、朔、蔚三州置大同都团练使，次年升为都防御使。其地"地控边陲，境联蕃籍"，乃是北边军事重镇，也是农耕民族与游牧民族的杂居之地，有"高山代郡东接燕，雁门胡人家近边"之称。如前文所述，这里是沙陀内附后的主要聚居地。夺取云、朔、蔚三州，既可收取三州劲兵，又可联合塞外游牧民族势力，对沙陀的发展可以说是意义非凡。但朝廷对沙陀始终是既利用又防范，使其占据代北的野心迟迟无法实现。此时，朝廷对地方控制力下降，沙陀遂乘势而起。

乾符五年（公元878年）二月，李尽忠起兵攻陷了牙城，俘获了段文楚及判官柳汉璋等人，很快便控制了云州，随后便请李克用前来收拾残局。李克用听说兵变成功，立刻率部驰援，一路上沙陀、突厥等部众纷纷来投，来到城下时，兵力已达万人。李克用一开始并未入城，而是屯驻于斗鸡台下。李尽忠派人送来符印，并推举李克用为防御留后。同时，段文楚等人被送到斗鸡台，李克用下令将他们千刀万剐。随后，李克用入府视事，并以将士拥戴为由表求朝廷敕命。

朝廷闻变后却态度强硬，先是诏不许，随后又征诸道兵讨伐。李国昌一看形势不妙，朝廷并未如他想象的那样妥协绥靖，连忙上奏道："乞朝廷速除大同防御使。

若克用违命，臣请率本道兵讨之，终不爱一子以负国家。"朝廷其实是虚张声势，并不愿大动干戈，见有台阶下，就将高高举起的板子轻轻放下，任命司农卿支详为大同军宣慰使，又下诏给李国昌，让他劝说李克用，称只要好好招待宣慰使，朝廷赏赐给李克用的官爵自然会让他称心满意；随后又任命太仆卿卢简方为大同防御使。

朝廷对李国昌父子如此优容自然有其苦衷：王仙芝虽然已战死在黄梅，但其余部在尚让统领下尽归黄巢，相比而言，黄巢能力更强、心志更高，对朝廷的威胁也更大。在尚让等人的推举下，黄巢开始自称冲天大将军，改元王霸，设置官属，搭建了政权的架子。随后，黄巢率军连陷沂州、濮州，又南掠宋、汴，朝廷连忙下诏令河阳、宣武、昭义三镇兵守卫东都，又发义成兵三千助守轘辕、伊阙、河阴、虎牢四关，但黄巢不与官军在河南纠缠，迅速南下，引兵渡江，连续攻陷了虔、吉、饶、信等州，威胁着朝廷的财赋重地。

另外，由于李克用依然牢牢控制着云州，卢简方根本无法上任。乾符五年（公元878年）四月，朝廷又想出一策，下诏以卢简方代替李国昌为振武节度使，李国昌则被任命为新设置的大同节度使，"以为克用必无以拒也"。朝廷以为李国昌是忠臣，未曾想到李国昌的真实打算是"父子并据两镇"，当大同节度使的任命诏书来到单于都护府时，李国昌"毁之，杀监军，不受代"，随后又与李克用合兵攻陷遮虏军，进击宁武及岢岚军。卢简方行至半路，听说振武有变，连忙退了回去，不久后，他因为惊惧病死于岚州。

李国昌、李克用父子同反的消息传来，河东大震，河东节度使窦瀚连忙征发百姓在晋阳城外挖掘堑壕，又调集土团兵千人戍代州。没料到土团兵到城北时整队不发，称要节度使大人发了赏赐才前行。当时，河东府库空虚，窦瀚派马步都虞侯邓虔前往慰谕，结果被杀，窦瀚只得硬着头皮与监军一起前去慰谕，每人给钱三百，布一端，土团兵这才安定下来。随后，窦瀚又从商人那里借了五万缗钱作为赏赐发了下去土团兵才动身。朝廷得知后，认为窦瀚无才，遂任命前昭义节度使曹翔为河东节度使。

曹翔任泰宁节度使时，曾在镇压庞勋之乱的战事中立下战功，也算一员宿将。他到河东上任时，还带去了昭义军一部，并凭借昭义军武力捉拿了杀害邓虔的十三名土团兵，随后斩首正法。不久后，前来援助河东的义武军来到晋阳，也鼓噪不前，兵不解甲，想要赏赐，曹翔再次果断出手，斩了十将一人，军中才安定下来。此时，前来赴援的义成、忠武、昭义、河阳等镇兵马也纷纷来到晋阳，以抵御沙陀南下。

曹翔得到各镇援兵后有了底气，遂引兵救忻州。但前线形势依旧对官军不利，沙陀军攻陷岢岚军的罗城后迅速南下洪谷，击破了官军一部，迫使曹翔退守晋阳，闭门守城。

九月，曹翔在上任两个月后暴病身亡，其带来的昭义军见主将病故，没了束缚，遂大掠晋阳，没想到晋阳百姓奋力反抗，坊市中的百姓全都集合起来一起攻打昭义军，昭义军被打死千余人后，溃散逃出了城。十月，朝廷再次调集昭义节度使李钧、卢龙节度使李可举两路人马讨伐李国昌父子，吐谷浑酋长赫连铎、白义诚等人也率军相助，会攻"并部咽喉"之地蔚州，此外又任命河东宣慰使崔季康接任河东节度、代北行营招讨使。沙陀军在攻下岢岚军后，又进围石州。十一月，崔季康会同昭义节度使李钧所部去救石州，官军再次大败于洪谷，昭义溃兵逃至代州，剽掠市坊，代州百姓竭力反抗，将溃兵们几乎全部打死，逃出去的昭义溃兵最后走鸦鸣谷这条路，才逃回上党。

乾符六年（公元879年）二月，河东兵退至岚州东北五十里的静乐县时，营中突然发生兵变，乱兵们杀死了孔目官石裕等人，崔季康见势不妙，一路狂奔逃归晋阳，结果又遇到都头张锴、郭咄作乱，这次崔季康无路可逃，终被乱兵杀死。朝廷再次换将，任命陕虢观察使高浔为昭义节度使，又调邠宁节度使李侃接任河东节度使。李侃刚到任河东就再次兵变，朝廷为抚慰河东军，赐下一批银子作为赏赐，或许是分发不公，牙将贺公雅所部士卒鼓噪作乱，他们在焚掠三城后，又将孔目官王敬抓了起来送至马步司，要求给一个说法。李侃无可奈何，只得下令处死了王敬，乱兵这才散去。

李侃咽不下这口气，遂命都虞侯秘密搜捕参与兵变的贺公雅部下，将参与兵变的士兵全族诛灭，贺公雅余党百余人遂自称报冤将，大掠三城，将参与抓捕的马步都虞侯张

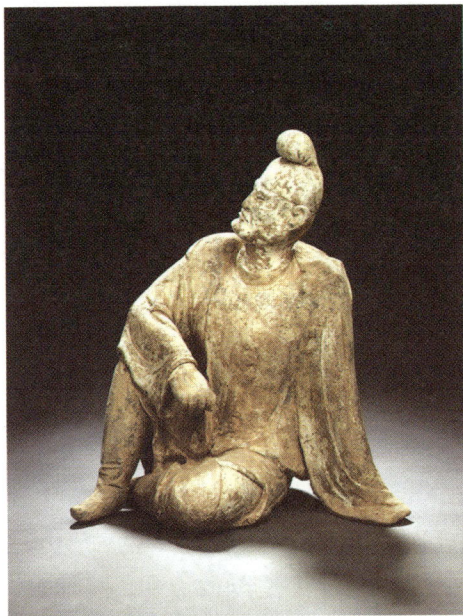

▲ 彩绘陶休憩俑

锴、府城都虞侯郭咄的宅邸一把火烧成白地，李侃遇事毫无担当，竟又下令收捕张锴、郭咄两人，在牙门前处斩，并下令将他们的家属逐出河东以安军情。在处斩前，两人泣言："所杀皆捕盗司密申，今日冤死，独无烈士相救乎！"士兵们听后鼓噪向前，一拥而上救下两人。李侃无计可施，只得再次下令"复其旧职，并召还其家"。到三城斩斫使朱玫分兵捕杀报冤将后，晋阳才安定下来。经过这几次变故，李侃已毫无威信可言，他也知道自己无法再在河东干下去，便声称患了重病，以求医为名自请离开了河东。朝廷无可奈何，又调东都留守李蔚为河东节度使，他是晋阳城最近一年多迎来的第五位节度使。但李蔚也没有在这个位置上坐多久，当时大权都掌握在张锴、郭咄两人手中，他于八月上任，三个月后便病死了。

十一月，朝廷任命河东行军司马、雁门关已来制置使康传圭为河东节度使。康传圭接到诏书后，立即离开代州前线往晋阳，张锴、郭咄两人见新节度使上任，一起前往乌城驿迎接，结果刚到驿站便被康传圭下令收捕诛杀。康传圭进入晋阳后，又将张、郭两家族灭。诛杀张、郭两人后，康传圭觉得自己权柄已经巩固，遂开始作威作福，"专事威刑，多复仇怨，强取富人财"。上任没多久，河东军民便对他怨声载道。

沙陀军在康传圭离去后，再次攻入有"九塞之首""三关冲要"之称的雁门关，连寇忻、代二州。广明元年二月，沙陀军在攻陷太谷县后，前锋一度逼近晋阳。康传圭命前遮房军使苏弘轸前去迎战，结果官军再次战败，康传圭为立威，下令诛杀了苏弘轸。不过，沙陀军并无攻下晋阳的打算，在劫掠一番后便转回了代北，康传圭命都教练使张彦球率军三千追击，想挽回些面子，谁知行至半途，军中再次生变，乱兵们拥着张彦球回到晋阳，攻杀了康传圭。朝廷得知河东再次兵变的消息后，依旧姑息，只是下诏道："所杀节度使，事出一时，各宜自安，勿复忧惧。"

河东作为朝廷的重要屏障，这几年竟然兵变不断，节度使屡次被乱兵们杀害，这也是唐朝末期统治秩序崩溃的象征。面对"河东兵益骄"的局面，朝廷遂以门下侍郎、同平章事郑从谠为河东节度使，希望借助宰相的威望镇抚这些骄兵悍将；同时还赋予郑从谠自择参佐的权力，郑从谠当仁不让，上奏朝廷，申请调长安

▲雁门关

▲后梁赵岩《八达游春图》

令王调为节度副使，前后部员外郎、史馆修撰刘崇龟为节度判官，前司勋员外郎、史馆修撰赵崇为观察判官，前进士刘崇鲁为推官。由于他选择的都是当时的名士，因此时人都称其幕府为小朝廷。

郑从谠此人颇有手腕，史称："（他）貌温而气劲，多谋而善断，将士欲为恶者，从谠辄先觉，诛之，奸猾惕息。"他重用张彦球，"悉以兵柄委之，军中由是遂安。彦球为从谠尽死力，卒获其用"。

代北讨伐方面，朝廷任命太仆卿李琢为蔚朔节度使，蔚、朔等州招讨都统，又以汝州防御使诸葛爽为振武节度使、北面行营副招讨使，将数万人屯于代州、卢龙节度使李可举率军来援，攻雄武军。卢龙边地强镇，历来兵强马壮，李克用遂自领大军前往雄武军抵御，结果他刚离开，留守朔州的大将高文集便被吐谷浑都督赫连铎说降，同时归降朝廷的还有李克用的族父李友金及萨葛都督米海万、安庆都督史敬存等人。李克用听说朔州生变，连忙退兵，行至药儿岭时，被卢龙行军司马韩玄绍半途邀击，沙陀军被打得措手不及，大败一场，李尽忠、程怀信等七千人战死，随后沙陀军又在雄武军境内再次被卢龙军大败，再次战死近万人。在另一个战场蔚州方向，李国昌也被李琢、赫连铎击败，部众皆溃，他只得在会合李克用后，率宗族及残部北入阴山，投奔了达靼部。

朝廷顺利平定李国昌父子的叛乱后，连续下诏以赫连铎为云州刺史、大同军防御使，吐谷浑白义成为蔚州刺史，萨葛米海万为朔州刺史，分割了原沙陀部的地盘。这也是李克用历史上最危急的时刻，地盘被夺，部众伤亡惨重，又寄人篱下，一不小心，整个家族便会覆灭。此次失败使李克用认识到，虽然唐王朝已然日薄西山，但仍拥有一定号召力，还未到大厦将倾的时候，日后若要发展沙陀势力，必须借助朝廷的旗帜。

　　赫连铎为彻底消灭李氏父子，防止他们东山再起，便贿赂达靼部首领，称李氏父子均是豪杰，一旦久留达靼，肯定会寻找机会吞并他们的部落，游说达靼部首领寻机杀死李国昌、李克用。李克用从相关途径掌握赫连铎的阴谋后，便借与达靼部的豪帅一起游猎的机会，展示自己精妙的射术，百步之外以针芒木叶为靶，都能百发百中，使他们不敢轻举妄动。随后他又在酒宴上表明心志："我得罪了大唐天子，想要效忠也没有机会。现在听说黄巢大军已经北上，日后必为中原大患，一旦天子赦免我的罪过，能够与各位一起南下共立大功，不亦快乎！人生几何，我可不愿意老死在沙漠之中！"达靼人既慑于其武力，又觉得李克用志向远大，肯定不会久居阴山，便放弃了动武的念头。

三 屡建奇功，雄踞河东

李克用所说"南向共立大功"的机会很快来到。黄巢在击败高骈大将张璘后，在采石渡江，部众迅速壮大发展至数十万，受命都统诸军讨伐黄巢的淮南节度使高骈束手无策，不敢出战，黄巢遂乘胜长驱，如入无人之境，在渡过淮河后再次进入中原地区，颍、宋、徐、兖等州相继告急。朝廷连忙调集原本代北方向的各路大军南下增援，先是下诏命令河东节度使郑从谠将所部兵马交由诸葛爽及代州刺史朱玫两人指挥，南讨黄巢；又任命代北都统李琢为河阳节度使，让他率军防守河阳三城。随着这两部唐军的南下，朝廷在代北制约沙陀的力量受到极大削弱。

广明元年（公元 880 年）十一月，黄巢大军在攻陷东都洛阳后继续西进。十二月庚辰日，前锋攻至潼关。唐军纷纷溃散，黄巢大军仅花了不到三天的时间便顺利攻克了这一天险，又向长安进发。唐僖宗听说潼关已失，遂在田令孜等人的保护下仓皇逃往蜀地。进入长安后不久，黄巢即在含元殿称帝，国号大齐，改元金统，随后又大封群臣，以尚让为太尉兼中书令，赵璋兼侍中，崔璆、杨希古并同平章事，孟楷、盖洪为左右仆射、知左右军事，费传古为枢密使，皮日休为翰林学士，建立起了政权班子。

中和元年二月，朝廷下诏命代北监军陈景思率沙陀酋长李友金及萨葛、安庆、吐谷浑诸部五千人入援京师。当陈景思行至绛州，准备渡过黄河时，绛州刺史瞿稹（沙陀人）对陈景思道："贼势方盛，未可轻进，不若且还代北募兵。"陈景思心想也对，遂与瞿稹又回到了雁门。瞿稹、李友金两人很快便在代州募得北方杂胡三万人。

◀ 黄巢进入长安

但这些人都是"犷悍暴横"之辈，凭瞿稹、李友金的威望根本无法统驭，李友金只得向陈景思建言："今虽有众数万，苟无威望之将以统之，终无成功。吾兄司徒父子，勇略过人，为众所服。骠骑诚奏天子赦其罪，召以为帅，则代北之人一麾响应，狂贼不足平也！"

陈景思见事已至此，也只能同意，派遣使者赴行在报告情况，朝廷很快便下诏同意其请求。当时李国昌自称年老体衰，无法为朝廷鞍马效力，朝廷遂下诏命李克用率领本军讨伐黄巢，李友金立即带人前往达靼迎接李国昌、李克用。李克用接到诏书后，知道这是翻身良机，遂带领部众及达靼诸部万人南下，与李友金等人会合。

当时，凤翔节度使、京城四面诸军行营都统郑畋在龙尾陂大捷后，"传檄天下藩镇，合兵讨贼"，各地藩镇纷纷响应，"争发兵应之"。之前投向黄巢的诸葛爽也在河阳反正，奉表自归。官军一度收复长安，但很快便暴露出军纪散乱的问题，士兵们放下手中兵器，争先恐后劫掠大宅子里面的金帛、美女，黄巢军探听到官军部伍散乱，且其余兵马没能跟进的消息后还军袭击，再次大败官军。

李国昌、李克用父子虽被赦免，但朝廷尚未恢复其家族在代北的地盘，李克用因此对朝廷征召并不热衷，而是欲趁机扩张势力。他在集结人马后，先后牒告河东，称将率五万大军南讨黄巢，要求郑从谠为其大军准备酒食、驿递。郑从谠知道其来意不善，连忙下令在代北通往晋阳的要道石岭关①设防，但李克用却绕开关防，直抵晋阳城下，郑从谠只得命人出城犒劳，但李克用屯兵城下，累日不发，又来到城下要求郑从谠与他相见，郑从谠不得已，只得"登城谢之"，不久后，李克用再次要求河东提供赏赐、给养，郑从谠又送去钱千缗、米千斛。李克用嫌少，一怒之下，竟纵兵大掠城下。郑从谠求救于振武节度使契苾璋，契苾璋接报后率领突厥、吐谷浑部众前来相救，却被李克用击败，只得退入城中。李克用遂引兵连攻克忻、代二州。次年，又陷蔚州。其间，他虽然累次上表请降，但仍占据忻、代二州不让，又数次侵掠并、汾等地，争夺楼烦监（当时重要的牧监，出产良马）的控制权。

在关中地区，各镇兵马与黄巢激战连年，使黄巢的大齐政权号令不出同、华，不久后，黄巢大将朱温（后改名朱全忠）献出了同州城出降，但官军也是疲惫不堪，"诸军皆畏贼，莫敢进"。地方上更是变乱不断，藩镇互相攻伐，乱军驱逐节度使、

▲ 唐代骑兵

州县官员的情况比比皆是。如魏博节度使韩简便起了兼并之心，他先是出兵河阳，击败了河阳节度使诸葛爽，随后又攻打郓州，杀死了天平军节度使曹存实。

中和二年（公元882年）十月，河中节度使王重荣与行营都监杨复光、东面宣慰使王徽等人讨论战局，认为黄巢兵势尚强，依靠现有兵力难以收复长安。此时与李家有旧的杨复光提出：李克用兵强马壮，可以命令他前来效力，"来则贼不足平矣！"三人统一意见后，便将此想法上报正在河中都统各路兵马的宰相王铎，王铎遂以墨敕召其前来。李克用接到敕书后，因之前与他有姻亲关系的义武节度使王处存曾前后十次派遣使节欲迎接李克用归来，向他转告了朝廷旨意："若诚心款附，宜且归朔州俟朝命。若暴横如故，当与河东、大同军共讨之。"，所以对归款朝廷亦早有准备。谈妥条件后，他当即点齐各路兵马，在雁门大阅三军，"得忻、代、蔚、朔、达靼众三万、骑五千而南"。不久后，他率军经岚州、石州来到河中，僖宗又下诏从河东镇划出忻、代两州新建雁门节度使，任命李克用为雁门节度、神策天宁军镇遏、忻代观察使，正式承认李克用的合法地位。十二月，李克用全军于夏阳渡河，驻扎在同州，黄巢军队中不少人都是当年庞勋余部，在战场上见识过沙陀人强悍的战斗力，纷纷道："鸦军至矣，当避其锋。"因沙陀骑兵皆黑衣黑甲，故有"鸦军"的称法。次年正月，李克用在击败黄巢之弟黄揆所部后进驻沙苑，后又进至乾坑，与河中、易定、忠武等军会合，黄巢亦派大将尚让率十五万大军进屯梁田陂，李克用乘尚让立足未稳，会同友军发起总攻。尚让军见鸦军前来，闻风丧胆，结果大败，战死者数万人，伏尸达三十里。

"夜掩牙旗千帐雪，朝飞羽骑一河冰。"中和三年（公元883年）二月，李克用乘胜进逼华州，又分骑兵一部屯于渭北。黄巢再命尚让率兵救华州，李克用、王重荣率众逆战于零口，再次大破之，遂乘胜进至长安城外不远处的渭桥一带。当时黄巢因出战屡败且军粮将尽，人心浮动，已有放弃长安的打算。李克用则每天晚上都命令薛志勤、康君立两将率部潜入长安，纵火烧毁仓库，又杀了黄巢的不少人马，黄巢部众受其袭扰，十分慌张。不久后，李克用又攻克了华州，向长安进发。四月，李克用与忠武大将庞从、河中大将白志迁等部会合后，引兵先进，与黄巢军大战于渭南，连胜三仗，义成、义武等军也前来支援，黄巢军再次大败而回。李克用一路追击，自光泰门攻入长安，黄巢军殊死抵抗，李克用"麾军背击，分骑横冲"，一番激战后打开缺口，其余各镇兵马趁势杀入，激烈的战事从早上一直延续到晚上，最后黄巢见长安已无法守住，于是焚宫室遁去，残部自蓝田道逃入河南。官军正式收复长安。不过，对长安居民来说，这却是一场新的浩劫，史称："官军暴掠，无异于贼，长安室屋及民所存无几。"

李克用因此登上了其人生的第一次巅峰："克用时年二十八，于诸将最少，而破黄巢，复长安，功第一，兵势最强。"朝廷论功行赏时，进李克用为同中书门下平章事，又赐爵陇西郡公。收复长安后，李克用便引兵回雁门去了。但在半路上，他再次接到朝廷诏书，这一次，他的新职务是河东节度使。不久后，李国昌也被任命为代北节度使。李国昌父子拥两镇旄节，统治区域除河东镇所辖的太原府、汾州、石州、岚州、辽州、沁州外，还控制了代北地区的代州、忻州、朔州、蔚州等州，总兵力不下七万人。

河东，又称山西，乃是大唐王朝的起家之地，"王业所居，国之根本"，号称"天

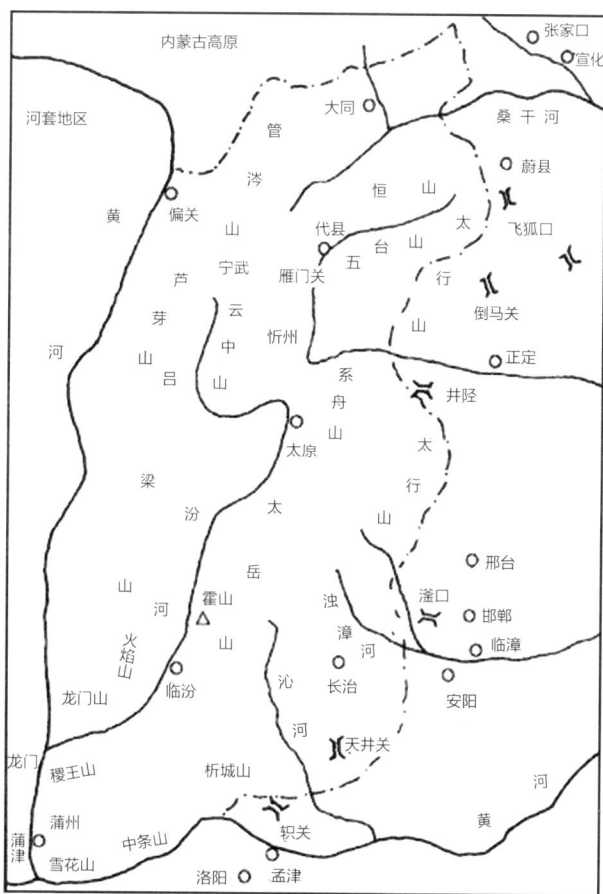

▲ 山西山河形势

下最为雄镇"，"风俗尚武，士多战马，静则勤稼穑，动则习军旅，此霸业之资也"。北部的五台山、恒山一带，由于地处草原与农耕地区的交界处，畜牧业发达，是全国最重要的战马产地，楼烦监便在其境内，天宝九节度中，河东战马拥有量排名第二，仅次于河西，而远高于朔方、范阳、平卢等镇。这一地区地势高峻、形势险要，太行山、吕梁山等一系列山脉是其屏障，黄河是其天然堑壕，其内部还有恒山、五台山、太岳山等交错分布，因此在历史上有"表里山河"的美誉。同时，这里也是极其重要的战略要地，向西渡过龙门可直逼长安，向东出太行诸陉则可俯瞰河北平原，进可争霸天下，战事不利，亦可以据险而守。顾祖舆曾这样评价："山西之形势，最为完固。关中而外，吾必首及夫山西。盖语其东则太行为之屏障，其西则大河为之襟带。于北则大漠、阴山为之外蔽，而勾注、雁门为之内险。于南则首阳、底柱、析城、王屋诸山，滨河而错峙，又南则孟津、潼关皆吾门户也。汾、浍萦流于右，漳、沁包络于左，则原隰可以灌注，漕粟可以转输矣。且夫越临晋，溯龙门，则泾、渭之间，可折而下也。出天井，下壶关、邯郸、井陉而东，不可以惟吾所向乎？是故天下之形势，必有取于山西也。"

太原又称晋阳，是河东地区的核心地带，作为四塞之地，这里山关险固，外围有吕梁、太行等重峦叠嶂及井陉、蒲津等一系列重要关隘作为屏障，并以此控扼四方，"太原和河东都会，有事关、河以北者，此其用武之资也"。该城始建于春秋末年，晋国上卿赵简子命家臣董安于在依山临水、地势险要的汾河谷底、晋水北侧筑城，取名晋阳。正是依靠这座城池，赵氏才抵挡住了知、韩、魏三家的进攻，迎来了战事的转机，最后与反戈的韩、魏两家击灭知氏，奠定了三家分晋的事业。西晋时，并州刺史刘琨扩建此城，使其成为抵御五胡入侵的重要根据地。北魏末年，尔朱荣崛起于并州，在晋阳居高临下，遥制洛阳。继尔朱荣而起的高欢亦在此建立霸府，奠定了北齐基业。隋朝末年，太原留守李渊在此起兵，打下了大唐基业，之后的两百多年间，这里始终是大唐王朝的北都。安史之乱时，唐军由于守住了河东，保持了对叛军后方的强大压力，为最后平叛战争的胜利奠定了基础。故有唐一代，"东夏雄屏，实惟晋阳"。

当时的晋阳城跨汾河而建，由三座城池组成，西城由北齐文宣帝在故城遗址上所建，隋朝时又扩建，其内部包括了大明城、新城、仓城；东城为贞观年间由时任并州大都督府长史的李勣主持修建；武则天时，又在汾河上架桥建中城，从而将东西两城连成一体，总周长四十余里，有二十四座城门，雄踞太原盆地南端，正所谓龙盘虎踞之地。

李克用得到河东后，以代北人为核心和骨干，吸收河东及其余地区的汉、回鹘、吐谷浑等各族豪杰人物，建立起了一个军政集团，并由此奠定了沙陀三王朝崛起的基业。其中，核心力量无疑是牙军，而牙军中最为重要的便是

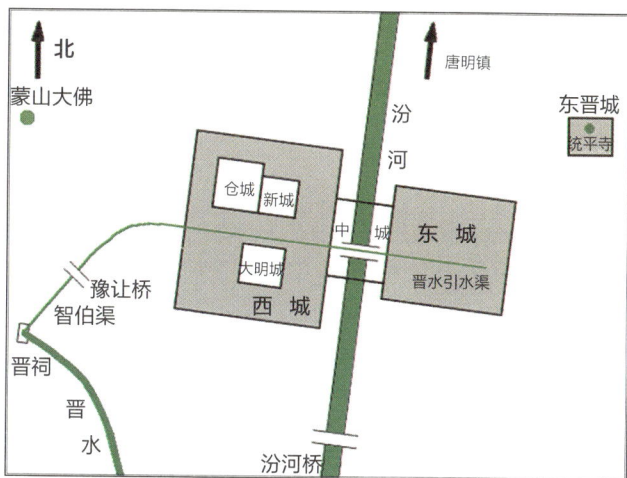

▲ 唐晋阳城平面图

义儿军。晚唐五代，收养假子风气盛行，上至王公贵族，下至普通将校，都收养假子，并将其作为家庭成员看待。唐末枭雄，如朱温、王建、李茂贞等人的假子都是其统治集团中极为重要的组成部分，其中假子数量最多的为王建，据说有一百二十人之多，在历史上留下名字的便有四十余人，李克用的假子质量毫无疑问是最高的，即所谓的"十三太保"。

李克用诸多假子中声名最显的是李存孝，在演义小说中他被称作"飞虎大将"，可以说是天下无敌的存在，曾率十八骑便攻克了长安城，后遭人离间，被五马分尸。正史中的李存孝也是李克用帐下最为骁勇的将领，"克用军中皆莫及"，他原名安敬思，"童时，牧羊于大涧前，值晋王李克用围猎得虎，争相逐射，过景思侧。景思恐噬羊，乃徒手搏杀，隔涧掷还，一军皆警。晋王异而收为养子，赐姓李，名存孝"。李存孝"常从为骑将"，屡立战功。他善于骑射，在当时是"万人敌"的存在。"将骑兵为先锋，所向无敌，身被重铠，腰弓髀槊，独舞铁楇陷陈，万人辟易。每以二马自随，马稍乏，就阵中易之，出入如飞。"

日后地位、成就最高者则为李嗣源，他原名邈佶烈，家族世代效忠于李克用家族。李嗣源为人"质厚寡言，执事恭谨"，又擅长骑射，"仰射飞鸟，控弦必中"，后被李克用收为假子，南征北战，战功卓著，历任要职，最后更被拥立为皇帝，是为后唐明宗。

李存审也是李克用假子中十分重要的人物，他是陈州人，原名符存，最初投入

李罕之麾下，后随李罕之入河东，被李克用收为假子，他"为将有机略，大小百余战，未尝败衄"，历任义儿军使、左右厢步军指挥使、忻州刺史兼蕃汉马步军指挥使、邢州团练使等职，最后建节开府，历镇安国、横海等藩镇。李存审长子彦超，历任建雄军留守、北京留守、昭义、泰宁、安远等镇节度使，后被家奴杀死；次子彦饶，后唐废帝时代曾任忠正军节度使、侍卫马步军都指挥使，掌握禁军，石敬瑭建后晋，徙义成军节度使，后被杀；四子彦卿，以武勇有谋，善于用兵著称，此人历仕五朝，担任多地节度使，最后镇守天雄军十余年，封魏王，他有两个女儿嫁给后周世宗，是为大符后、小符后，另有一女嫁给了赵光义，但在赵光义成为皇帝前便病死了，后被追赠为皇后。

除上述三人外，其余在历史上留下名字的假子还有李嗣昭、李嗣本、李嗣恩、李存信、李存进、李存贤、李存璋、李存颢、李存实、李存敬、李建及等人。这些假子除"衣服礼秩如嫡"外，麾下都有精兵，是李克用征战四方的重要臂助，史称："所得骁勇之士，多养以为子，而与英豪战争，卒就霸业，诸养子之功为多。"

除这些假子外，来自代北云、朔、蔚、代诸州的将领也是李克用集团重要组成部分，"亲军万众，皆边部人"，如周德威、薛志勤、盖寓、安金俊、安元信、康君立、康义诚、康思立、康福、史建瑭、史俨等人，或是代北胡人，或是当地汉族豪强，日后都成为独当一面的大将。

四 惊变上源驿

黄巢退出关中后，所部兵力仍然不少，他与蔡州秦宗权联兵攻打陈州，在城外连掘五道堑壕，以隔绝内外，同时大举进攻。因陈州刺史赵犨擅长守城，陈州久攻不下，黄巢遂在城北建立宫室及百官衙署，准备做长远打算，大有不拿下陈州誓不罢休之势，又派兵四处掠夺，河南、许、汝、唐、邓、孟、郑、汴、曹、濮、徐、兖等数十州受到攻击。固守陈州的赵犨向邻镇求援，忠武节度使周岌、感化节度使时溥、宣武节度使朱全忠等人都派兵来援，但黄巢实力此时仍十分强大，三节度使交战后，发觉力不能支，遂向刚刚上任河东节度使不久的李克用求救。

中和四年二月，李克用率蕃、汉兵五万出天井关，大举南下，他最初准备借道河阳，但河阳节度使诸葛爽害怕他意图吞并，遂一边称黄河上的大桥尚未修好，无法通过大军；一边又派兵屯驻于万善城，准备抗拒南下的河东军。李克用只得转道从陕郡、河中两地渡河向东。四月，李克用终于赶至陈州城下，与忠武、宣武、武宁、泰宁等镇兵马会合。此时，陈州城已被围困将近三百日。

黄巢听闻又是李克用带兵前来，大惊失色，连忙退兵至故阳里，陈州之围始解。五月，因天降大雨，黄巢大军的营盘尽被大水飘没，他只得向汴州方向转移，先破尉氏县，随后又命尚让以骁骑五千进逼大梁，但在繁台被朱全忠部下大将朱珍、庞师古两人击退。虽取得先胜，朱全忠自忖仅凭自己实力难以抵挡黄巢下一波进攻，急忙向李克用求救。李克用接朱全忠报后，从许州出发，一路尾随黄巢大军，乘其在中牟县北部的王满渡一带渡河渡到一半时，突然发起进攻，遂大破之，斩杀万余人。黄巢大溃而走，至封丘又被李克用追及，再次大败，只能向东逃窜。李克用不让黄巢有丝毫喘气机会，继续一路追击至胙城、匡城一带。黄巢拼命逃窜，部众纷纷出降，连幼子及其乘舆、器服、符印也

▲ 唐鎏金铜马饰

被李克用夺走，最后只剩下千余人东奔兖州。

李克用此时亦是人困马乏，等追至冤句时，沙陀骑兵已经昼夜兼行两百余里，随身携带的干粮也吃光了，跟随左右的部下才数百骑。李克用见人疲马乏，只得下令退还汴州补充给养后再追击黄巢。

李克用来到汴州后扎营城外，宣武节度使朱全忠见李克用前来，再三邀请他入城。李克用推辞不得，便入城下榻在上源驿中。当天晚上，朱全忠大宴宾客，甚是殷勤，无论是酒菜、餐具，还是助兴的歌舞声乐都是上上之选。几杯酒下肚，李克用借着酒意说起了朱全忠当年跟随黄巢为寇的事情。这本是朱全忠的逆鳞，李克用却自恃功高、兵强马壮，对堂堂宣武节度使颇多轻慢刻薄之语，毫不在意朱全忠的脸色，朱全忠想要起身离去，却被李克用抓住了手，怎么也不放他走，仍然大谈破贼之事，炫耀功绩。朱全忠为人阴鸷，不禁恼羞成怒，当时便起了杀心。等到傍晚时分，李克用及左右均酩酊大醉，宴席这才散去。朱全忠刚出驿站，窥出朱全忠心思的宣武军将领杨彦洪便上前称李克用可杀。朱全忠也不犹疑，当即与其商量如何行事，随后调来马车排列为栅，堵塞道路，又调集兵马杀向上源驿。

当汴军杀来时，李克用仍酩酊。多亏薛志勤、史敬思及假子李嗣源等人死战，汴军才一时未能攻入，尤其是薛志勤，箭无虚发，一连射倒了数十名汴军。侍卫郭景铢听闻外面喊杀声，也连忙吹灭蜡烛，扶着李克用藏在床下，又找来凉水泼在他脸上，李克用醒来尚不清楚发生了什么事，郭景铢连忙将缘由告知他。李克用听后惊出一身冷汗，拿起弓箭一跃而起，也投入战斗。此时，汴军见不能攻入驿站，便开始四处放火，火势很快蔓延。李克用命不该绝，突然间雷声隆隆，电光四起，一时间天地晦暝，大雨倾盆而下，浇灭了大火。见老天相助，薛志勤连忙带着几个亲兵扶着李克用翻过了围墙，向外突围。一行人借助闪电划过天空发出的亮光前行，一番苦战后脱身。史敬思为保护李克用自请殿后，壮烈战死。李克用一行杀到城下，杀散了城门扼守的汴军，最终从汴州南门尉氏门缒城而下，逃出了汴州，但监军陈景思等三百余人来不及逃脱，皆被杀死。

杨彦洪见李克用突围而走，对朱全忠道："胡人急则乘马，见乘马者则射之。"没想到在追击过程中，朱全忠在慌乱中恍惚看到一骑飞驰而过，他也没多想，当即张弓搭箭一箭射去，但见有人应声落马，朱全忠连忙赶上去，却发现被射杀者竟是杨彦洪。

这一事件史称"上源驿之变"。后人认为朱全忠素来忌惮李克用，认为李克用将来是大敌，不得不除。但此时朱全忠羽翼未丰，来到汴州时亲兵不过数百人，且当时汴、宋等地处于饥荒中，财力穷困，内有跋扈的骄兵悍将，外有大敌不断入侵，可以说是无日不战，大家心中都十分忧虑恐惧，虽经整顿，但宣武军实力仍属弱小，朱全忠当时应该不可能想到未来争霸天下之事，此举应该是出于一时之愤。

▲ 朱全忠

李克用次日清晨才逃回军中，当即便要点齐兵马杀往汴州，但被其妻子刘氏谏止。刘氏言道："你为国讨伐叛贼，解救东方诸侯的危难，现在朱全忠胡作非为，竟然敢谋害你，你自当上诉朝廷，让朝廷惩罚他。如果擅自举兵相攻，天下人又怎么能分辨是非曲直呢！而且朱全忠还可以借此大做文章。"刘氏乃女中豪杰，经常跟从李克用出外征伐。她精明能干，才智谋略十分出众，也懂得不少行军打仗之事，曾经训练侍妾学习骑射，以辅助李克用。上源驿之变消息传来时，她正在军中，"李克用的随从中有些人先行逃回报告情况"，她为稳定军心，下令将这些人立斩之，随后又偷偷叫来统兵大将，命他们约束部下，做好撤军准备，这才保得一军平安。

李克用一向敬重刘氏，听了妻子这一番话后，终于冷静下来，也觉得不能贸然行事，此时大军在外，远离河东老巢，粮饷全靠朝廷调拨，辎重亦需邻镇协助，如擅自兴兵，朱全忠是百战宿将，部下也是勇敢善战之士，真要打起来，未必能占多少便宜。于是他修书一封，切责朱全忠。朱全忠自然不敢应承此事与自己有关，只能推脱："前夕之变，仆不之知，朝廷自遣使者与杨彦洪为谋，彦洪既伏其辜，惟公谅察。"两镇之间虽未立刻火并，但从此却结下死仇，并影响了今后数十年的政局走向。

上源驿脱险后，李克用放弃追击黄巢，立即回到晋阳大治甲兵，准备报复，又派李承嗣前往天子行在诉冤："臣刚刚立下平定黄巢之乱的大功，就遭到朱全忠的谋害，自己虽然幸免于难，但麾下从行者全部遇害，连节度使的令牌、官印也全部丢失。朱全忠此贼还向洛阳、陕州、孟州等地发去文书，称臣已死，部下兵马也已溃散，要求各地邀击屠杀河东将士。现在河东将士们都痛哭着请求报仇。臣认为朝廷处事必定公正，应当得到诏命后才能起兵讨伐，因此压下了将士们的诉求，先行回了河东。希望朝廷能够派遣使者仔细察访此事，并发兵诛讨逆贼朱温，臣现在派遣弟弟李克勤率骑兵万人驻扎在河中，只待朝廷下令，便杀向汴州。"

黄巢已于六月在狼虎谷被杀，但中原战事仍未平息，蔡州节度使秦宗权自恃兵强马壮，"纵兵四出，侵噬邻道"，朱全忠的宣武镇邻近蔡州，首当其冲，被其所攻。朝廷不愿再生事端，"但遣中使赐优诏和解之"。李克用先后八次上表，请求讨伐朱全忠，都被朝廷以"姑存大体"的名义驳回。朝廷的这一举措无疑带来极大弊端："时藩镇相攻者，朝廷不复为之辨曲直。由是互相吞噬，惟力是视，皆无所禀畏矣。"

朝廷也感觉有愧于李克用，遂下诏进其爵位为陇西郡王，对李克用的请求也一一照准。其一，割振武军所属之麟州隶河东，使李克用得到了这一蕃汉杂居、地形高峻的边塞重镇，控制了由河套平原去往关中河运的必经之地。其二，任命李克用之弟李克修为昭义节度使。昭义镇原有泽、潞、邢、洺、磁五州，中和三年（公元883年）八月，昭义节度使孟方立以武力夺得帅位，害怕人心不附，便以"潞州地险人劲，屡篡主帅"为由，下令将治所迁往他的老家邢州。监军祁审海因人情不安，遂乞师于李克用，请复军府于潞州，李克用趁机发兵，遣李克修出兵占据了泽、潞二州。从此以后，昭义便一分为二，出现了两位昭义节度使。其三，朝廷下诏罢去了云蔚防御使，将武宗会昌年间从河东割出的云、蔚、朔三州再次划归河东。

李克用得到这些地方后，实力愈加强大，他在夺取泽、潞后，又屡次出兵东争邢、洺、磁三州，欲全吞昭义镇。昭义镇是朝廷控扼河北藩镇的重要基地，"上党之地，肘京、洛而履蒲津，倚太原而跨河朔，战国时张仪以为天下之脊；建中时田悦名曰腹中之眼，带甲十万，籍土五州，太行、夷仪为其扃关，健马强弓为其羽翼"。如李克用全吞昭义，随时可以窥伺河北，这引起了邻近河东的卢龙节度使李可举及成德节度使王镕两人的不安。

李可举，祖上出身于回鹘阿布思部。唐武宗会昌五年（公元845年），卢龙节度使张仲武出兵击回鹘，他的父亲率部归降，因性格沉毅、善于骑射得到张仲武器重，成为其麾下重要将领，受赐姓名为李茂勋。乾符二年（公元875年）六月，李茂勋发动兵变，先杀素有威望的卢龙大将陈贡言，后驱逐"性暴戾，不为军士所附"

的节度使张公素，夺取了卢龙节度使的位子。次年三月，他自请致仕，将节度使位子传给儿子李可举。李可举曾在朝廷讨伐李国昌、李克用的战事中颇为积极，多次击败沙陀军，杀伤甚众，因此与李克用结下仇怨。

王镕的族属亦是回鹘阿布思部落，先祖名没诺干，因骁果善斗成为成德节度使王武俊义子，故冒姓王氏，其后人世代为成德骑将。唐穆宗长庆元年（公元821年）六月，没诺

▲ 回鹘人画像

干之曾孙王廷凑煽动兵变，杀害了朝廷派来的节度使田弘正，并屡次击败朝廷的讨伐军，朝廷只得赦免其罪，正式任命其为节度使。王廷凑子孙世代世袭，王镕已是该家族的第五代，也是第六任节度使，盘踞成德已经六十余年。王镕中和二年（公元882年）袭位时年仅十岁，他虽然年幼，但因承袭父祖的基业，兵强马壮，财力富饶，在天下藩镇中是首屈一指的强藩，号称各地藩镇有废立继承之事要获得朝廷承认的，都要通过王镕斡旋。

两人开始密谋对付锋芒毕露的李克用，义武节度使王处存成为两人迫切要拔掉的一根钉子。义武镇下辖易、定、祁三州，原是成德镇所属。唐德宗建中年间，成德节度使李宝臣之子李惟岳谋袭父位，未获朝廷允许，遂与魏博节度使田悦联兵作乱。易州刺史张孝忠阵前倒戈，投向朝廷，后来被朝廷任命为首任义武节度使。历任义武节度使均忠于朝廷，并多次参与讨伐叛乱藩镇，可以说是遏制河朔三镇的桥头堡。

王处存世代都隶属于神策军籍，他也是晚唐少数对朝廷忠心不二的藩镇，黄巢攻入长安时，他不等朝廷勤王的诏书便率领本军入援，平定黄巢后，论功行赏，"以勤王举义处存为第一"。王处存家族本来地位不高，在神策军中只是军校阶层，但他的父亲善于经商，"乘时贸易，由是富拟王者，仕宦因赀而贵"，升至检校司空、

金吾大将军、左街使，遥领兴元节度。王处存也凭借财力青云直上，并在乾符六年（公元879年）出镇义武军。王处存与李克用有姻亲关系，其侄子王郜娶了李克用的女儿，两家关系因此十分密切。如李克用想要窥伺山东，王处存肯定是其一大助力，李可举遂与王镕密谋吞并义武，平分其地。

光启元年三月，李可举首先挑起战端，他命麾下大将李全忠率兵六万攻易州；同时王镕也出兵攻无极。面对两路夹攻，王处存连忙遣使至晋阳，请求李克用出兵相助。幽州军首战告捷，裨将刘仁恭穴地入城，攻克易州。不过，李克用此时已亲自率军来到无极城下，迫使成德军解围退守新城，不待对手有喘息机会，他又急趋新城，破之，成德军再次败走，李克用率军一路追击，在九门又一次大败成德军，斩首万余级。易州方面，幽州军轻易攻克易州后，认为义武军不堪一击，十分骄怠，王处存率领三千人马轻装出城，每人携带一张羊皮，乘着夜色伏在城外，又在附近小路上埋伏好骑兵。幽州人马远远望去，以为城外是羊群，争先恐后前来抢夺。王处存乘其无部伍，突然发起进攻，大破幽州军，收复了易州。李全忠败走易州后，害怕被李可举以军法处置，干脆集结残兵败将，杀向了幽州。李可举猝不及防，兵败后举族登楼自焚。七月，朝廷正式任命李全忠为卢龙留后。

击破河朔两大强藩后，李克用挑选精锐，购买战马，又与诸多胡人部落相联合，

▲唐代敦煌壁画中的作战图

准备向朱全忠复仇，但河中王重荣的求救却让他不得不陷入关中的战事中。王重荣因河中盐池的利权与田令孜交恶，田令孜遂联合邠宁朱玫、凤翔李昌符两镇，准备武力解决。他以朝廷名义下诏徙王重荣为泰宁节度使，以泰宁节度使齐克让为义武节度使，以义武节度使王处存为河中节度使，又下诏李克用以河东军援助王处存赴河中上任。王重荣连忙致信李克用："奉密诏，须公到，使我图公。此令孜、朱全忠、朱玫之惑上也。"

对李克用来说，河中镇对河东也极为重要，蒲州河中府距离长安不过三百里，辖龙门、蒲津关，既是长安的重要藩屏，也是河东通往长安的要隘，乃"拥天下之吭而抚其背"的军事要地，只要河中尚是盟友，他便可以通过此地直入关中。同时，从私人感情来说，王重荣既是重要盟友，又是长期并肩作战的战友。因此，当李克用看到王重荣送来的"密诏"后，不得不暂且放弃征伐朱全忠的打算，全力应付关中即将到来的战事。

光启元年（公元885年）十月，李克用上表称："玫、昌符连全忠为乱，请以兵十五万度河枭二竖，然后平汴雪大耻，愿陛下戒严，无为贼所摇。"僖宗大惊失色，连忙派遣使者劝解，但李克用不为所动，决意出兵。十一月，李克用率军再入关中，在沙苑一战中大败邠宁、凤翔及神策军，进逼京师。田令孜裹挟僖宗仓皇出奔凤翔，乱兵见天子离去，大肆劫掠，又在各地纵火，刚刚恢复一点元气的长安城再次遭遇浩劫，宫城几乎全被毁坏。

李克用见天子出奔，亦不愿过于相逼，遂退兵河中，又"与王重荣同表请大驾还宫，因罪状田令孜，请诛之"。次月，他见此次出兵的目的已经达到，便撤军回到晋阳。此时，历经磨难的僖宗也有所悔悟，开始疏远田令孜，在获悉李克用的上表后，又重新任命杨复恭为枢密使，准备用他来取代田令孜。朱玫、李昌符两人兵败后，见李克用兵强马壮，难以匹敌，便准备背弃田令孜。田令孜也有所防备，便请求僖宗出幸兴元，僖宗不从，竟被其劫持去了宝鸡，随后又从散关道进入兴元。朱玫、李昌符派兵追击，但未能截获僖宗一行，随后竟拥立襄王李煴权监军国事。

▲唐僖宗御用茶具

五 南征北战,受封晋王

光启二年(公元886年)五月,朱玫所拥立的权监军国事李煴派遣使者至晋阳,云:"上至半涂,六军变扰,苍黄晏驾,吾为藩镇所推,今已受册。"李克用诘问使者,知道一切都是朱玫所为,朱玫是昔日的手下败将,心高气傲的李克用怎肯受其指示,当即大发雷霆。重要谋士兼大将盖寓也趁机劝谏李克用:"銮舆播迁,天下皆归咎于我,今不诛玫,黜李煴,无以自湔洗。"盖寓作为元勋,李克用十分倚重他,与他商议事情可以说是言无不从,每次出兵也都将他带在身边。李克用遂下令囚禁使者,一把火把伪诏烧了,又移檄邻道,称:"玫敢欺藩方,明言晏驾。当道已发蕃、汉三万兵进讨凶逆,当共立大功。"

僻处山南的朝廷最初听说李克用与朱玫联兵作乱,人心惶惶,等到李克用的檄文传来,人心这才安定下来。朱玫本是二流藩镇,实力根本不足以支撑其野心,在李克用等强藩明确反对的情况下,唯一的盟友李昌符也倒向了朝廷,关中形势很快逆转。十二月,大将王行瑜前线倒戈,自凤州率军回到长安,诛杀了朱玫。伪帝襄王出奔河中,为王重荣所杀。

光启三年(公元887年)二月,李国昌病死,李克用正式成为沙陀领袖。次年三月,刚刚从兴元回到长安的僖宗也病死,年仅二十七岁,其弟李晔继位,是为唐昭宗。

新帝继位不久,李克用又投入援助盟友李罕之的战事中。当年上源驿之变后,李克用整军回河东途中路过许州,向忠武节度使周岌讨要些粮草,周岌却以许州缺粮为由拒绝供给。在路过洛阳时却是另一番景象,时任东都留守的李罕之亲自出城迎接,并热情款待,"供帐馆待甚优",两人因此结下深厚情谊。李罕之后被蔡州秦宗权所败,逃往河阳,后来孙儒攻陷河阳,朱全忠又击败孙儒,迫使其退走,李罕之乘着混乱竟夺取了河阳,成为河阳节度使。

河阳节度使下辖的河阳三城由位于北岸的北中城、河中沙洲上的中潬城和南岸的南城组成,"河阳北城,南临大河,长桥架水,古称设险;南城三面临河,屹立水滨;中潬城表里二城,南北相望",扼守着黄河孟津两岸,"盖天下之腰脊、南北之噤喉也",乃是洛阳北面的军事重镇,处于中原咽喉位置,历来是兵家必争之地。如夺取河阳,便可直接威胁洛阳。乾元二年(公元759年),朝廷讨伐安史叛军的九节度之师溃于相州,史思明再陷洛阳,李光弼据守河阳,屡败史思明的进攻,使其始终无法打开局面，当时叛军虽然攻下洛阳，但忌惮李光弼的兵威，往南不敢出一百里，往西则不能越过畿内，陕州因此得以做好战备。

李罕之为人骄横残暴，他与河南尹张全义原是盟友，"乃相与交臂为盟，誓同休戚不相忘"，张全义在洛阳劝耕农桑，恢复生产，成绩斐然，东都洛阳经历黄巢之乱后，残存的百姓躲在三座小城中自保，后来又遇到秦宗权、孙儒两个杀星，百姓被杀掠一空，最后只剩下残破的城墙了。张全义刚刚到洛阳的时候，城中到处都是白骨，原本繁华之地一片荆棘，残存的居民不满一百户。经过张全义的治理，数年后，都城街巷渐渐恢复了原来的样子，下属各县的户口，也增长到了原先的规模，到处都种植着桑麻等经济作物，不再有空旷的土地，还经常为李罕之提供军粮及缣帛等

▲唐甲骑具装俑

财物，李罕之却十分轻视张全义，听说他勤俭节约，努力耕作，便笑道：他不过是田舍间一个老农罢了。李罕之还不断索求各种财物，只要有一点需求没有被满足，就派兵把张全义属下的官吏抓到河阳打一番，大大超出张全义忍耐的限度。张全义遂联络同样饱受李罕之抄掠之苦的河中节度使王重盈[①]，乘李罕之攻打晋、绛两州的时候，夜袭河阳得手，李罕之翻墙逃走，出奔泽州，向李克用求救。

李克用见李罕之来投，为酬当年款待之情，同时也为夺取河阳重镇，遂命康君立为南面招讨使，命他率领李存孝、薛阿檀、史俨、安金俊、安休休五将及骑兵七千人相助李罕之攻打河阳。张全义婴城固守，城中很快食尽，遂向朱全忠求救。

---

① 王重荣于光启三年(公元887年)为牙将常行儒所杀，其兄陕虢节度使王重盈率军诛杀常行儒，接任河中节度使。

▲ 唐铜马镫

朱全忠当时正坐镇滑州，指挥对魏博镇的战事。魏博节度使乐彦祯发六州民筑罗城八十里，劳役繁重，人皆苦之。其子乐从训为人阴狠，三年前，在讨伐黄巢的战事中曾出任诸道兵马都统的前宰相王铎出任义昌节度使，赴任途中裘马鲜明，侍妾成列，乐从训贪慕他的财物，竟在高鸡泊派兵将他劫杀。魏博牙兵骄横跋扈天下闻名，主将稍有违逆，便拔刀相向，因此历任魏博节度使对这支牙军都是既倚赖又疑忌，乐从训遂招聚亡命五百余人为亲兵，号称"子将"，以新的亲军取代原有的亲军，这也是唐末五代军阀们惯用的手段。牙兵们害怕乐氏父子借助"子将"取代牙兵，遂发起兵变，推牙将罗弘信知留后事。乐彦祯避位居龙兴寺为僧，乐从训则伙同党羽退保内黄，并向朱全忠求救。朱全忠命都指挥使朱珍等分兵救乐从训，自白马渡过黄河，连下黎阳、临河、李固三镇，随后进至内黄，大败魏博军，杀魏博"豹子军"两千人。

见河东军大举南下，朱全忠不敢懈怠，连忙以丁会、葛从周、牛存节三人为将，命他们率兵数万援救河阳。这三人或勇武过人，或老成持重，在朱全忠阵营中都是良将。李存孝恃勇轻出，命李罕之以步兵攻城，自己则带领骑兵迎战于温县，结果大败，安休休害怕被问罪，逃亡蔡州。汴军乘胜追击，欲分兵阻断太行路，康君立害怕退路被断，连忙退兵。救下张全义后，朱全忠以丁会为河阳留后，张全义则继续保有洛阳。张全义感恩朱全忠相救，因此尽心竭力为朱全忠服务，朱全忠每次出兵，他都为其主持转运粮草，确保前线无忧，朱全忠在周边藩镇的征战中能处于上风，他发挥了极其重要的作用。

李克用见无法夺取河阳，只能暂时收手，将李罕之安置在泽州，任命其为泽州刺史，遥领河阳节度使。随后再次出兵昭义，欲打开通往河北的道路。昭义镇一分为二后，孟方立据守着太行以东的邢、洺、磁三州，并倚朱全忠为外援，阻遏李克用东出的道路，因此李克用不断出兵袭扰邢、洺、磁三州，以至于这一地区始终处于战事之中，民众无法耕种。孟方立则联合王镕、赫连铎等势力，共同对抗李克用。

龙纪元年（公元889年）五月，李克用大举出兵，以李罕之、李存孝两人为将，攻打孟方立，很快便攻下磁、洺二州。孟方立遣大将马溉、袁奉韬将兵数万前去迎战，结果大败于琉璃陂，马溉、袁奉两将均被俘虏。李克用命马、袁两人背负着作为刑具的斧锧到邢州城下大喊："孟公速降，有能斩其首者，假三州节度使！"孟方立走上城头欲激励士气，但将士却当没有看见他，踞坐在地，也不起身。他见将士们已经不愿为他效力，惭惧之下竟服毒自杀。孟方立的弟弟孟迁因为"素得士心"，被将士们拥立为节度留后。孟迁再向朱全忠求救，但朱全忠的地盘与昭义并不接壤，他欲借道魏博救援昭义，但魏博节度使罗弘信害怕汴军对其不利，坚决不许。朱全忠只得派王虔裕率领精兵数百，抄小路来到邢州共同守卫该城。次年正月，孟迁食竭力尽，便将王虔裕及其麾下汴军全部抓了起来，献城投降。至此，李克用全取原昭义镇五州之地，控制了这一号称"天下之脊"的战略要地，随后便以安金俊为邢、洺、磁团练使，孟迁则被调离邢州，担任汾州刺史一职。

解决昭义镇后，李克用又将用兵矛头指向了老对头云州防御使赫连铎，他命安金俊率部攻打云州，很快便攻克了云州东城，赫连铎连忙向卢龙节度使李匡威（李全忠之子，公元886年继任）求救。李匡威"性豪爽，恃燕、蓟劲兵处，轩然有雄天下意"，遂率部三万来救。安金俊迎战于蔚州，结果中流矢而死，河东军大败，万胜军使申信也降于赫连铎，李克用只得下令撤军。

赫连铎、李匡威随后上表朝廷，请求朝廷下诏讨伐李克用。朱全忠亦趁火打劫，上书称："克用终为国患，今因其败，臣请帅汴、滑、孟三军，与河北三镇共除之。乞朝廷命大臣为统帅。"昭宗召集三省、御史台四品以上官员讨论此事，这些官员中持反对意见的十之六七，宰相杜让能、刘崇望两人都认为此事不可，大宦官杨复恭也极力反对讨伐李克用，认为"不宜轻举干戈，为国生事"。杨复恭的从兄弟杨复光是当年召李克用出兵讨伐黄巢的主要策划者，因此杨复恭与李克用关系应当也非同寻常。

但另一宰相张濬却极力赞同讨伐。张濬此人志大才疏，却毫无自知之明，"每自比谢安、裴度"，昭宗惑于其大言，认为此人"有方略，能画大计"，遂用其为宰相。李克用当年在讨伐黄巢时，曾与在王铎手下担任都统判官的张濬有过接触，十分看不起他的为人。听说他拜相的消息后，私下对朝廷的诏使说道："张公好虚谈而无

▲ 唐三彩胡人骑马俑

实用，倾覆之士也，他日交乱天下，必是人也。"张濬得知李克用的这番评价后，衔恨在心，遂在廷议上说道："先帝再幸山南，沙陀所为也。臣常虑其与河朔相表里，致朝廷不能制。今两河藩镇共请讨之，此千载一时。但乞陛下付臣兵柄，旬月可平。失今不取，后悔无及。"

昭宗最初还有顾虑，认为李克用有兴复大功，"今乘其危而攻之，天下其谓我何？"但宰相孔纬此时又进言道："陛下所言，一时之体也；张濬所言，万世之利也。昨计用兵、馈运、犒赏之费，一二年间未至匮乏，在陛下断志行之耳。"昭宗见两名他信任有加的宰相均赞成讨伐，只得勉强答应。

大顺元年（公元 890 年）五月，朝廷下诏宣布削夺李克用官爵、属籍，同时任命张濬为河东行营都招讨制置宣慰使，京兆尹孙揆为副使，统揽全局，并以镇国节度使韩建为都虞侯兼供军粮料使，负责调运辎重粮草；又分别任命朱全忠为南面招讨使、王镕为东面招讨使、李匡威为北面招讨使、赫连铎为副使，命他们各率本镇兵马讨伐李克用。

正当朝廷秣马厉兵时，李克用统治下的昭义镇却发生了动乱。昭义镇的节度使原是李克用的弟弟李克修，他虽居高位，但生活俭朴，不喜奢华。李克用在出兵攻打邢州班师途中路过潞州，本以为一手提拔的弟弟会竭尽所有热情招待，没想到李克修"供馈甚薄"。李克用一怒之下拿起鞭子抽了弟弟一顿，李克修竟激愤成疾，得病死了。李克用又任命另一个弟弟李克恭为昭义节度使。李克恭此人"横暴不法，又不习军事，由是潞人皆怨"。

李克恭到任后不久，便挑选昭义精兵"后院将"中最为骁勇的五百人送至晋阳，潞州人安土重迁，当年投靠李克用便是因为孟方立想要将治所迁往邢州，此时见要远离故土，人心动荡。一行人行至铜鞮时，小校冯霸突然发难，大部分"后院将"响应作乱，他们一路转战至沁水，部众发展至三千人。负责押送的牙将李元审趁乱逃脱，李克用命其率军讨伐，将功补过，结果为冯霸击败，自己也受了伤，只得退回潞州。李克恭到李元审居处探望，刚进门便被一队乱兵团团围住，随后火起，原来是潞州牙将安居受在此时起兵作乱。安居受是招来河东兵取潞州的主要策划者和实施者，但孟迁降李克用后担任要职，安居受等人害怕孟氏日后对己不利，遂

▲ 轵关陉

趁李元审兵败、潞州人情汹惧时发动了兵变。李克恭、李元审均在兵变中被杀，安居受被推为留后，随后向朱全忠表示效忠，又派人去招揽冯霸，没想到冯霸却不愿向他低首。安居受自知没有"后院将"的支持难以控制局面，便逃出潞州向长安方向行去，行至长子县被人杀害。冯霸入据潞州后，向朱全忠求助，朱全忠先命河阳留后朱崇节入据潞州，随后又遣骁将葛从周率精骑千人自壶关入援潞州。李克用听闻潞州有变，亦急命大将康君立、李存孝两人率兵攻打潞州。

此时，张濬统领的朝廷讨伐军也从长安出发了，这支东拼西凑组建的军队除了神策五十二都外，便是散居在邠、宁、鄜、夏各州的杂虏，一共约五万人，可以说是一群乌合之众。但张濬毫无自知之明，还准备得胜归来后凭借这一本钱武力解决以杨复恭为首的宦官集团。六月底，张濬行至晋州，与宣武、镇国、静难、凤翔、保大、定难诸镇兵马会合。但令他失望的是，战前表示将亲统大军前来的朱全忠却因忙于徐州、郓州一线的战事而爽约未至，河朔三镇中也只有卢龙镇响应，魏博、成德"倚太原为捍蔽"，不但不出兵，而且不准朱全忠借道过境。七月，讨伐军前锋行至汾州灵石县西南的咽喉要道阴地关，驻守于此。汴军方面，除朱崇节、葛从周所部已占领潞州外，另一路兵马在李谠、李重胤、邓季筠等人率领下攻打李罕之据守的泽州，同时，张全义、朱友谦两部兵马亦驻守泽州以北接应。

朝廷方面，孙揆已被任命为昭义节度使，朱全忠催促其及早赴任，张濬亦害怕汴军彻底控制昭义。遂命孙揆率兵两千急趋潞州。此事被李存孝探知，遂亲率三百骑埋伏于长子县西部的山谷中。孙揆毫无防备，前面军旗开道，本人穿着宽大的衣服，在遮阳伞盖簇拥下，手持符节昂然率众前行，李存孝率部杀出，孙揆及随行将士遭遇突袭，乱作一团，很快便被河东军杀散，他以及赐旌节中使韩归范、牙兵五百余人被俘；其余人马逃至刁黄岭，被李存孝追及，全部被杀。李存孝绑着孙揆、韩归范两人来到潞州城下，对着守军大喊道："朝廷以孙尚书为潞帅，命韩天使赐旌节，

▲ 晚唐敦煌壁画中的骑兵

葛仆射可速归大梁，令尚书视事。"在嘲笑完汴军后，李存孝将孙揆、韩归范两人送至晋阳，李克用一开始想要招揽孙揆，准备命他为河东节度副使，没想到孙揆虽无领兵才能，但颇有骨气，誓死不愿投降。李克用一怒之下，下令将他锯成两段。行刑者不得其法，怎么都锯不下去，孙揆大骂道："死狗奴！锯人当用板夹，汝岂知邪！"行刑者照办后，才将孙揆锯成两段。

　　九月，李存孝受命率精骑五千去救泽州。他来到泽州城下，自率精锐五百绕着汴军大营呼喊："我，沙陀之求穴者也，欲得尔肉以饱士卒，可令肥者出斗！"汴军最初围城时，为沮丧守军心气，曾喊话："相公每恃河东，轻绝当道。今张相公围太原，葛仆射入潞府，旬日之间，沙陀无穴自藏，相公何路求生邪！"李存孝故有此举。汴军骁将邓季筠不堪其辱，率兵出战，没几个回合便被李存孝生擒而去。汴军为李存孝气势所夺，不敢交战，欲退走。李存孝会同李罕之追击至马牢山，大破汴军，斩获万计。李存孝解泽州之围后，又马不停蹄赶至潞州，葛从周、朱崇节见泽州失利，也放弃城守，逃回河阳。朱全忠见战事失利，一怒之下斩了李谠、李重胤两人。此时，李匡威、赫连铎两路兵马也被李克用击败，损失近万人，狼狈退走。

　　张濬见其倚赖的宣武、卢龙两镇兵马均已失利，只得硬着头皮率军出阴地关，向汾州方向行去。李克用分遣薛志勤、李承嗣将三千骑驻扎在洪洞，李存孝将五千兵驻扎在赵城，以拒讨伐军。镇国节度使韩建命壮士三百夜袭李存孝大营，但李存孝早有防备，设伏以待，从容将劫营的镇国军击退。静难、凤翔两镇兵赶忙退走，匆忙募集的禁军更是一矢未发便自行溃散了。河东军乘胜追击，直抵晋州西门。张濬硬着头皮出战，再次大败。静难、凤翔、保大、定难等镇兵马见势不妙，争先恐后逃离战场。最后，晋州城内只剩下禁军和宣武、镇国两路兵马万人。

不过，李存孝并未赶尽杀绝，毕竟张濬是宰相，河东尚要为天子留一分颜面。他退军五十里，放张濬率残部遁去。张濬逃离晋州后，来到黄河边，但因河水暴涨，渡船全无，他只得下令拆除附近民房的木料做木筏渡河，许多木筏在途中倾覆，士卒均做了鱼鳖之食。到对岸后，张濬清点兵马发现，原本浩浩荡荡的大军已经"失亡殆尽"。李存孝则在攻取晋、绛二州后，又进攻慈、隰两州，大掠而还。

李克用杀孙揆后，将韩归范放回，并上表讼冤："况臣父子三代，受恩四朝，破徐方，救荆楚，收凤阙，碎枭巢，致陛下今日冠通天之冠，佩白玉之玺。臣之属籍，懿皇所赐；臣之师律，先帝所命。臣无逆节，濬讨何名？"及表至，张濬已败，朝廷震恐，昭宗将表"下群臣议其可否"，宰相韦昭度上疏称"李克用代漠强宗，阴山贵胤，呼吸而风云作气，指麾而草树成形"，实力强大，朝廷则处境困难，"况今汴、魏犹艰，幽、定方困，纵遣之调发，岂能集事！虚行号令，徒召寇雠，将以剿人，非唯辱国"，希望昭宗能够恢复李克用官爵、宗室属籍，息事宁人。大顺二年（公元891年）正月，朝廷迫于形势，只得下诏罢去张濬、孔纬两人宰相之职，贬张濬为鄂岳观察使，孔纬为荆南节度使。不久后，为平息李克用怒气，再贬张濬为连州刺史，孔纬为均州刺史，又恢复了李克用的官爵、宗室属籍。此次朝廷与河东的交锋，以李克用的大获全胜而告终。

李克用成功击败朝廷的多路征伐后，便开始了收复代北之战。李国昌、李克用当年战败北入鞑靼后，沙陀世代居住将近百年的代北地区便被吐谷浑人占据。吐谷浑原为鲜卑慕容部的一支，

▲ 羊肠坂道

西晋末年迁徙至青海高原一带，建立吐谷浑汗国，隋炀帝曾派兵灭其国，置西海四郡，不久后再次复国，因累为边患，唐太宗派兵击之，吐谷浑战败降唐。高宗年间，吐谷浑被吐蕃击破，残部被唐政府迁至灵州，并设乐安州。安史之乱期间，吐蕃攻陷灵州，吐谷浑遂再次东迁，部众散落于河东、朔方等地。赫连氏是吐谷浑大姓，文宗开成元年（公元836年），赫连铎之父率部落三千帐内附，被安置在丰州大同川一带。赫连铎也曾在康承训麾下参与过讨伐庞勋之战，因功授阴山都督。朝廷下达讨伐李国昌、李克用父子的诏书后，他认为这是向代北扩张的大好时机，遂积极出兵，被朝廷任命为云州防御使。

代北地区是沙陀经营已久的基业所在，又是晋阳以北重要的战略屏障，如云州不在手中，则河东腹地随时会受到来自幽州的威胁。赫连铎的存在使李克用感觉如芒刺在背，必须拔之而后快。从鞑靼返回后，李克用便多次试图夺回故地，赫连铎则与卢龙镇结盟共抗河东。大顺二年（公元891年）四月，李克用再次大举出兵，他遣骁将薛阿檀率军前去挑战，命其佯败，待赫连铎追击时，埋伏于河上的李克用主力突然杀出，大败赫连铎，随后进围云州。战事进行至当年七月，赫连铎因粮食用尽退出云州，投奔李匡威去了。随后数年，赫连铎与卢龙多次侵入云州，均被李克用击败。乾宁元年（公元894年）六月，赫连铎战死于云州附近，吐谷浑另一重要首领白义诚也被李克用擒拿。

收复代北后，李克用开始向河北地区扩张势力，他在李存孝的怂恿下，欲一举解决卢龙、成德两大藩镇。此时，满足于"保境安民"的河朔藩镇已不复当年强大，

▲ 唐代壁画中的骑兵

只求"以土地传子孙"，既不积极响应勤王，也很少参与藩镇间的混战，战斗力已远不如在镇压黄巢之乱过程中崛起的河东、宣武等镇。八月，李克用从晋阳大举出兵，南巡泽潞，进入河阳境内，随后进入成德，大败成德军于龙尾岗，斩获万计，遂拔临城，又攻元氏、柏乡。李匡威率步骑五万前来援救，李克用这才大掠而还。

景福元年（公元892年）正月，成德军攻入邢州，围尧山，为李嗣勋等人所败。李克用遂会同义武王处存再攻成德，结果在新市战

▲ 唐代抱肚、五代抱肚、宋代抱肚

败，退屯栾城。李匡威见河东军失利，遂侵入云、代二州，李克用只得退兵。八月，李克用虽然出奇兵大败李匡威、赫连铎，斩获无数，但邢州传来的消息如晴天霹雳，假子中最为骁勇善战的李存孝竟以邢、洺、磁三州投向了朝廷，并"乞赐旌节及会诸道兵讨李克用"。"时存孝骁勇冠绝，军中皆下之，惟存信与争功，由是相恶，有同水火。"但李克用面对两人矛盾，偏心于"通黠多数，会四夷语，别六蕃书"的李存信，李存孝感到十分不公平。他收复泽、潞两州时，自以为可以凭借这一战功获得昭义帅位，没想到李克用却将昭义帅位给了康君立。李存孝认为这是李存信从中作梗，愤怒之下，大掠潞州。在解尧山之围时，李存孝与李存信两人互相猜忌，以至于大军始终逗留不进。李存信进谗言称李存孝与王镕勾结，故无心击贼。李克用遂以李存质代李存孝为将，李存孝听说这一消息后，害怕被李存信谗言所害，遂举城叛变。朝廷虽然任命李存孝为节度使，却拒绝了他讨伐李克用的请求。

次年二月，李克用大举进攻邢州，王镕派使者欲说和双方，却引火烧身，李克用处死使者后攻入成德境内，在叱日岭下大破成德军三万人，斩首万余级。李存孝见王镕有难，率部救援，进入镇州城内。王镕又向朱全忠求救，但朱全忠主力正与割据徐州一带的时溥交战，无力分兵。卢龙节度使李匡威知道若李克用收取成德，下步目标必是幽州，于是率军来救。他在出兵前与家人宴饮，见弟弟李匡筹的妻子美艳动人，竟借着酒意将她奸污，随后才志得意满踏上征途。幽州军进入成德后，很快便在元氏县击败河东军一部。李克用见两镇联兵后势大，认为难以抵挡，又考虑到粮草不足，便退至邢州。李匡威拿着王镕送来犒军的二十万金帛，率军回府。没想到后院失火，被戴了绿帽子的弟弟李匡筹乘他出兵时发动兵变，占据了军府，自称留后。李匡威听说李匡筹兵变的消息后，叹道："兄失弟得，不出吾家，亦复何恨！但惜匡筹才短，不能保守，得及二年，幸矣。"但不管李匡筹如何才短，李匡威带出去的行营兵马见后路被断，又有李匡筹的兵符相召，还是纷纷溃散。李匡威进退失据，幸好王镕感恩于他及时出兵相救，将他迎接至镇州，但李匡威不久后见王镕年幼，又谋夺成德帅位，最后被杀。蔚州戍将刘仁恭见幽州军乱，欲趁势夺取帅位，率军攻打幽州，进至居庸关时战败，只得逃奔河东，李克用任命其为寿阳镇将。

王镕最初还想援助李存孝，但成德兵马进至平山，再为河东军所败，李克用乘胜再攻镇州。此时，成德镇因杀李匡威与卢龙镇已经失和，王镕孤木难支，只得服软，他向李克用进献兵粮二十万斛，称愿将功补过，助李克用攻下邢州。李克用见成德已经服输，也不过分相逼，但命其出兵相会，共讨李存孝。

失去唯一的外援后，李存孝只得困守孤城。九月，李克用又下令在邢州城外"掘堑筑垒环之"，李存孝不时从城中出兵袭扰，以至于"堑垒不能成"。此时，河东牙将袁奉韬派来一名密使对李存孝道："大王惟俟堑成即归晋阳，尚书所惮者独大王耳，诸将非尚书敌也。大王若归，咫尺之堑，安能沮尚书之锋锐邪！"袁奉韬过去应该与李存孝关系非常好，李存孝故不疑有诈，竟真的按兵不动，坐视城外从容修筑堑壕。没过多久，堑壕修好，城内之人插翅难飞，李存孝就此陷入穷途末路。

乾宁元年（公元894年）三月，邢州城中食尽，李存孝只得出降。李克用下令将其囚禁带回晋阳后，车裂于牙门。李克用爱惜李存孝的勇武，希望诸将在行刑前为其求情，他也好顺水推舟赦免其罪。没想到李存孝过去自恃勇武，与河东诸将关系均不融洽，最后竟无一人为其求情。李克用处死李存孝后十分难过，一连十多天都没处理政务。河东军另一勇将薛阿檀，其勇武与李存孝相当，常受到其他将领的嫉妒，他也总感觉郁郁不得志，遂暗中与李存孝相通，李存孝被杀后，他害怕事情泄露，也自杀谢罪。数月后，李克用与诸将饮酒时，说起李存孝之事，痛哭流涕，向来与李存信交好的康君立一句话触怒了李克用，竟被李克用以毒酒赐死。

河东军虽自剪羽翼，一连失去三员勇将，实力受损，但其兵势依旧不减。不久后，因刘仁恭进献计谋，陈述幽州可以图取的情况，李克用十分信任喜欢他，将目标对准了始终与河东为敌的卢龙镇。十一月，李克用大举出兵，攻入卢龙境内，先克武州，进围新州。李匡筹遣将来救，李克用以精兵迎战于段庄，大败幽州军，斩首万余，生擒将校三百人，又将俘虏尽数带到城下，新州见援兵不可恃，遂降。攻下新州后，河东军复攻妫州。李匡筹再次发兵出居庸关来救，李克用先以精锐骑兵阻击幽州军，又命假子李存审以步兵蹑其背前后夹击，再次大败之，杀获万计。经此两役，幽州军主力尽被歼灭。李匡筹见幽州人心浮动，不敢守城，便带着历年积攒的金玉宝货举族奔沧州，割据沧、景等州的义昌节度使卢彦威贪其姬妾财货，竟杀人劫货，将其杀死。

乾宁二年（公元895年）正月，李克用进入幽州，幽州军民数万人以麾盖歌鼓迎接他来到节度使府衙，在略定巡属诸州后，李克用被刘仁恭言行迷惑，认为他忠诚可靠，遂扶植他为卢龙留后，只留下亲信燕留得等十余人分典军政，随后便率大军回到了河东。

不久后，护国节度使王重盈病死，军中拥立王重荣之子王珂为帅，王珂是李克用的女婿，王重盈之子王珙、王瑶两人不服，称王珂非王氏子弟，请朝廷任命新节度使，并与邠宁节度使王行瑜、凤翔节度使李茂贞、镇国节度使韩建三人结盟，争夺河中帅位。但最后朝廷在李克用的压力下，并未如三镇所愿授予王珙节钺。三镇竟点齐兵马杀向长安，杀宰相韦昭度、李溪等人，并谋划废昭宗。李克用大举藩汉兵南下，再次出兵关中，河东军气势如虹，先克绛州，杀刺史王瑶；又败王行瑜之弟匡国节度使王新约于朝邑，夺取同州；复遣兵攻华州，迫韩建低头；最后连败王行瑜及前来援助的李茂贞，在梨园一役中歼灭邠宁军主力，进抵邠州城下，王行瑜举族出逃，行至庆州被部下杀害。当时，年方十一岁的李克用之子李存勖也在军中，他受父命前往行在拜见昭宗，昭宗见他英气勃勃，十分喜爱，抚之曰："儿方为国之栋梁，它日宜尽忠于吾家。"又赏赐了鸂鶒酒卮、翡翠盘等宝物。

短短数月间，李克用连败李茂贞、王行瑜等关中藩镇，助天子车驾还京师，受封晋王。延王李戒丕、丹王李允两人拜其为兄长，"近古未有也"，昭宗还忍痛割爱，将才色冠绝后宫的魏国夫人陈氏赐予他，李克用的权势在此时可以说是威震天下。正如他自己所说："吾若挟天子据关中，自作九锡禅文，谁能禁我！"但他在挟天子以令诸侯的巨大诱惑前却引兵东归，从而丧失了控制朝廷的最好机会。

▲李存勖像

六 兵败地失，英雄迟暮

朱全忠此时正与割据天平、泰宁两镇的朱瑄、朱瑾兄弟连年激战，朱氏兄弟也是中原雄藩，一度雄张山东，并有争天下之心。朱全忠刚刚至汴州时，实力弱小，为借助朱氏兄弟的力量，曾经认他们为同宗，称其为兄长。但等朱全忠站稳脚跟后，便以朱氏兄弟重金招徕宣武军士为由，出兵攻打两镇。连番交战下来，朱瑄、朱瑾连吃败仗，遂向李克用求救。李克用为阻止朱全忠势力扩张，遂与两镇结盟，乾宁元年（公元894年）曾遣骑将安福顺及其弟安福庆、安福迁督精骑五百假道魏博，渡河应之；次年，又命大将史俨、李承嗣率万骑驰入郓州，迫使汴军大将朱友恭退兵。

乾宁三年（公元896年）闰正月，李克用应朱氏兄弟的求救，命李存信率骑兵万人再救天平、泰宁，由于河东与两镇并不接壤，便再次向魏博镇借道。魏博节度使罗弘信最初只想保境安民，朱全忠在公元889年、890年两次欲借道魏博攻打李克用，都被他拒绝。朱全忠恼羞成怒，大举侵攻魏博，连战连胜，迫使罗弘信臣服。但魏博与河东间的关系并未断绝。李克用此次借道也得到了罗弘信的默许，并未阻挠。但当河东军行至距魏州不远的莘县时，李存信没有约束好自己的部下，抢走了不少魏博放牧在野外的牛羊，朱全忠又趁机煽风点火，称李克用志吞河朔，其回军之日，便是进攻魏博之时，罗弘信听后遂发兵夜袭河东军。李存信没有防备，损兵折将，大败而回，幸亏李嗣源殿后死战才未全军覆灭，李嗣源所部五百骑因此役所立战功

▲五代武士复原像

被李克用赐名为"横冲都"。魏博"自是与河东绝，专志于汴"。史俨、李承嗣所部也因魏博倒向朱全忠，归途被绝，无法撤回河东，李克用"深惜之，如失左右手"。朱全忠则因有魏博作为后方屏障，不再担心河东军腹背袭击，可以专心致志对付朱氏兄弟。

四月，李克用大举出兵，在洹水畔大败魏博军，斩首万余，随后直抵魏州城下。罗弘信笼城据守，并向朱全忠求救。朱全忠遂从郓州前线召回大将葛从周，命其率部援救魏博。葛从周率部进至洹水畔扎营，他知道沙陀骑兵来去如风，战力强悍，汴军骑兵难以与其正面抗衡，便命部下在营前开凿大量

深坑。等到开战，河东军以骑兵突击汴军阵地，结果战马纷纷踏入深坑，担任河东镇铁林军指挥使的李克用长子李落落被俘。李克用率亲兵突入敌阵欲救回爱子，结果也马失前蹄，差点被汴军俘获。其后，老谋深算的朱全忠拒绝了李克用赎回李落落的要求，而是将他交给罗弘信处理。罗弘信明白这是朱全忠让他表态，便处死了李落落，断绝了首鼠两端的念头。十月，李克用再次出兵魏博，朱全忠命葛从周为先锋，自领大军于后，李克用只得含恨退兵。失去河东的援助后，朱氏兄弟出战屡败，泰宁、天平两镇属下各城都被汴军占据，他们只得向李克用求救，李克用虽然发兵来救，但魏博节度使罗弘信却拒绝借道给河东军，泰宁、天平两镇因此再无振作可能。

乾宁四年（公元897年）正月，汴军大将庞师古、葛从周合力攻打郓州，朱瑄深沟高垒，坚守不出。汴军遂掘开濠水，搜集船只架成浮桥，直抵城下，朱瑄溃围而走，行至中都县时被乡民俘获，献于汴军，后被处死。葛从周又马不停蹄直趋兖州，朱瑾当时正与史俨、李承嗣劫掠徐州粮食供应军队所需，不在城内，结果守将康怀贞见汴军势大竟献城出降，朱瑾等人无法再返回，只得投杨行密去了。朱全忠吞并天平、泰宁两镇后，其势力横跨河南、山东，愈发强大。李克用之前东征西讨，出尽风头，但除昭义外，却没有兼并更多地盘，反而常常跨境作战，徒耗实力，一来二去，朱全忠便占据了上风。虽然在河中方向，李克用出兵击退了保义节度使王珙与汴军的进攻，暂时保住了女婿王珂的位置，但在幽州，他却再次遭受了一次巨大的失败。

卢龙节度使刘仁恭依靠李克用的支持方才上位，但不甘心赋税除供给本道军队外，其余全部输送至晋阳，便起了二心，谋求自立。当时因凤翔节度使李茂贞起兵犯阙，昭宗出幸华州，结果被镇国节度使韩建控制，成了傀儡天子。李克用欲再次匡扶唐室，便催促刘仁恭出兵相助，"欲与之共定关中，奉天子还长安"，刘仁恭却以契丹入寇为由屡次推脱，李克用不断派来使者催促，但数月后幽州兵马仍无动静。李克用修书一封，切责之，刘仁恭干脆一不做二不休，囚禁了河东使者，又准备尽杀河

▲ 刘仁恭"永安一五"钱

东留在幽州的戍将。

消息传来，李克用大怒，他在八月间自率大军攻打安塞军，幽州大将单可及率兵来救。过去几年间，河东军对幽州军屡战屡胜，李克用也因此颇为轻视对手，认为单可及不足为敌，两军交战时，他喝得酩酊大醉，结果在木瓜涧被幽州军伏兵击败，此役河东军损失惨重，伤亡过半，加上之前因道路断绝失去的史俨、李承嗣所部精锐骑兵，河东军可以说是元气大伤，李克用再也无法与朱全忠抗衡。刘仁恭则在击败李克用后，又于光化元年（公元898年）三月出兵夺取了沧、景、德三州，夺下义昌镇后以其子刘守文为义昌留后，"兵势益盛，自谓得天助，有吞并河朔之志"。

李克用所属昭义镇的邢、洺、磁三州被魏博镇下属相、魏、贝等州环绕，魏博倒向朱全忠后，无疑使昭义失去了屏障，将直面汴军的进攻。光化元年（公元898年）四月，在魏博军的支援下，葛从周先是在巨鹿城下大败河东军主力万余人，随后短短数日又连克邢、洺、磁三州，斩首两万，可以说是大获全胜。李克用命李嗣昭、周德威将步骑两万出青山口，欲夺回三州，结果再为葛从周所破，只得退回河东。当时朝廷下诏，让朱全忠、李克用两镇"相与辑睦"，李克用此时已有认输打算，但又"耻于先自屈"，便想通过王镕为中间人来进行和谈，但此时朱全忠如日中天，已有代唐之志，自然一口拒绝。十二月，昭义节度使薛志勤病死，被李克用视为"饥则为用，饱则背飞"的李罕之因在李克用麾下始终不能得一镇节钺而十分不满，趁机率兵夜入潞州，欲以既成事实获取昭义帅位。后见李克用不允，又请降于朱全忠。

当李罕之举潞州附于朱全忠时，野心日益增长的刘仁恭也再次行动，加快了兼并河朔的步伐。光化二年（公元899年）正月，除留一部防备李克用外，他尽发境内之兵十万人，大举进攻魏博，尽屠贝州万余户，又围魏州。魏博节度使罗绍威（罗弘信之子）先后求救于朱全忠、李克用两人。

朱全忠此时正在前往徐州途中，以抵御杨行密发起的攻势。他得到刘仁恭大举南下的消息后，急忙调兵遣将去救魏博。三月，汴军将领李思安、袁象先利用幽州军的骄傲轻敌，设伏兵大破刘守文于内黄，斩骁将单可及以下幽州军三万人。此时，葛从周亦从邢州赶回，率精骑八百进入魏州，刘仁恭急攻馆陶门，葛从周率部出战，出战前他对守门者道："大敌在前，何可返顾！"命关闭城门背水一战，随后便率军连破幽州军八寨，追使刘仁恭父子烧营而遁。汴、魏两军长驱追击，成德镇亦出兵邀击，幽州军大溃，自魏州至沧州的五百里路上，到处都是幽州军的尸体。葛从周乘破刘仁恭之势，自土门关攻入河东，别将氏叔琮兵锋一度攻至榆次县，李克用命周德威为将前去迎战。周德威，小名周阳五，是河东战将中的后起之秀，"为人勇而多智，能望尘以知敌数。其状貌雄伟，笑不改容，人见之，凛如也"。汴军当时宣扬能生擒周阳五者为刺史。氏叔琮麾下有一骁将陈章，外号陈夜叉，喜欢骑一匹白马，穿一身红色铠甲，在军中十分醒目，他每次出战，

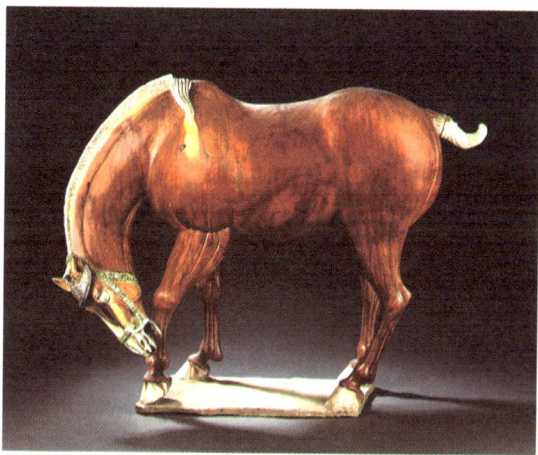

▲ 唐三彩釉陶搔蹄马

都称要生擒周阳五。李克用告诫周德威看到骑白马、穿红色铠甲的人，千万要当心！周德威大笑："陈章此人只会说大话，怎么知道这刺史不是我来当呢？"两军接战前，周德威下令部下见到陈章便佯装败退，自己则换了衣服藏身士卒中，陈章不疑有诈，提槊急追，周德威等陈章从身边经过时，"挥铁槌击之，中章堕马，遂生擒之"。河东军士气大振，连败汴军，迫使氏叔琮退兵。不过，泽州却被朱全忠部将河阳节度使丁会占领，昭义五州至此全部落入朱全忠之手。

昭义镇是河东重要屏障，也是太行山防线的基础所在，"上党，河东之藩蔽，无上党，是无河东也"。李克用急忙命藩汉马步军指挥使李君庆夺回潞州，结果被丁会击败，他一怒之下，诛杀了李君庆及其属下将领多人，改命李嗣昭为藩汉马步军指挥使。不过，李罕之虽得昭义帅位，却未能在这一位置上待多久。六月，他便患了重病缠绵病榻。朱全忠趁机徙其为河阳节度使，李罕之扶病上路，刚行至怀州便病死了。八月，河东大将李嗣昭发起反击，又收复了泽、潞二州。

光化三年（公元900年）四月，朱全忠以葛从周为主将，集合泰宁、天平、宣义、魏博四镇的十万大军攻打河北藩镇中桀骜不驯的刘仁恭，很快便攻下德州，又围刘守文于沧州。刘仁恭只得卑辞厚礼向李克用求援。李克用虽愤于刘仁恭反复无常，但也知道朱全忠若得幽州，河北尽入其囊中，河东将再也无法与之匹敌，只得出兵援救。不过，他还想观望一段时间再作打算，于是只命周德威率兵五千攻邢、洺二州，以分朱全忠兵势。但在沧州城外的老鸦堤，葛从周指挥汴军大破前来援救刘守文的刘仁恭，斩首三万，俘获幽州将领百余人。李克用这才命李嗣昭率主力五万人

大举发起进攻。李嗣昭先后在内丘、沙门河两战中击败汴军，攻下邢州。朱全忠只好命葛从周撤沧州之围，移兵西击李嗣昭，又自领中军三万人渡过洺水，驻于邢州城外。李嗣昭见汴军主力尽出，自知难以抵挡，遂弃城而走，没料到葛从周已在必经之路青山口设伏，河东军受到汴军邀击，大败而还。

朱全忠挟连胜幽州、河东两军之势，随后便向成德、义武进兵。成德、义武两镇"控太行之险，绝河北之要，西顾则太原动摇，北出则范阳震慑"，朱全忠欲控制这一地区，守住河东军东出太行的主要孔道，将李克用的势力压迫至太行山以内。他首先以王镕勾结李克用为由开始侵攻成德镇，汴军进展顺利，很快便渡过了滹沱河，攻至镇州城下。王镕惊惧万分，只得请和，交出了儿子王昭祚及大将梁公儒、李宏规之子作为人质，还献上了二十万匹文缯用来犒赏汴军。成德既服，朱全忠遂以张存敬为将，会同魏博军再伐幽州，连下瀛、景、莫等州共计二十城。但汴军行至瓦桥关时遇到大雨，道路泥泞难行，便借道祁沟关。

义武节度使王郜（王处存之子）与刘仁恭之子刘守光关系不错，便派其叔叔后院都知兵马使王处直率兵尾随汴军，准备与幽州军夹攻汴军。张存敬命游奕骑且战且引十余里，执义武骑将甄琼章，随后又命大将氏叔琮移兵西攻义武、下深泽、拔祁州，前锋进抵定州城下。王郜急忙调王处直所部拒之，又向河东告急。李克用再以李嗣昭为将，率兵三万下太行、拔怀州、攻河阳，欲迫使朱全忠回军相救，一度攻克河阳外城，但此时汴军救兵已到，李嗣昭只得退去。

定州方面，王处直最初率军屯于沙河，坚壁不战，但孔目官梁汶以为王处直胆怯，逼迫其出战，结果大败，死者

▲ 王处直墓武士浮雕

过半。汴军遂直抵定州，很快攻陷了外城，王郜见势不妙，出奔晋阳，义武残兵遂推王处直为留后。王处直迫于形势，只得向朱全忠低头，送去了自己的从孙作为人质，上缴了节度使的旌节，同时，还献上三十万匹绢，杀牛备酒犒赏汴军。此时，刘守光的援军也来到易水畔援助王镕，张存敬再显名将本色，一战破之，杀幽州军六万余人，幽州军元气大伤，"由是河北诸镇皆服于全忠"。

天复元年（公元 901 年）正月，朱全忠再遣张存敬为将，突袭河中镇，连克位于河中镇北部的晋、绛二州，以重兵扼守绛州，切断了河东援兵之路，然后大军向河中进发。王珂夫妇连连向李克用告急，但此时河东已不比往日，竟无力击破汴军阻拦。李克用只得对女儿道："今贼兵塞晋、绛，众寡不敌，进则与汝两亡，不若与王郎举族归朝。"二月，走投无路的王珂开城出降。因王珂之父王重荣对朱全忠有恩，朱全忠因此假惺惺地先在王重荣墓前大哭一场，见王珂准备面缚牵羊出迎，又连忙阻止道："太师舅之恩何可忘！若郎君如此，使仆异日何以见舅于九泉！"两人相见后，更是握手欷歔，联辔入城。王珂见朱全忠如此这般念旧情，也就安下心来，举族入汴。但不久后，朱全忠突然遣王珂入朝，王珂不疑有诈，欣然上路，行至华州，被朱全忠派来的刺客杀死。朱全忠夺取河中地区后，不但隔断了李克用与关中李茂贞等藩镇的联系，使李克用侧翼被汴军包围，还由此"北阻晋阳"，直接威胁河东腹心，李克用的霸业从此中途衰落。

"时来天地皆同力，运去英雄不自由。"短短数年间，李克用便一蹶不振，他的盟友或死或叛。其实，如果当年他选择吞并幽州、河中，便可从容布置防线，在河北更是占据优势，其战略形势将完全改观，渡河南下击灭朱全忠不是没有可能。朱全忠之所以实力不断扩大，与他稳扎稳打，攻下一镇或自领节钺，或以亲信代之有很大关系。但是悔之晚矣，李克用只得放下身段，遣使送上驼马、弓箭、银器等礼物，想与朱全忠言和。李克用还命幕府文胆李袭吉起草了一封信送给朱全忠，朱全忠读至"毒手尊拳，交相于幕夜；金戈铁马，蹂践于明时"一句时，对心腹谋士敬翔道："李公斗绝一隅，安得此文士！如吾之智算，得袭吉之笔才，虎傅翼矣！"但当读至"马邑儿童，皆为锐将"时，又大怒道："李太原残喘余息，犹气吞宇宙，可诟骂之。"敬翔在随后的回信中写道："前年洹水，曾获贤郎；去岁青山，又擒列将。"文采可以说不止下了一筹。但这也与朱全忠的喜好有关，史载："太祖（朱全忠）比不知书，章檄喜浅近语。"

其实即使李克用在信中卑躬屈膝，老谋深算的朱全忠也不会让他休养生息。天复元年（公元901年）三月，朱全忠回到汴州后不久便组织起一场六路伐晋之战。六路大军分别是：

第一路由氏叔琮统领五万汴军主力，自太行攻入河东；

第二路由魏博大将张文恭统领，自磁州新口攻入河东；

第三路由葛从周统领泰宁、天平两镇兵马，会合成德军自土门关入井陉道，攻入河东；

第四路由张归厚统领洺州兵马，自马岭攻入河东；

第五路由王处直统领义武军，自飞狐口攻入河东；

第六路由侯言统领河中兵马，自阴地关攻入河东。

面对朱全忠的六路大军，李克用左支右绌，河东军很快便全线崩溃。氏叔琮攻入天井关后，连克沁、泽、潞三州，昭义节度使孟迁、沁州刺史蔡训以及都将盖璋、李审建、王周等人纷纷出降，泽州刺史李存璋弃城而走，汴军很快攻至晋阳城下。此时，张归厚一路兵马也攻下辽州，别将白奉国会合成德兵马也攻入井陉关，拔承天军，与氏叔琮烽火相应。

氏叔琮在晋阳城下数次挑战，城中大恐。当时晋阳城下的汴军越来越多，李克用忧愁焦虑，却又无计可施。幸好李克用在光化三年（公元900年）时曾大修晋阳城堑，城防坚固，李嗣昭、李嗣源两将更在危急时刻，率精骑每日夜袭汴军营寨，"左俘右斩，或燔或击"，使汴军疲于奔命。永安军使、雁门以北都知兵马使李存进也率军来援，在洞涡驿击败汴军。此时，又逢连日大雨，汴军粮草转运困难，患病的士兵比比皆是，"军多足肿腹疾"，氏叔琮只得下令撤退，其余几路人马也先后退兵。周德威、李嗣昭以精骑五千蹑之，杀获甚众。但对朱全忠来说，此次失利不过小挫。

不久后，他便又兼领河中，加上原来的宣武、宣义、天平，一人身兼四镇节度使，其麾下大将也多有领节钺者，

▲井陉

号称当时自蒲、陕两州往东一直到大海，南至淮河，北至黄河的广阔地域间，全都是朱全忠的领土。为彻底挟制天子，朱全忠又开始谋划将昭宗迁至洛阳。虎踞关中的强藩李茂贞则与韩全诲等宦官勾结，欲请天子出幸凤翔。十月，朱全忠以清君侧之名大举出兵，直指长安，韩全诲情急之下竟直接劫持天子投奔李茂贞去了。朱全忠率大军在河中稍作停留后，先迫降韩建，又至长安，宰相百官尽皆出迎。最后，他以迎驾为名向李茂贞发起全线进攻。

李茂贞连战连败，便以天子名义下诏征调江淮兵马，结果使者在半路上尽被戎昭节度使冯行袭杀死。另一强藩西川王建虽然许诺救援，实际却是趁火打劫，出兵欲夺李茂贞山南诸州。只有李克用知道唇亡齿寒之理，出兵援救，先攻晋州，击破汴军一部；天复二年（公元902年），河东军又攻下隰、慈二州，进逼晋、绛两州。这一番攻势果然使得朱全忠还军河中，但不久后，朱全忠调兵遣将，命侄子朱友宁会合氏叔琮，出兵击之，欲彻底消灭这一心腹大患。汴军军容雄壮，行军的部队长达十里，河东军则不过数万人，又是深入敌境，军心不稳，周德威初战失利，心知形势不妙，遂以骑兵殿后，让李嗣昭先行撤退。氏叔琮、朱友宁抓住战机，果断出击，河东军行至半途，被汴军追及，一番激战后河东军大败，"诸将溃散，无复部伍"，兵仗辎重几乎全部丧失，连李克用之子李廷鸾也被汴军俘获。汴军遂乘胜再次攻入河东。李克用听闻李嗣昭兵败，命李存信率亲兵接应，行至清源遇到汴军，结果众寡不敌又退回晋阳。汴军气势如虹，连取慈、隰、汾三州，再围晋阳。

汴军大举攻城，在晋阳城西北建造攻城器械，又四面设立营寨，将该城团团围住，可以说是势在必得，欲一举击灭北方最后强敌。李克用在城头指挥，连日继夜不休息，几乎到了崩溃边缘。但氏叔琮则是"每行围，褒衣博带，以示闲暇"。接连遭受打击的李克用信心丧失殆尽，生怕城破后成为瓮中之鳖，便召集诸将商议走保云州之事，麾下诸将中分作两派，李存信主张不如先退入北方达靼部，以后再慢慢策划反攻，李嗣昭、李嗣源、周德威则极力主张坚守。李克用难以决断，还是妻子刘夫人的一番话打消了他的疑虑。刘夫人道："李存信不过是北川的牧羊小儿，他怎么会有什么深谋远虑，大王过去常常嘲笑王行瑜轻易离开根据地，最后死于人手，今天怎么又要效仿他了。当年大王在达靼，几乎不能保全自己，幸好朝廷有事，才有机会回到中原。今天大王一旦出城，恐怕马上就会有不测之祸，怎么可能还会有回到塞外的机会！"此时，李克用之弟李克宁也回到了晋阳，他激励众人道："此城吾死所也，去将何之！"军心这才安定下来。李嗣昭等将不分昼夜，不断攻击汴军营寨，斩杀敌将，拔取敌旗，迫使汴军应接不暇，只得据寨防守，汴军军营中再次爆发疫病，死者甚众，朱友宁、氏叔琮只得烧营退军，李克用再次渡过难关。但河东经此一役，"自是克用不敢与全忠争者累年"。

天复三年（公元903年）正月，李茂贞在内外交困的情况下不得不向朱全忠低头，交出了天子。朱全忠将昭宗一行带回长安后，尽杀宦官，又以天子名义下令各镇诛杀监军宦官，只有河东监军张承业、幽州监军张居翰、清海监军程匡柔、西川监军鱼全裎及致仕严遵美等人被李克用、刘仁恭、杨行密、王建保全。张承业是同州人，乾宁二年（公元895年），李克用讨伐王行瑜等人时受命往返于朝廷与河东间，与李克用结下深厚情谊，随后便留在河东担任监军。当时，朝廷诛杀宦官诏书行至各镇，李克用将其藏匿在斛律寺，杀了一个死囚敷衍。昭宗被朱全忠弑后，李克用复用其为河东监军。张承业始终忠于唐室，殚心竭力辅佐李克用父子二十余年，为其征收赋税，召集兵马。李克用十分敬重他，临终前还将李存勖托孤于他。

不久后，朝廷又赐朱全忠号"回天再造竭忠守正功臣"，加守太尉，充诸道兵马副元帅，晋爵梁王。次年正月，朱全忠杀司徒兼侍中、判六军十二卫事、充盐铁转运使、判度支崔胤，刑部尚书兼京兆尹、六军诸卫副使郑元规等人，又胁迫昭宗迁都洛阳，彻底控制了朝政。但此时，实力大损的李克用不复当年雄心，只是与李茂贞、杨行密、王建、刘仁恭、赵匡凝等以兴复唐室为名移檄往来，相互联络，结成联盟，以求自保。朱全忠为绝后患，遂命统领禁军的左龙武统军朱友恭、右龙武统军氏叔琮两人谋杀昭宗。八月，朱友恭、氏叔琮两人带兵入宫，昭宗被龙武牙官史太所弑，诸王宗属数百人也同时遇害。

▲唐代壁画中的交战场景

朱全忠立年仅十三岁的辉王李柷（后改名李柷）为帝，是为唐昭宣帝。朱友恭、氏叔琮作为爪牙却没得到好下场，不久后，朱全忠为塞天下之谤，将两人处死。朱友恭原名李彦威，从小便跟随朱全忠，因"为人颖悟，善揣人意"，被朱全忠收为假子，他受父密旨弑君，本以为可以借此功劳更上一层楼，没想到朱全忠却以成济（三国时弑魏帝曹髦者）之罪归之。临刑前，他愤怒地向天控诉道："天若有知，他日亦当如我。"

天祐二年（公元905年），朱全忠又率兵击败了忠义节度使赵匡凝、荆南节度使赵匡明兄弟，吞并了江陵等地，控制了长江中游。此时天下藩镇中，王建但知闭门自守，李克用、李茂贞、刘仁恭元气大伤，杨行密也于年底去世。朱全忠环顾天下已无对手，自觉春秋渐老，又无得力的继承人，遂加快了篡位步伐。

次年，朱全忠在平定魏博兵变后，再次兵发沧州，大举进攻刘仁恭。刘仁恭尽发境内百姓为兵，仍不能解围，只得向李克用求救，使者络绎于途，前后百余批。李克用最初痛恨刘仁恭反复无常，不愿出兵。其子李存勖谏言："现在天下的形势，归降朱全忠的藩镇已经十之七八了，连魏博、成德等强藩都已经归附于他。在黄河以北，只有河东和幽州两镇还能对抗朱全忠。现在刘仁恭已被朱全忠困住，如不与幽州携手抵抗，恐怕不符合河东的利益吧。心怀天下者应该放下以前的过节，刘仁恭过去对不住我们，我们依然不计前嫌去救援他，用恩德安抚他们，才是一举而名实两符的事情。我们千万不能失去这样再次振兴的机会。"李克用听后才决定出兵相救，遂命周德威、李嗣昭会同幽州军攻打潞州。

河东军攻至潞州，守将昭义节度使丁会虽于黄巢之乱时便在朱全忠麾下作战，算是其心腹大将，在汴军地位中地位颇高，但他却心怀唐室，听说昭宗遇弑后，曾下令命潞州将士为昭宗缟素恸哭。他对朱全忠为人十分了解，知其暮年后开始猜忌功臣，遂开始谋划自保之道。此时，他见李嗣昭率军前来，便举军降于河东。朱全忠听说潞州不守，急于称帝的他烧营而还，结束了此次对刘仁恭的征伐。

天祐四年（公元907年）三月，朱全忠终于篡位，废唐昭宣帝为济阴王，建国号为梁，改元开平。此时，天下藩镇中，惟河东、凤翔、淮南用"天祐"年号，西川则使用"天复"年号，其余诸镇均以梁为正朔，称臣奉贡。朱全忠深恨李克用，称帝后不久，便下诏削夺李克用官爵，又命保平节度使康怀贞率兵八万会同魏博兵攻打潞州。康怀贞"昼夜攻之，半月不克，乃筑垒穿蚰蜒堑而守之，内外断绝"。八月，朱全忠见潞州久攻不下，改命李思安为潞州行营都统，率河北兵南下，筑长围以困潞州。河东援军主将周德威虽反复出击，迫使梁军闭壁不出，但却始终不能解围。

天祐五年（公元908年）正月，晋王李克用带着遗憾与不舍病死在晋阳城，终年五十二岁，临终前遗命其子李存勖嗣位。纵观李克用的一生，虽然不乏跋扈之举，亦有震主之威，但他始终以李唐宗室自豪，始终无篡逆之心，而是力图维护唐王朝的统治。即使在唐王朝灭亡后，面对王建各王一方的提议，他仍表示"誓于此生，靡敢失节"。对盟友，他也是"一言许心，万死不悔"，始终不负誓约。虽然李克用忠诚于唐王朝有利益因素存在——为了维持朝廷与地方藩镇相互依赖的政治局面，但他还是赢得了许多人的钦佩。杨行密常恨不识李克用状貌，曾派画工不远千里来到河东偷偷写生；唐末诗人罗隐与他素未谋面，但十分推崇他的为人，曾写下这样一首诗赞誉他：

> 寒城猎猎戍旗风，独倚危楼怅惘中。
>
> 万里山河唐土地，千年魂魄晋英雄。
>
> 离心不忍听边马，往事应须问塞鸿。
>
> 好脱儒冠从校尉，一支长戟六钧弓。

据说，李克用在临死前交给李存勖三根箭矢，嘱咐道："梁，吾仇也，燕王吾所立，契丹与吾约为兄弟，而皆背晋以归梁。此三者，吾遗恨也。与尔三矢，尔其无忘乃父之志！"不过，他虽然能看到李存勖志气远大，必能完成其遗志，但未能料到他那机敏勇武的儿子竟然在短短数年后便落得个"仇雠已灭，天下已定，一夫夜呼，乱者四应，仓皇东出，未及见贼而士卒离散，君臣相顾，不知所归"的下场。

参考文献:

[1]［后晋］刘昫等.旧唐书 [M].北京：中华书局，1975.

[2]［宋］欧阳修.新唐书 [M].北京：中华书局，1975.

[3]［宋］薛居正.旧五代史 [M].北京：中华书局，1976.

[4]［宋］欧阳修.新五代史 [M].北京：中华书局，1974.

[5]［宋］司马光.资治通鉴 [M].北京：中华书局，1956.

[6]［宋］路振.九国志 [M].济南：齐鲁书社，2000.

[7]［清］吴任臣.十国春秋 [M].北京：中华书局，1983.

[8]［五代］孙光宪.北梦琐言 [M].北京：中华书局，2002.

[9]［五代］何光远.鉴诫录 [M].沈阳：辽宁教育出版社，2000.

[10]［新罗］崔致远.党银平校注.桂苑笔耕集校注 [M].北京：中华书局，2007.

[11]［宋］计有功.唐诗纪事 [M].北京：中华书局，1965.

[12]［宋］李昉.太平广记 [M].北京：中华书局，2013.

[13]［清］董诰等编.全唐文 [M].北京：中华书局，1983.

[14]［清］顾祖舆.读史方舆纪要 [M].北京：中华书局，2005.

[15]［清］王夫之.读通鉴论 [M].北京：中华书局，1975.

[16]［清］吴廷燮.唐方镇年表 [M].北京：中华书局，1980.

[17] 朱玉龙.五代十国方镇年表 [M].北京：中华书局，2000.

[18] 傅璇琮编.五代史书汇编 [M].杭州：杭州出版社，2004.

[19] 周勋初编.唐人轶事汇编 [M].上海：上海古籍出版社，1995.

[20] 上海古籍出版社编.唐五代笔记小说大观 [M].上海：上海古籍出版社，2000.

[21] 张国刚.唐代藩镇研究增订版 [M].北京：中国人民大学出版社，2010.

[22] 李碧妍.危机与重构：唐帝国及其地方诸侯 [M].北京：北京师范大学出版社，2015.

[23] 杨伟立.前蜀后蜀史 [M].成都：四川省社会科学出版社，1986.

[24] 张达志.唐代后期藩镇与州之关系研究 [M].北京：中国社会科学出版社，2011.

[25] 樊文礼.唐末五代的代北集团 [M].北京：中国文联出版社，2000.

[26] 王永兴.唐代后期军事史略论稿 [M].北京：北京大学出版社，2006.

[27] 谭其骧.中国历史地图集 [M].上海：地图出版社，1982.

[28] 潘镛.隋唐时期的运河和漕运 [M].西安：三秦出版社，1987.

[29] 杜文玉 . 唐代军事史 [M]. 北京：军事科学出版社，1998.

[30] 李廷先 . 唐代扬州史考 [M]. 南京：江苏古籍出版社，2002.

[31] 李锦绣 . 唐代财政史稿（下卷）[M]. 北京：北京大学出版社，2000.

[32] 翁俊雄 . 唐代区域经济研究 [M]. 北京：首都师范大学出版社，2001.

[33] 饶胜文 . 布局天下——中国古代军事地理大势 [M]. 北京：解放军出版社，2006.